学前教育专业系列教材

学前教育学

杨飞龙 ◎ 主编

刘　涛　宋丽丽 ◎ 副主编

北京大学出版社
PEKING UNIVERSITY PRESS

黑龙江大学出版社
HEILONGJIANG UNIVERSITY PRESS

图书在版编目（CIP）数据

学前教育学 / 杨飞龙主编. -- 哈尔滨：黑龙江大学出版社；北京：北京大学出版社，2019.5
ISBN 978-7-5686-0338-6

Ⅰ. ①学… Ⅱ. ①杨… Ⅲ. ①学前教育－教育理论－高等职业教育－教材 Ⅳ. ①G610

中国版本图书馆CIP数据核字（2019）第052360号

学前教育学
XUEQIAN JIAOYUXUE
杨飞龙　主编　刘　涛　宋丽丽　副主编

责任编辑	张微微
出版发行	北京大学出版社　黑龙江大学出版社
地　　址	北京市海淀区成府路205号　哈尔滨市南岗区学府三道街36号
印　　刷	哈尔滨市石桥印务有限公司
开　　本	720毫米×1000毫米　1/16
印　　张	15
字　　数	246千
版　　次	2019年5月第1版
印　　次	2019年5月第1次印刷
书　　号	ISBN 978-7-5686-0338-6
定　　价	38.00元

本书如有印装错误请与本社联系更换。

版权所有　侵权必究

总　　序

学前教育是终身学习的开端,是国民教育体系的重要组成部分,是重要的社会公益事业。学前教育对幼儿的身心健康、习惯养成、智力发展等具有重要意义。办好学前教育,关系亿万儿童的健康成长,关系千家万户的切身利益,关系国家和民族的未来。改革开放以来,特别是21世纪以来,我国学前教育取得了长足发展,普及程度逐步提高。随着社会经济的发展,人们对学前教育提出了更高的要求。

2018年11月,中共中央、国务院出台了《关于学前教育深化改革规范发展的若干意见》,该意见明确指出:"目前学前教育仍是整个教育体系的短板。"学前教育的短板突出表现在教育资源不足、政策保障体系不完善、教师队伍建设滞后、监管体制机制不健全、保教质量有待提高等方面。其中,教师队伍建设滞后成为制约我国学前教育事业发展的一个重要因素。针对师资问题,该意见提出:"到2020年,基本形成以本专科为主体的幼儿园教师培养体系,本专科学前教育专业毕业生规模达到20万人以上;建立幼儿园教师专业成长机制,健全培训课程标准,分层分类培训150万名左右幼儿园园长、教师。"为了实现这个目标,加大学前教育人才培养力度、提高学前教育专业教学质量是我们面临的重要任务。

为了全面贯彻党和国家的教育方针,我们组织江苏、安徽、黑龙江、吉林、广东等省的本科院校学前教育专业的专家和学者共同编写了这套"学前教育专业系列教材"。本套教材主要面向普通本科院校、成人高校的在校学生,同时也适用于各级各类幼儿园园长和教师的培训。本套教材立足于培养实用型、技能型的幼教教师,坚持理论联系实际、讲学练结合、突出岗位技能训练的原则,力求贯彻能力本位原则、学生主体原则、与时俱进原则。在内容和体例上,本套教材力求做到科学、实用、新颖,密切结合学生的认知规律和学习特点来选择教学内容。理论知识的构建以阐述基本问题为主,理论知识通俗易懂、便于理解。专业技能的训练则与幼教机构的实际需要相联系。本套教材力求做到目的明确、重点突出、指导具体,具有较强的实用性和可操作性。

  本套教材的编写得到了教育部幼儿园园长培训中心领导和专家的指导,一些幼儿园园长和资深教师对本套教材的编写也提出了很多宝贵意见。对于他们的帮助,我们表示衷心的感谢。本套教材由于编写仓促,还存在一些问题和不足,我们将在今后的使用过程中不断修订、不断完善,使这套教材更好地为广大师生服务。

编者

目　　录

第一章　学前教育概述　/　1
第一节　教育和学前教育的概念 ································· 1
第二节　学前教育理论的形成及发展 ···························· 6

第二章　教育理论中的核心观念　/　22
第一节　儿童观 ·· 22
第二节　教育观 ·· 29
第三节　教师观 ·· 34

第三章　学前教育目标　/　36
第一节　学前教育目标的意义和依据 ···························· 36
第二节　学前教育目标的层次和结构 ···························· 40

第四章　学前课程　/　49
第一节　学前课程概述 ··· 49
第二节　学前课程的理论与模式 ·································· 57
第三节　我国的幼儿园课程的实践和改革 ······················ 73

第五章　学前教育活动　/　77
第一节　学前教育活动的意义和类型 ···························· 77
第二节　学前教育活动的有关理论 ······························· 79

第三节　学前教育活动的因素及相互作用 ………………………… 86
　　第四节　学前教育活动的设计原则 …………………………………… 89

第六章　学前儿童的游戏　/　94
　　第一节　学前儿童游戏概述 …………………………………………… 94
　　第二节　学前儿童游戏的功能和类型 ………………………………… 102
　　第三节　生态学视野中的儿童游戏 …………………………………… 107
　　第四节　学前儿童游戏的指导 ………………………………………… 110

第七章　学前儿童体能、体格发展与教育　/　120
　　第一节　体格、体能发展的内涵 ……………………………………… 120
　　第二节　学前儿童的体格发展 ………………………………………… 123
　　第三节　学前儿童的体能发展 ………………………………………… 125
　　第四节　学前儿童体格、体能发展的教育 …………………………… 129

第八章　学前儿童智能发展与教育　/　136
　　第一节　智能概述 ……………………………………………………… 136
　　第二节　学前儿童智能的发展 ………………………………………… 143
　　第三节　学前儿童智能的培养 ………………………………………… 150

第九章　学前儿童社会性发展与教育　/　154
　　第一节　学前儿童社会性教育概述 …………………………………… 154
　　第二节　学前儿童社会认知的发展和教育 …………………………… 157
　　第三节　学前儿童情感的发展和教育 ………………………………… 176
　　第四节　学前儿童社会行为、技能的发展和教育 …………………… 181

第十章　学前儿童的美感发展与教育　/　190
　　第一节　美、美感和美育 ……………………………………………… 190

第二节　学前儿童美感的发展和美育的目标 …………………… 199
第三节　学前儿童美感的培养 …………………………………… 205

第十一章　生态环境与学前教育 / 211

第一节　生态环境与教育的生态环境 …………………………… 211
第二节　自然生态环境与幼儿发展 ……………………………… 213
第三节　社会生态环境与幼儿发展 ……………………………… 215
第四节　人类发展生态与幼儿发展 ……………………………… 217
第五节　学前教育机构环境的特性 ……………………………… 223

参考文献 / 228

第一章
学前教育概述

第一节 教育和学前教育的概念

一、教育的概念

教育已成为现代社会成员生存和发展的重要基础与条件,成为与人们关系最密切,并越来越具有终身性的社会活动之一。"教育是什么?"这个问题看似简单,但要回答却并不容易,而作为一个教育工作者,这是必须弄清楚的一个问题。

教育这种现象是随着社会的发展而发展的。由于教育本身在不断发展,以及人们对教育的认识不断深入,因而关于教育的含义,也在不断地发展和深化。其实,教育是一种社会实践活动,而且是一种特殊的社会实践活动。那么,教育的特殊性体现在哪些方面呢?我们不妨从以下三个方面阐释。首先是教育活动的对象这一维度。教育活动与其他活动不同,教育活动的实施者是人,活动对象也是人,是一种人与人之间的关系。其次是教育活动的目的这一维度。教育有着不同于其他社会活动的特殊目的。教育活动是为了通过培养人,影响人的身心发展,从而使每个人能更充分、更真实地生活,最终影响人类的发展。这种目标上的定位把教育活动与其他以满足人的各种需要为直接目的的社会活动区别开来。最后是教育活动的活动方式这一维度。教育活动是以一种特殊的规训方式呈现,在尊重生命、发挥主体能动性的条件下,使个体不断社会化,自我实现创造性转化的典型方式。

通过这些比较,我们认为,教育是有目的、有意识地对人的身心施加影响并促进人向社会要求的方向发展的一种社会实践活动。它的根本任务就是把原本作为自然人而降生的儿童培养成合格的社会成员。这里的教育包括了家庭教育、社会教育和学校教育,范围很广,一般称为广义的教育。

与广义的教育相对的就是狭义的教育。狭义的教育指的是在人们专门设置的教育机构中实施的教育,主要指的是学校教育,如幼儿园、小学、中学和大学教育,以及其他人们为了某种目的而特别组织的教育。在专门的教育机构中,有专职的教师,他们根据社会的要求,对受教育者进行有目的、有计划、有组织、系统性的教育和培养,使受教育者在思想品德、知识技能、智力和体能方面向预期的方向发展,成为社会所需要的人。学校教育是一种专门的和规范的教育,一般来说,具有较高的效率和更明确的效果,而家庭教育和社会教育对人的影响则较零散和不规范,其结果也具有偶然性和不确定性。由于学校教育具有独特的结构和功能,因而在近现代成为人类社会教育活动的核心部分,对其他各种教育起着示范和主导作用。

二、学前教育的概念

(一)学前教育的界定

学前教育也是一种社会现象,是一项社会活动。我国的学前教育是社会主义教育事业的有机组成部分,是我国教育体系的重要构成部分,是我国学校制度的基础阶段,具有教育性和福利性的双重性质。学前教育的目的一方面在于促进幼儿身心健康,促进幼儿和谐、全面发展,为培养社会主义事业的建设者和接班人打基础、做准备;另一方面在于为幼儿家长解除后顾之忧,有利于解放劳动力,使家长更能潜心于物质财富和精神财富的创造。学前教育具有的教育性和福利性双重性质,不但没有削弱学前教育作为教育体系有机组成部分的地位,而且充分凸现了学前教育的特质,体现了学前教育的不可替代性。学前教育之所以能存在和发展,之所以不为其他阶段的教育所替代,就是因为它的双重性质,具有保教并重的特殊目标,具有一支有着特殊素质的专业师资队伍。当今社会,学前教育受到了公众的普遍关注,已成为社会不可缺少的一个教育阶段。

(二)学前教育的种类、特点和功能

与教育一样,学前教育也有广义和狭义之分。广义的学前教育泛指一切形式、一切场合的学前教育,包括机构教育、家庭教育、社会教育等等。狭义的学前教育主要指机构教育,即托儿所、幼儿园的教育。在此,分别对学前家庭教育、社会教育及机构教育进行讨论,以明了它们的特点和功能。

1. 家庭教育,或称家庭学前教育、学前家庭教育

它是一种伴随人类社会的发展而发展的历史悠久的学前教育形式。它以家庭为主要基地,以父母为主要实施者。其主要特征是:

(1)时间上的首施性和延续性

幼儿降生后进入的第一个社会环境就是家庭环境,父母及其他长辈是幼儿的首任教师,人生最初的信息刺激、教育影响首先是从家庭、父母那里获得的。因此,家庭是首先对儿童实施教育的场所,父母是首先对儿童实施教育的人员。而且,家庭的教育影响不断地延续,即使在儿童进入专门的教育机构接受教育以后,家庭的教育作用也仍在发挥。可以说,家庭影响会延续作用于人的一生。

(2)方式、方法上的个别性和多样性

家庭教育主要是在父母与子女之间进行的,是一种典型的个别教育形式。父母的教育往往具有很强的针对性,是一种在对受教育者充分了解的基础上的教育。在具体的教育方法上,父母或言传,或身教,或启发,或诱导,或赞扬,或批评,父母和子女都有较多的情感投入。这些多样化的方法的选择是由具体的教育内容、情境等因素来决定的。

(3)家庭教育具有生活性

也许生活性是学前教育的一般特性,但在机构教育、社会教育及家庭教育中,家庭教育最具生活性。这是因为,家庭教育就是在家庭生活情境中进行的,家庭教育的重要内容就是生活常识、生活习惯、生活能力、生活态度,就是帮助幼儿解决生活上所遇到的具体问题。

(4)目标上的随意性和差异性

家庭教育作为家庭生活的一个组成部分,其目标受父母及长辈的认识水平和实际能力的制约,总体上说是概略化的,是不具体、不明确的,它受家庭生活及儿童父母身心的实时影响,有较大的随意性。由于不同幼儿的父母在儿童观、教育观、知识价值观等观念及实际教育能力上的差异,表现在家庭教育的目标上就有很大的差异性,这种差异性对家庭教育的水平、质量都会产生很大的影响。

2. 社会教育,或称学前社会教育、社区学前教育

这是与学前家庭教育、学前机构教育并存的一种教育形式,主要是由社区组织在社区中加以实施的。它是指家庭以外的其他社会机构、社会团体、政府部门及私人创办的为学前儿童提供的非正式的教育。社区中的一些具有一定教育功能的文化、娱乐机构,儿童影剧院、儿童游乐室、儿童科技宫、儿童图书馆、儿童玩具城等非专门教育机构是社区学前教育的主要场所和力量。

这两类机构的主要特点是:

(1)接纳对象的社会性

进入这类机构的儿童来自社会上不同层次的家庭,面向社会是这类机构教育的重要特点,因此,社区教育具有广泛性、公众性的特点。

(2)社区教育具有娱乐性

社区教育往往是跟休闲联系在一起的。成人的休闲、儿童的娱乐是社区教育的重要特质。社区教育是在非正式的、无压力的状态下进行的,对儿童来说,玩就是学习。

(3)教育活动的群体性

这类教育具备了使群体共同活动的条件。在这些公共活动场所,往往有很多幼儿参与其中,幼儿与幼儿之间有可能产生各种形式的相互关系,而成人与幼儿之间相互关系的主要形式是共同游戏或帮助幼儿解决特殊的困难和问题。

3. 机构教育

这是指由正规的学前教育机构对入学前儿童所实施的有目的、有计划的教育。它可以分为两个阶段:

1.5—3 岁阶段的教育称婴儿教育,也称托儿所教育;

3—6 岁阶段的教育称幼儿教育,也称幼儿园教育。

正规的学前教育机构除了托儿所、幼儿园以外,还包括学前班、混合班。学前班是一种受经济条件制约而开设的学前教育机构,为没有条件接受幼儿园三年教育的幼儿提供半年、一年或两年的教育;混合班,主要是受人口分布等因素的影响,把学前儿童集中起来,混合编班,一些居住分散、同龄儿童较少的农村地区较多地采用这种形式,混合班中的儿童受学前教育的时间和其入班时年龄的影响,有的可能接受了一年的教育,有的则接受了两年以上的教育。

以上这些机构教育的主要特点是:

(1)受国家有关法规、政策的约束和指导,有统一的管理体系,是我国基础教育的有机组成部分。

(2)是有目的、有计划的教育,旨在促进幼儿的身心在原有水平上全面、和谐发展。

(3)有符合一定标准的房舍、设备及场地,能确保儿童最基本活动的展开。

(4)由专业人员承担教育工作,机构中的各类工作人员不同程度地受过专业训练,尤其是教师,大多是接受过师范教育或通过教师资格考试的。

近年来,随着我国社会、经济的发展,学前家庭教育、学前社会教育、学前专门机构教育都在不断地向前发展。就家庭教育而言,胎教是我国学前教育史上的很多教育思想家所倡导的,现在已成为一些家庭在现代化设施辅助下的现实的教育实践。就机构教育而言,首先,办学主体日趋多样化,除了国家办园和企事业办园以外,集体办园、个体办园在最近的十年有了很大的发展,尤其是在县及县以下的行政区划中,集体和个体办园的比例在不断上升;其次,学前教育对象不断扩展,从对一般儿童、正常儿童的教育扩展到对特殊儿童的教育,开展了学前残障儿童教育和学前天才儿童教育的研究与实践;最后,学前教育机构不断延伸,除了前述正规的学前教育机构(即幼儿园、托儿所、学前班、混合班等)外,还发展了一些非正规的机构,如社区服务中心、游戏小组、儿童指导站、流动图书馆等等。这些机构具有两方面的功能:一是在经济落后、人口稀少、还没有正规学前教育机构的地方使儿童尽可能受到一定的教育,哪怕是每周一至两次的教育活动;二是在有正规学前教育机构的地方可弥补正规教育机构在时间、活动形式等方面的不足。

一般把正规学前教育机构组织实施的教育称正规学前教育或学前正规教育,把非正规教育机构组织实施的教育称非正规学前教育或学前非正规教育。总之,当前我国的学前教育是多种形式的,只有适合社区经济、文化、社会状况的学前教育形式才是行之有效的。

本书主要讨论狭义的学前教育,并给学前教育以狭义的概念界定。学前教育是指对0岁至入学前的儿童身心所施加的有目的、有计划的影响。它是儿童所受的各种影响中的一种非常重要的影响,而与家庭影响、社会影响的协调一致,是其有效地发挥作用的重要保证。

第二节 学前教育理论的形成及发展

一、学前教育学

(一)学前教育学的界定

学前教育学是教育学科的一个年龄分支学科,是整个教育科学体系的一部分。苏联和我国一直把"学前教育学"作为具有独立性、系统性、整体性的学科加以建构,并做出了许多努力和尝试。苏联学前教育专家 A. B. 查包洛塞兹和 T. A. 马尔科娃在《学前教育学原理》一书中指出:"学前教育学是关于儿童出生后头几年,即从出生到入学这一时期教育的科学,是整个教育科学体系中一个不可分割的部分。它研究学前教育的目的、内容和方法等问题,而且在进行这些研究时,还考虑到学前儿童独有的一些特点。"黄人颂教授主编的《学前教育学》把学前教育学定义为专门研究学前教育的规律的科学。祝士媛、唐淑教授主编的《幼儿教育百科辞典》认为学前教育学"研究 0—7 岁儿童在专门的教育机构——托儿所、幼儿园中如何实施全面发展教育"。虽然,在一些国家有关学前教育的研究著述中没有明确提出"学前教育学"这一学科,但学前教育作为一个理论研究的领域,其主要的研究范围的规定性是显而易见的,归纳起来主要涉及:学前教育的性质、学前教育的目的以及如何实现这一目的。上述对于学前教育学的描述、界定从一定程度上反映了学前教育学这一学科的研究范围及研究者对这一学科的认识水平。

在此,我们把学前教育学做如下界定:学前教育学是教育学科中的一个年龄分支学科,是一门研究学前教育的产生与发展、目的与内容、途径与方法、特性与规律的科学。主要涉及三个层面的研究:

一是学前教育的产生和发展,即学前教育尤其是正规机构的学前教育是如何产生的,学前教育的发展——理论上的和实践上的,受哪些因素的影响及如何发生影响的,与此相应产生了哪些主要的理论派别。这部分内容是学前教育基本原理研究的对象。

二是学前教育的目的和内容。这是学前教育的方向规定性的问题,也是目标选择和课程设计层面的问题。因此,它主要是学前教育课程论研究的对象。

三是学前教育的途径与方法。这涉及课程实施层面和教育活动层面,也涉及教育过程的组织层面。它是学前教育活动论研究的对象。

由此可见,学前教育学可以分解为学前教育基本原理、学前教育课程论、学前教育活动论三个分支或三个研究领域。对于以上三个领域的研究,不只是规律的探索,也不只是事实及事实之间联系的发现,这是因为与其他年龄对象的教育一样,学前教育从来就具有社会性,从来就是一种价值性活动。学前教育的核心问题——教什么和怎么教是一个明显的价值问题,站在什么立场上、赋予何种价值,很有可能引发学前教育相关要素及要素间的关系特性的变化,即表现出来的特别性的差异。鉴于此,我们把学前教育研究的落脚点放在特性和规律两个方面。

我国的学前教育学经过40多年的建构,已形成了一个较为稳定的构架。从已出版的有关著作看,基本沿袭了苏联的学前教育学体系。近年来的一些著作在局部的内容结构上有了一些明显的变化,如强调学前教育课程,强调学前儿童社会性教育,等等。学前教育学作为一门学科,在其建设的过程中应注重其性质。

(二)学前教育学的性质

1. 独立性

一门学科之所以具有不同于其他学科的独立性,是因为这一学科有其能反映自身特点和规律的理论构架。这一构架的基本线索应是:概念(概念体系)—命题(命题系列)—原理理论构架。学前教育学作为教育学科中的一个分支学科,一方面它具有作为教育现象的共性所赋予的与其他分支学科共同的或类似的概念;另一方面由于它研究的对象是人,所以它又具有一些与其他研究人的学科尤其是研究相同年龄阶段的人的学科相同或类似的概念,这两类概念对于学前教育学来说是必要概念,是一般概念,如"智力""体质""道德认知""教育目的"等等。学前教育学中的有些概念是揭示学前教育有别于其他学科、领域中的现象、活动的特征和规律的,是反映学前教育的个别性和特殊性的,这类概念对于学前教育学来说是充分概念,是本质概念,因为一门学科没有揭示自身现象、活动的特性和规律的概念,也就无法构成该学科。因此,学前教育学概念体系的建设和完善的重点就在于充分概念和本质概念的建设与完善。目前,已具有了一批能反映学前教育自身特点和规律的概念,如"早期阅读""活动指导""游戏情节""创造性讲述"等等。但这方面还需做深入的探索,这是因为:所谓概念,应是反映事物、现象的一般和本质特性的,应是用简练的语言表述的,即可概括的。而目前的一些概念概括性不够,仅是一种外延性描述,如"幼儿知识系统化""倾听习惯"等。因此,有必要对这样一些"概念"进一步概念化。此外,对于学前教育领域中,尤其是学前教育活动过程中的一些现象、特征、规律,应有目的、有意识地加以界定和概念化,这一方面有利于抓住现象、概念的本质,另一方面有利于学前教育学理论层次的提高。只有这样,学前教育学的概念系统才能得到完善,也只有在一个完善的概念系统之上才可能产生准确、科学的命题系统,因为命题本身就是反映概念之间的关系的。同理,只有命题系统是准确的、科学的,才能确保建立在命题系统之上的、反映命题之间联系的原理及原理群的科学性和严密性,从而影响整个学前教育理论体系的科学性与成熟度。从学前教育学理论建构的意义上说,我们还需做许多艰苦的努力。

2. 应用性

学前教育学是一门应用性学科,它除了要反映学前教育实践中的规律外,还应以给学前教育实践提供指针为己任。这就要求学前教育的理论建构同学前教育实践相联系,学前教育必须把实证研究作为其理论形成的重要途径,脱离了实践和现实的种种臆想及生搬硬套并不能成为学前教育理论的有机组成部分。同时,学前教育学并不是实践案例的无序堆积和实践经验的一般总结,它一定要反映有关的特征和规律。所以,对学前教育的实践案例和经验总结必须做理性提升,学前教育学才能真正成为更具指导意义的,反映有关现象、活动特性和规律的概念、命题及原理,才能真正成为学前教育理论的有机组成部分。

3. 综合性

当代科学的发展经历着一个分化与综合并行、区分与借鉴共存的过程。学前教育学作为从学校教育学(普通教育学)中分化出来的一个分支学科,在其自身理论构建的过程中,与其他分支学科的区别点、特殊面日益清晰,但作为教育学科存在和发展的共同基础没有发生变化,即它们有共同的哲学、社会学、伦理学、心理学基础。除此之外,学前教育学的发展从理论观点、实证研究技术等方面对其他学科进行了广泛的借鉴。例如,近十年来,心理学、哲学领域中的瑞士学者让·皮亚杰的理论及在此基础上建立起来的新皮亚杰理论对于我国学前教育的理论和实践产生了深远的影响。

此外,美国著名的人类学家、生态心理学家布朗芬·勃伦纳(Urie Bronfen Brenner)有关人类发展生态学的理论也对我国的学前教育理论和实践产生了很大的影响。因此,在建构学前教育学的理论体系时,必须自觉地借鉴、吸收其他学科的思想和方法。只有这样,学前教育学才能作为一门具有当代社会特征的、充满活力的学科而日益发展和完善。当然,任何学前教育的理论主张都是反映一定的学前教育实践的,具有一定的民族性、文化性,也只有共同开创新型多样的学前教育实践,正确处理借鉴、吸收和创新的关系,学前教育理论宝库才会越来越丰富和完善。

二、学前教育理论的形成和发展

学前教育理论的形成并非源于凭空思辨,而是基于广泛的学前教育实践。学前教育作为一种社会现象、社会活动,其历史可以说同人类社会的历史一样久远。在人类社会的发展史上记载有丰富的学前教育实践和主张,但学前教育作为正式的机构教育的历史只有一百多年,与这一实践相应的理论发展的历史也就显而易见了。学前教育理论真正成形是19世纪中叶的事,也可以说,学前教育学作为一门独立的学科是从19世纪中叶开始的。

古希腊哲学家亚里士多德(Aristotle 公元前384—前322)在他的《政治学》中阐述了有关教育的一些主张。他提出了按人的身体成熟状况划分年龄段的设想,每7年为一个年龄段,直到人身较为完善(21岁),人生的前7年即幼儿时期。他认为,婴儿应以母乳等含乳高的食物加以抚育,要注重身体运动,以抵御严寒、陶冶品质,认为游戏是一种很重要的活动,儿童应学习唱歌和演奏。

西方进入中世纪后,受封建思想及宗教势力的影响,社会文明的步履受到严重阻挡,人文精神无以张扬,作为教育对象的人的本性受到了严重压制。

（一）学前教育理论的形成

1. 促使中国学前教育理论形成的主要人物及其思想

在我国，对学前教育理论起重大影响作用的是五四运动。五四运动是一场思想解放运动，它在反帝、反封建的同时，注重西方资产阶级文化教育思想的引入和借鉴，"形成了平民教育、实业教育、科学教育、国民教育、美感教育和实用主义教育等思潮。其核心是教育救国和尊重与发展儿童的个性才能"。这些思潮对我国学前教育理论的形成产生了很大的作用。如蔡元培、陶行知、胡适等人在宣传和介绍美国教育家杜威的教育思想方面做了大量的工作，尤其是他们所推崇的杜威的儿童中心论——"反对传统的以教师、书本和课堂为中心，主张从儿童的本能、兴趣和需要出发，以儿童自身的活动为教育过程的中心"。这一思想对于旧的、传统的、以教师为中心的教学模式具有一定的推动作用。此外，鲁迅、蔡元培、恽代英等人提出的"反对封建的儿童观，尊重和发展儿童的个性"的主张对于建立新型的、注重儿童个性的儿童观、教育观，对于现代儿童教育思想的形成都起到了积极的作用。

"五四"前后留美回国的陶行知、陈鹤琴等人对我国学前教育理论的形成发挥了关键的作用。一方面，他们充分吸收了杜威的实用主义教育思想，批判和反对束缚儿童的封建礼教。陶行知提出对儿童应实施六大解放：解放儿童的头脑，让他们能够去想、去思考；解放儿童的双手，让他们去做、去干；解放儿童的眼睛，让他们去观察、去看事实；解放儿童的嘴巴，使他们有足够的言论自由；解放儿童的空间，让儿童从鸟笼式的学校里走出来；解放儿童的时间，使儿童做支配时间的主人。陈鹤琴也指出：常人对于儿童的观念之误谬，以为儿童是与成人一样的，儿童的各种本能都是同成人一色的，所不同的，就是儿童的身体比成人小些罢了。我们为什么叫儿童穿起长衫来？为什么称儿童为"小人"？为什么不准他游戏？为什么强迫他一举一动像我们成人一样？这岂不是明明证实我们以为儿童同成人一样的观念么？假使我们要收教育的良果，对于儿童的观念，不得不改变；施行教育的方法，不得不研究。另一方面，他们开展了对学前教育理论和实践的探索，陶行知曾发表《创设乡村幼稚园宣言书》《幼稚园之新大陆》《如何使幼稚教育普及》等具有人民性、进步性的文章，并和陈鹤琴在第一次全国教育会议上提出了《注重幼稚教育案》。他带领学生建立了我国第一批乡村幼稚园和劳工幼儿团,创建了我国第一所乡村幼师学校,并组织了乡村幼教研究团体,开展了卓有成效的实证研究,为我国学前教育理论的形成做出了不可磨灭的贡献。陈鹤琴为我国学前教育理论的形成同样做出了突出的贡献。他毕生的研究和探索主要集中在幼儿教育及与此相关的幼师、高师教育,在他400多万字的著作中,大量的和主要的是有关幼儿教育的论述。他率先在我国用日记法研究儿童心理,并写成了《儿童心理之研究》,率先采用实验法在其创立的我国第一所实验幼儿园中开展幼儿教育研究,并发表了一系列研究成果,这些成果涉及幼儿园的课程、设备,教育、教学的目的、内容和方法等方面。1928年,《幼稚教育丛刊》出版了四种,以介绍他的实验研究成果,这些成果成为1932年国民党政府教育部公布的《幼稚园课程标准》的基础。另外,他还发起组织幼稚教育研究会,创办了我国最早的幼稚教育研究刊物《幼稚教育》,这些都推动了我国幼儿教育理论的建设和发展。到20世纪40年代,陈鹤琴的学前教育思想日臻结构化,在进一步实验研究的基础上编写出了《活教育——理论与实践》《活教育的创造》《活教育的教学原则》等著述,建立了活教育的理论体系。这个体系是陈鹤琴及其弟子在西方进步主义教育思潮的影响下,探索适合中国国情的学前教育理论的最宝贵的成果,它也标志着我国学前教育理论的初步形成。

新中国成立以后,劳动人民成了国家的主人,幼儿教育在进一步体现为广大劳动人民服务的同时,在理论形态上也逐步地修正和改造,尤其是更多地学习和借鉴了苏联社会主义学前教育的思想和策略。中央颁布了教育部制定的《幼儿园暂行规程》,从教育目标、内容、形式等方面做了明确的规定,从而明确了幼儿园的双重任务和教养并重的方针,强调了幼儿教育的目的性、计划性以及各科教学的思想性、系统性和科学性。从此,逐步形成了受苏联社会主义学前教育理论影响的、反映新中国成立初期我国社会主义建设现实的社会主义学前教育理论体系。

2. 促使西方学前教育理论形成的主要人物及其思想

在西方,对学前教育理论的形成起重要影响作用的是文艺复兴运动。这是一场向中世纪教会制度影响下的宗教神权主义的宣战,是一场思想解放运动,人文主义思想的旗帜在这场运动中得以高扬。意大利人文主义者威尼斯(1406—1458)的《儿童教育论》、北欧人文主义者伊拉斯谟(约1466—1536)的

《幼儿教育论》及西班牙人文主义者比维斯(1492—1540)的《基督教女子教育论》都是文艺复兴时期人文思想在幼儿教育、儿童教育方面的体现。然而,西方学前教育思想的形成,以下所述人物及所做的贡献是更为重要的:

夸美纽斯(Johann Amos Comenius, 1592—1670)是捷克教育家,他的教育理论中有许多是有关学前教育的。他主张所有的儿童都应受教育,提出普及教育,认为教育的对象是从婴儿到成年的不同年龄对象。为此,他设计了一个学校系统,把受教育的时间划分为四个阶段,每个阶段六年,由相应的学校进行教育。四个阶段中,第一个阶段是婴儿期(0—6岁),儿童在"母亲的膝前"即母育学校接受教育,也就是家庭的教育。有关母育学校的教育主张在他的《大教学论》《母育学校》中均有阐述。他主张让幼儿自在地活动,让他们去尝试、去模仿、去体验,去学习多种运动和游戏,当儿童到了4至6岁,应该让他们有充足的劳动和手工劳作;3到4岁的儿童可让他们练习画画和写字,可根据儿童不同的年龄让他们知道一些数、形等方面的知识;应先让幼儿听音乐,以后可让儿童唱歌。此外,他还写了《世界图解》来指导儿童学习,这是与《母育学校》思想一致的读物。总之,夸美纽斯的学前教育主张对于西方学前教育理论的建立具有重要的意义。他的学前教育思想中有关公共集体教育的萌芽、对儿童人格尊严的认识、对游戏教育意义的评价及游戏指导同生产劳动联系起来的观点都是很有价值的。但在他的学前教育思想中宗教观仍占优势,教育内容方面仍有较大的因袭性。

卢梭(Jean-Jacques Rousseau, 1712—1778)是法国启蒙思想家、哲学家、教育家。他认为人的天赋都是善良的,如果顺应天性发展,罪恶就可以消灭,教育就是要使儿童归于自然,从而形成了教育史上的自然主义教育。他主张把人的身心发展划分为四个时期,每个时期有不同的教育重点:第一个时期从出生到2岁半,即婴儿期,身体柔嫩、娇弱,以身体养护为教育的重点;第二个时期从2岁半到12岁,即儿童期,感觉发达,教育应以身体锻炼和感官训练为主;此外,12—15岁及15—20岁分别为青年期和青春期。他强调教育与儿童的身心发展结合起来,强调儿童的感官训练,引导儿童直接从外界事物和周围环境中学习和掌握现实的、有用的知识。反对封建经验主义教育压制儿童个性、束缚儿童自由、强迫儿童盲从的做法。此外,他还强调从小培养孩子善良的品德。他的教育思想主要见于其小说体著作《爱弥儿》及《新爱洛绮丝》中。卢梭有关实行公共平等的集体保育的思想,以儿童的自我成长发展为基调使儿童的活动和生活组织化的学前教育思想,以及感觉训练的思想是西方学前教育思想中的重要篇章,且对后继学前教育思想家的理论起了十分重要的启发和引导作用。尤其是他把儿童放到了教育活动的主体地位上,使儿童成了教育活动的中心。但卢梭过分强调感觉训练,忽视知识教育,过分强调兴趣和爱好等。

裴斯泰洛齐(Johann Heinrich Pestalozzi,1746—1827)是瑞士教育家,深受卢梭教育思想及社会思想的影响。他曾创办过孤儿院,后又在主持的孤儿院从事初等教育的试验,曾为贫民开办了专招6岁以下儿童的幼儿学校。他实施的教育主要有两个方面的内容:一是实施爱的教育,激发儿童的良心,培养儿童善良的情感和团结友爱、互助合作的精神,使孤儿院的教育和生活家庭化;二是实施劳动教育,针对儿童的年龄特点组织劳动训练,促进他们体力、智力和道德的发展,从而获得生活必备的劳动技能。他主张幼儿期的教育应采取直观的方法,通过孩子日常接触的事物进行教学。主要的著作有《林哈德和葛笃德》《立法与杀婴》《幼儿教育书信》等。其中,《幼儿教育书信》归纳了他的幼儿教育原理和方法。他试图通过孤儿院及教育来改变贫困儿童的困境,进而改变社会制度,这显然是不会成功的,这也是其阶级局限性的表现。

福禄培尔(Friedrich Wilhelm August Froebel,1782—1852)是德国教育家,曾实践于裴斯泰洛齐主义的学校。他的主要教育思想是:第一,他认为万物由神而来,神是万物之源。教育的目的就在于唤醒人类内在的精神本性,揭露潜在的神的本源。任何人只要能够感觉自己和一切人类、自然及神的现象间有内在的关系,就能形成一种生命统一的意识。第二,教育必须遵循儿童发展的阶段特点,并使儿童获得和谐的发展。认为人类的精神本质是一种循序渐进的发展历程,每一个阶段都是前一个阶段的延续。认为儿童的发展是由"自然的儿童"出发,经过"人类的儿童"而成为"神的儿童"。根据统一的规律,儿童发展的这三种情况——三种不同的儿童本性是一个统一整体的三个方面,用教育的力量才能把原来潜伏的"人类的"和"神的"两方面显现出来。第三,教育的任务是促进儿童内在的自我活动和自动的态度。他认为儿童共有四种本能:一是活动的本能——一种创造的本能;二是认识的本能——揭示万物内在本质的本能;三是艺术的本能——进行艺术创作的本能;四是宗教的本能——前三种本能的归宿。教育的本质就在于促进儿童内在本质的发展。第四,他认为学前教育课程的内容是:宗教教育,认为这是所有内容中最重要的一部分,教育的主要任务就在于培养儿童的宗教情操,发展儿童的"宗教的本能";体育卫生,即锻炼强健体魄,传授卫生常识,养成卫生习惯;自然科学常识(包括数学);诗的记诵和唱歌;说话;手工等。第五,在教学方法上,他主张尊重儿童自由,让儿童自动、自发活动;重视游戏的价值,让儿童在游戏中获得发展;使用恩物(玩具),引起儿童的自动活动。他的主要著作是《人的教育》。他还于1837年在布兰肯贝格设立了一所幼儿学校[1840年取名为幼儿园(Kindergarten)],这是世界上第一所幼儿园,因此,他被称为幼儿园之父。他的思想、恩物作业玩具及幼儿园这一学前教育机构形式在世界各地广为流传。

至此,西方学前教育理论体系基本形成,学前教育学作为一门独立的学科也就形备实具。

(二)学前教育理论的发展

19世纪下半叶,福禄培尔的学前教育思想在西方占主导地位。到了20世纪,由于科技革命及两次世界大战等众多因素的影响,以进步主义教育思潮为先锋的新的教育观念和体系不断涌现,并在实践中不断完善和发展,还逐渐形成了一些理论流派。择其要者介绍如下:

1. **杜威(John Dewey,1859—1952)的进步主义学前教育理论**

杜威是美国哲学家、社会学家和教育学家。1884年在约翰斯·霍普金斯大学获哲学博士学位,先后任明尼苏达大学、芝加哥大学和哥伦比亚大学教授。1896年创设芝加哥大学实验学校。曾任美国心理学会会长、美国进步教育协会名誉会长。他是实用主义教育理论的主要代表人物,也是20世纪具有较大影响的教育理论家。19世纪上半叶之后,美国的公共教育(包括学前教育)有了迅速的发展,但是教育制度、课程设置和教学方法还是继承了欧洲大陆和英国旧学校的传统,形式主义的、呆板的教育仍占统治地位。

杜威的实用主义教育理论就是产生于这样的背景之下的。首先,他参与了对传统旧教育的批判。19世纪90年代后,他开始了对学前教育中的福禄培尔主义的批判。他根据心理学在幼儿园的实际运用,主张对幼儿园教育的理论与实践重新加以全面的研究。他及其门生都认为要消除福禄培尔主义中的恩物的形式主义的影响,强调建立一个彻底促进幼儿发展的教育方案。其次,他提出了对于儿童的认识。认为儿童是教育的中心和起点,应注重儿童学习的爱好和兴趣,应该使儿童主动、活泼,而不是被动、呆板。最后,他提出了一些经验主义的教育主张。认为教育理论的中心课题是如何把作为能动的主体的儿童与对于儿童的社会要求的外部世界结合起来。认为教育即生长,教育即生活,学校即社会,教育是经验的改造和重新组织;主张教育只是一种过程,除其自身发展外,教育是没有目的的,或者说只有"教育过程以内"的目的,而无"教育过程以外"的目的;要求在教学中以"从做中学"为基本原则,注重体验、操作及练习,并把这些思想贯穿到教学过程、课程编制、教学方法及教学组织形式中去。在他的教育思想的影响下,在其思想拥护者的宣传倡导下,经验主义学前教育在美国产生了一定的影响。包括开放式教学在内的受杜威教育思想影响较大的学前教育形式、方案至今在美国仍有一定的影响。

杜威的经验主义教育思想对中国及其他一些国家的学前教育思想和实践也产生了一定的影响。杜威教育理论中有关"经验""活动"等概念范畴至今仍具有重大的理论和实践价值。50年代中期以后,杜威的教育思想以及杜威所领导的进步主义教育运动受到了美国教育界,尤其是要素主义或理智主义的批判。有的批评指出:"学校是进步主义的,而美国的民主主义理念未能充分地予以灌输。学科是破坏主义的,其元凶是进步主义教育理论。"杜威的主要著作有《儿童与课程》《我的教育信条》《经验与教育》《教育上的兴趣与努力》等。

2. 蒙台梭利(Maria Montessori,1870—1952)的教育思想

蒙台梭利是意大利儿童教育家、医生。曾任罗马大学附属精神病院临床助理医师,研究残疾和低常儿童的心理与教育。1907年在罗马开办"儿童之家",招收3—6岁的贫苦儿童,进行教育实验,力图以医学、生理学、心理学为基础,用直接观察的研究方法,建立"科学的教育学"。她的教育理论主要有:教育的目的在于发现儿童"生命的法则",帮助儿童发展生命,使每个儿童具有的天赋潜能在适宜的环境中得到自然的发展,在了解儿童的基础上促进儿童的全面发展;教育的根本原则是使儿童获得自由,使儿童从妨碍其身心发展的障碍中解放出来,使儿童的天性得以自然的表现。蒙台梭利认为,在她的学校里,幼儿是自己在学习,而非强制性的,教师的作用在于提供符合儿童身心发展规律的环境,帮助儿童实现自我教育。蒙台梭利强调儿童的感官训练和肌肉练习,设计了训练感觉的教育活动,对儿童进行感觉教育,让儿童在操作中认识客观事物的特性及客观事物之间的关系。她设计了发展动作的器械、设备,对儿童进行动作教育,以培养儿童的自理能力和良好的生活习惯。此外,她还根据儿童的身心发展特点设计了一系列教具。

蒙台梭利的教育思想在全世界产生了广泛的影响。目前还有研究、继承蒙台梭利教育思想的国际学术组织,蒙台梭利的教育思想在有些国家已得到了发展,被注入了其他理论流派的合理观念,而形成了"现代蒙台梭利教育方案"或"新蒙台梭利教育方案",与经典的或传统的蒙台梭利教育方案并存。蒙台梭利的教育思想在有些国家几经起落,有些批评者认为在蒙台梭利学校(经典)的儿童并没有获得真正的自由,且形式单调,缺乏儿童间的相互作用,更有甚者认为"她的学说内容落后于现在(1913年)教育理论的发展约50年,实属19世纪中期的货色"。但不管如何,可以肯定地说,蒙台梭利的学前教育思想仍无愧为世界幼教史上较为成功的实践结晶。蒙台梭利的主要著作有:《蒙台梭利方法》《教育人类学》《蒙台梭利手册》《高级蒙台梭利方法》《童年的秘密》《人的形成》等。

3. 弗洛伊德(Sigmund Freud,1856—1939)和埃里克森(Erik Homburger Erikson,1902—1994)的精神分析学派的学前教育思想

弗洛伊德是奥地利精神病学家、心理学家,精神分析学派创始人。埃里克森是美国精神病医生,新精神分析学派的代表人物。他们之间理论上的不同点主要表现在弗洛伊德较多地强调生物本能决定论,而埃里克森在接受弗洛伊德理论影响的同时,反对其生物本能决定论,强调社会文化生活对人格发展的影响,尤其是他以心理的社会性为标准,把人格划分为八个阶段,对于学前教育实践有重要的指导意义。

精神分析学派的学前教育思想可以归结为以下几个方面:一是强调经验尤其是早期经验对人格发展的重要性。不适当的早期教育方式,足以产生"固着现象",贻害人格的发展。二是强调教育的目的就在于健全人格的培养。弗洛伊德将人格的结构分为本我、自我与超我,并且强调自我的重要性。如果自我的功能发挥得不好,便无法认清事实的本身,甚至无法接触到真理。一个远离(疏远)的人,无法真正体验到人际关系的正确意义,一个自恋的人对于爱的体验和了解往往没有常人那么深切。由于人格的不同,对事物的了解也就各异,从这个意义上说,人格的培养不只影响人格发展本身,还从一定程度上影响人对客观事物的认识——人的认知层面。三是以儿童的发展为前提开展道德教育,避免教条灌输。道德教育是一种不断人格化的力量,其成败影响一定社会团体的内在聚合力及社会性格。精神分析学派在道德教育上提出了"人格化"的教学方法,认为,所有的品德必须能在实际活动和体验中纳入人格,才能陶冶出行善的能力。此外,认为"超我"是个人在社会化过程中将社会规范、道德标准、价值判断等内化而形成的结果。如果"超我"的权威过大,易造成过多的焦虑和不安,使一个人丧失活力和朝气,所以人格教育应以儿童的发展为前提。四是强调良好教育环境的创设,发展儿童多种能力,尤其是培养儿童的创造力。强调使儿童形成良好的态度,形成良好的自我,注重情感培养,鼓励发挥想象,提供自由开放的教育环境,鼓励儿童的创造性思考。精神分析学派没有形成系统的学前教育理论,但在他们的著作中有不少对学前教育理论构建具有启发意义的思想。有关的著作有:《儿童期与社会》《同一性:青少年与危机》等。

4. 班图拉(Atilt Bandura,1925—)的社会学习学派的学前教育思想

班图拉是美国心理学家,1952年获博士学位,1953年到斯坦福大学研究儿童心理。他把学习理论、认知理论和信息加工理论中的有关观点结合在一起,以系统的实证研究为基础,形成其理论。主要论点有:一是强调个人和环境因素对学习的影响。因为人类心理功能的形成和完善受制于个人、环境和行为不断交互作用的历程,所以,在指导幼儿学习时,除了重视个人能力的发展以及情绪反应、认知过程外,还应注重设置良好的环境。因为无论透过有意安排的还是随意发生的途径观察,环境力量均可以左右个人行为的发展。二是儿童通过直接体验和观察产生学习。班图拉对儿童的攻击性行为及其产生的家庭因素、模仿过程、观察学习以及行为矫正进行了研究,并提出了相关的理论观点。他认为直接体验是人类最基本的学习方式,据此,可以学会分辨是非、利弊,斟酌行为。但许多的学习不必通过直接体验,通过观察学习便可获得,观察者可以在付诸行动之前,对新的行为具有初步的概念,如有强烈的模仿动机,自然容易达到学习效果。观察可以是对积极行为的肯定和强化,也可以是对消极行为的否定和弱化,所以示范教学、观察示范等都是学前教育中行之有效的方法。三是强调教师和成人的素质。因为教师和成人,尤其教师是行为的楷模,是被观察和模仿的对象,所以必须保持言行一致,并与儿童建立良好的师生关系,善于引导儿童观察和模仿,又善于避免儿童对消极行为的观察和模仿,并能很好地运用奖惩的手段。班图拉的教育思想主要适用于社会学习方面,他的主要著作有《青少年的攻击行为》《社会学习与人格发展》等。

5. 皮亚杰(Jean Piaget,1896—1980)的认知学派的学前教育思想

皮亚杰是瑞士儿童心理学家,发生认识论和日内瓦学派的创始人。1918 年获博士学位,之后主要研究儿童心理学,曾任日内瓦大学卢梭学院院长兼心理实验室主任,1954 年当选为第十四届国际心理学会会长。他的儿童心理学体系的核心是发生认识论。

皮亚杰的主要思想有:一是认为儿童的智力是一种认知结构,儿童的思维、认知、智力的发展过程就是这种主体认知结构不断重新组织,达到和客观平衡的过程;二是他把儿童认知结构的发展分为四个阶段:感知运动阶段(0—2岁),前运算阶段(2—7 岁),具体运算阶段(7—11 岁),形式运算阶段(11—15岁);三是认为影响儿童认知结构发展的因素是神经系统的成熟、对物质环境的经验、社会环境的影响和在活动中经过自我调节所不断取得的主客观的平衡。根据以上三方面的思想,皮亚杰在学前教育上的主要观点有:一是强调儿童与环境的相互作用——活动的重要性。他认为儿童发展的每一个阶段都是由儿童的成熟和环境的相互作用产生的。儿童就是通过各种有组织的活动,去探索、了解外界的客观事物,了解客观事物之间的关系。他认为"生物体不仅依赖于环境,生物体也对环境做出积极的反应和'回答',而这就要依赖于生物自身的积极性,主体只有作用于客体才能认识客体,这就要求客体和生物体的活动之间进行不可分割的相互作用";他还强调儿童的主动活动,认为人初生的反射活动不是机械被动的,而是一开始就表现出真实的能动性;儿童的发展主要在于儿童本身主动的建构活动,在于有机体自身所具有的积极的适应能力。二是强调教育的目的在于培养儿童的创造力和批判力。皮亚杰对认知活动探究的重心在于"智慧如何发展",所以他所倡导的教育目的不在于增进知识、注入知识,而在于使儿童发现与发展的可能性表现出来。皮亚杰指出:教育的首要目的在于培养能做新事情、有创造力与发明才干的人,而不在于训练只能重复既有事物的人。换言之,就是要培养具有创造力、富有想象力与发明能力的人。教育的第二目的在于培养批判、求证的能力,而不在于接受所提供的一切。三是注重儿童的兴趣和需要,重视游戏的作用。把儿童的兴趣、需要看作是儿童心理发展的动力,并强调要考虑不同年龄儿童特殊的兴趣和需要。他认为游戏是儿童学习新的复杂的客体和事件的一种方法,是巩固和扩大概念与技能的方法,是思维和行为相结合的方法,儿童认知发展的阶段决定了儿童在特定时期

的游戏方式。

皮亚杰认知发展学派的学前教育理论在西方产生了重大的影响。仅以美国为例,在皮亚杰理论的影响下,就形成了一些很具影响的学前教育实验研究方案,如拉弗弟(Lavatti)的幼儿课程(Early Children Curriculum)、维卡特(Weikart)的开放架构方案(open Framework Program)、威斯康星大学的皮亚杰式学前教育方案(Piagetian Preschool Education Program)、弗斯(Furth)和沃丘斯(Wachs)的思考学校(School for Thinking)、凯米(Kamii)和迪弗立斯(Devries)的皮亚杰式早期教育方案(Piaget for Early Education Program)等。皮亚杰的理论在包括中国在内的其他国家的幼儿教育理论和实践中也产生了一定的影响。

当前的西方儿童发展理论园地中,活跃着一支新生力量——新皮亚杰理论。新皮亚杰理论的一些分支,在继承或反映皮亚杰理论的某些基础的同时,对皮亚杰的理论进行了修正、补充和发展。新皮亚杰理论的共同特点是:都比较关心儿童发展一般模式的例外情况,如任务因素、学习训练、个体差异、文化背景等;都试图在概括出思维总体发展结构之余再概括出详细的发展过程,即结构与过程并重;较多地利用新兴的信息加工理论和现代统计理论的新成果;在说明过渡机制时不像皮亚杰那样过多地借用源自生物学的概念和比喻,而更倾向于将神经心理学、信息加工论、学习理论和社会文化论综合来发展心理学;在实验任务的设计上也不同于皮亚杰那种以数学和科学概念为主的设计思想,而是以日常熟悉的情境为蓝本,更重要的是,对实验变量的分离真正着手加以解决,使特定的因果联结在科学意义可接受的信度内得到说明。新皮亚杰理论形成了一些足以弥补皮亚杰理论之不足的概念范畴和理论观点,如罗比·凯斯(Robbie Case)的"中心概念结构"理论等。不少学者认为,新皮亚杰理论对于学前教育理论的建设和发展,乃至对于学前教育实践具有极为重要的意义。随着对这一学派理论的学习和研究的不断深入,学前教育理论定会更多地借鉴和吸收其富有指导价值的理论成果。

6.苏联的学前教育理论

苏联的学前教育理论作为一个与西方学前教育各派理论具有较大差异的理论体系,具有重要的研究价值。应当承认,对于学前教育的国家支持、全国研究以及学前教育理论的结构化、完善化等方面,苏联是首屈一指的。台湾学者王文科认为,苏联学前教育的特点是:儿童在学前教育机构的时间很长,以此配合父母投入生产劳动的需求,并有良好的与家长联系的机制;依照幼儿的年龄分组教学,安排不同的课程,符合有计划的、渐进的教育原则;学前教育以加强劳动训练、重视道德教育、介绍美丽世界等为主要任务。苏联有世界上唯一专门化的学前教育理论研究机构,从这一机构的任务我们可以推知苏联学前教育理论研究的基本范围:依据心理学、生理学及教育学的观点,针对儿童头几年的发展,进行系统性的研究;发展新颖的、更有效的学前教育教学以及教育的方法;研究幼儿的保育、体育、感觉与认知教育、语言发展、道德概念及家庭教育等问题(附设实验室);研究儿童认知过程的发展、情绪与行为动机的发展、儿童集体生活以及社会心理的气氛及其对人格形成的影响。

苏联在其解体前的一系列改革措施中,包含了对学前教育的改革,也涉及有关学前教育理论观念的变革。苏联国家教育委员会颁布了《学前教育构想》,其中陈述或强调了一些学前教育的理论观念及主张。如强调"连接学前与学校阶段教育过程的条件是珍视现在生活阶段的自身价值",而绝不应该"仅仅为了将来才重视现在";认为把成人与儿童的相互作用归结为"保护健康+教育+教学"的简单化做法吞噬了儿童与成人个性之间充满感情的、非功利主义的相互关系,造成教育教学的"非人道主义"倾向;指出苏联幼儿园改革的基本原则是运用关于学前期在个性形成中的意义的现实科研成果,使教育工作人道主义化,改善儿童的生活条件和幼儿园教师的工作条件,保证儿童教育的各个领域的协调性等。该文件提出了与苏联当时家庭和学前教育机构中普遍存在的"教学纪律型"儿童教育模式对立的"个性定向型"儿童教育模式,认为这一教育模式的目的是促进儿童个性的形成。教师与儿童交往时遵循"不在上、不平行,而是在一起"的原则,以保证儿童的心理安全感,使他们信任这个世界,生活充满欢乐(心理健康);形成个性的萌芽(个性修养的基础);发展儿童的个性特征。教育者不是按预先确定的目标去驱赶儿童的发展,而是将儿童自己的期望和要求与发展任务协调起来,尽量在交往中发展他的可能性。知识、技能与技巧不是被看作目的本身,而是被作为充分发展个性的手段。此外,该文件还明确提出了"儿童的整体发展是学前教育的基本思想"的主张,提出了"个性定向型"儿童教育模式所设想的学前教育教学的任务、内容和原则,认为学前阶段的教育教学任务是使儿童获得"个性修养的原则和基础",这个基础就是:全人类的价值体系(真、善、美等)和与之相应的生活活动手段(对客观现实的认识、积极影响世界的方式、对所发生一切的情感评价态度);认为儿童个性修养的基础主要包括在客观现实的四个方面之中:自然、人工制品、社会生活现象及个人的生活、活动现象和自身。"个性定向"教育的原则是:开阔广阔前景的原则;基本认识领域平等的原则;自由选择的原则;儿童与成人互换地位的原则。从《学前教育构想》的部分内容可见,这一构想中的基本观念较多地摆脱了 60 年代对我国影响较大的传统学前教育体系中所反映的意识形态的束缚,一定程度上反映了苏联学前教育理论界对原有理论的反思,也从一定程度上体现了对世界儿童发展理论研究成果的借鉴,当然,也反映了苏联整个社会变革期在思想、理论上的骚动。

(三)中国学前教育理论的发展

在中国,自改革开放以来,随着整个社会的改革和发展,学前教育也产生了一些可喜的变化。反映在学前教育理论的发展方面,可概括为以下几点:

(1)在学前教育理论体系的构架上,逐步摆脱苏联"学前教学"的束缚;从我国学前教育理论研究的现实出发,从我国学前教育实践的基本特征出发,从正在改革或形成的学前教育的基本理论观念出发,建构我国学前教育理论的基本框架。

(2)在继续关注和研究苏联学前教育理论改革和发展的同时,注意吸收和借鉴西方学前教育理论的研究成果,以及西方与学前教育相关领域的理论研究成果,对于皮亚杰认知发展理论及新皮亚杰儿童发展理论、人类生态学的有关理论、西方道德发展理论等的研究、吸收和借鉴便是例证。

(3)注重学前教育理论的现实"发生",十多年来,广大理论工作者做了大量的调查研究和实证研究,尤其是一些建立在学前教育实践基础之上的实证研究,对于我国教育理论的改革和发展起了十分重要的作用。以学前教育课程为例,如果说十多年来学前教育课程理论已向成熟化迈进了一步,那么,可以肯定地说,这一步是由全国数百个课程研究的方案及其成果共同推进的。

(4)学前教育理论研究的不断深入,在注重学前教育目标、课程及其标准、有关领域的教育等方面研究的同时,还注重一些深层次的课题研究,如有关学前教育观念体系、具体教育活动中的师生关系、幼儿与教育情境中人和物的各种互动方式及性质、幼儿教育活动的结构及其变异等。这些深入的研究对于学前教育理论的完善是十分重要的。

第二章 教育理论中的核心观念

在学前教育理论中,有一些最为基本的和核心的观念,这些观念对学前教育理论其他组成部分的研究和发展会产生极为重要的影响,厘清这些基本观念对于学前教育理论建设而言是至关重要的。儿童观、教育观及教师观便是学前教育理论中的核心观念。

第一节 儿童观

一、儿童观的界定

儿童观是指人们对儿童的根本看法和态度。由于儿童是受教育者,是教育过程中的要素,是教育目标指向结果的反映者,因此,对儿童的看法、态度的不同,会导致对构成教育过程的其他要素认识的差异,会导致不同的教育目标、教育策略和教育行为。可以说,儿童观同教育观、教师观是紧密相关的,并在一定程度上对教育观、教师观产生影响。

二、儿童观的形态

不同的社会成员对于儿童有不同的看法和态度,这就形成了不同层次的儿童观。我们可以对不同层次的儿童观择其要者,并进行归纳、整合,使之成为一种特定的形态,如可以从观念内容、历史进程、观念所持主体等角度区别不同的观念形态。在此,我们从观念所持主体的角度区分儿童观的主要形态。

(一)社会主导形态的儿童观

社会主导形态的儿童观是指一定社会中的政府机构、法律机构及其他居支配地位的人们所持的对儿童的看法和态度。这种儿童观往往以法律、政令、规章等形式加以正式确认,如有的国家颁布了《儿童宪章》《儿童宣言》《儿童保护条例》等法律文件,明确了国家对儿童的根本态度;有些国家甚至在宪法中就确认了国家对儿童的根本认识。如,在我国的许多法律文件和政府报告中都明确指出"儿童是社会的未来,是民族的期望","全社会都应关心和保护儿童,支持儿童工作"。我国的《未成年人保护法》《义务教育法》等都是从不同的方面体现社会主导形态的儿童观及其落实的途径。

英国早在1908年就通过了《不列颠儿童宪章》,以明确儿童在社会生活中的地位和权利。日本也于1951年颁布了《儿童宪章》,这是一个保护儿童基本权利的宣言,并规定5月5日为日本儿童节,强调必须把儿童当作社会的一员来看待,并尊重儿童的各种权利。

联合国大会通过的一些文件也充分体现了各国政府对于儿童的共同认识、态度及解决儿童问题的共同主张。联合国在《世界人权宣言》(1948年)中宣布:儿童有权享受特别照料和协助,为了充分和谐地发展其个性,应让儿童在家庭里,在幸福、亲爱和谅解的气氛中成长。联合国大会通过的《儿童权利宣言》(1959年)指出:"儿童因身心尚未成熟,在其出生以前和以后均需要特殊的保护和照料,包括法律上的适当保护。"在联合国于1990年9月召开的有史以来规模最大的世界儿童问题首脑会议上递交给各国政府的《儿童生存、保护和发展世界宣言》及《执行90年代儿童生存、保护和发展世界宣言行动计划》(其中含《儿童权利公约》)两个文件中,明确地提出了各国政府应当充分保障儿童的生存权、保护权、发展权(含受教育的权利)。

此外,《日内瓦儿童权利宣言》、《经济、社会及文化权利国际公约》(第10条)、《公民权利和政治权利国际公约》(第23、24条)、《关于儿童保护和儿童福利、特别是国内和国际寄养和收养办法的社会和法律原则宣言》及《在非常状态和武装冲突中保护妇女和儿童宣言》等国际文件都从不同的角度体现了国际社会、国际组织及有关国家政府对于儿童及儿童问题的认识、立场和态度。

一般说来,社会主导形态的儿童观是一元的,一个有序的、稳定的国家一般只认可一种基调的儿童观,而不太可能认可两种矛盾的儿童观。其特点是,不但具有法律性,而且阐述概括、简约。

(二)学术理论形态的儿童观

学术理论形态的儿童观是指哲学、伦理学、心理学、教育学、文化学、人类学等学术领域的研究人员在深入思考和研究的基础上所持的儿童观。这种儿童观也可称为理性的儿童观。与上述具有法定性的社会主导形态的儿童观不同,学术理论形态的儿童观不具有法律效力,且在一定的时期具有明显的多元性。不同领域的研究者研究的视点不同,与儿童观有关的思想、理论背景不同,与儿童实际接触交往的经济状况不同,个人生活经验、家庭背景的不同以及对于现实社会认知的差异,都可能导致这些研究者在儿童观上的差别,有时甚至可能产生儿童观上的对立。在某一个历史时期,总有一种或几种典型的理性儿童观。学术理论形态的儿童观的主要特点是:有一定的理论基础或背景,阐述系统、全面。如蒙台梭利的儿童观、陶行知的儿童观,都是在他们特定的哲学思想指导下,在他们亲身的实践和研究背景下,在一定的人文因素影响下产生和完善的。值得注意的是,在某些社会历史条件下,学术理论形态的儿童观能同作为其产生土壤的特定社会的社会主导形态的儿童观达成一致,甚至成为社会主导形态儿童观的主要参照源。比如,社会主义中国在改革开放的形势下,注重决策的科学化、民主化,坚持尊重知识、尊重科学的方针,注重吸收各个领域的科学研究成果,不少研究者还能参与法律文件或政府政策的起草与讨论,因此,社会主导形态的儿童观与学术理论形态的儿童观是基本一致的。相反,在极端专制的社会,在皇权、宗教决定一切的社会,学术理论形态的儿童观基本上被忽视。如卢梭关于"顺乎自然""儿童本位"的思想被当时占社会意识统治地位的教会认为是异端邪说,因而导致了书被焚毁、人被迫逃亡的结局。

(三)大众意识形态的儿童观

大众意识形态的儿童观是指广大国民对于儿童的根本认识和态度,这是一种最具实际意义的儿童观,因为儿童就是在这种现实的儿童观的作用及影响下生活和成长的。社会主导形态的儿童观和学术理论形态的儿童观都是通过大众意识形态的儿童观对儿童发挥作用的。没有一个儿童的父母、老师是没有儿童观的,但是他们的儿童观正确与否、清晰与否、系统与否,差异是明显的。大众意识形态的儿童观的主要特点是实感性、差异性及不系统性,即观念总是与一定的实际情景、行为相联系,并没有上升为真正的观念,而是处于准观念状态。国民之间对于同一现象的观念有差异,同一国民在自我情绪等一定因素影响下,对于同一现象的观念也有差异,甚至还可能出现在同一人的观念结构中。不同的内容之间是矛盾的,有的人的观念同其实际行为是不一致的。如一方面觉得应关心爱护儿童,另一方面又主张充分放任儿童。当然,大众意识形态的儿童观的主体应该说是积极的、向上的、正确的。对于大众意识形态儿童观中消极的、不正确的部分,并不是无策可为的,多渠道、多形式、有针对性的宣传学习是纠偏极为重要的形式。一些地方采用的教师继续教育,家长学校,广播、电视及报刊的宣传,教育咨询等形式均收到了明显的成效。

值得强调的是,直接从事有目的、有计划的机构学前教育工作的幼儿教师的教育观是大众意识形态教育观的重要组成部分,它对于学前教育具体目标的确立,对于教育内容、方式、手段等要素的选择和把握是十分重要的。在大众意识形态的儿童观中,根据人们的儿童观的牢固程度和功效,可区分以下两种具体的儿童观:

1. 形式性儿童观或理念性儿童观

它是指能从理论上、观念上把握科学的儿童观的主要内涵,并能用以分析和指导在儿童生活及学习过程中自身与儿童关系中的现实问题。理念性儿童观经过一定的学习都能获得,对于教师(家长)来说,获得一些理念性的儿童观是十分必要的。

2. 实质儿童观或功效儿童观

它是指教师不但能从理论上、观念上掌握一定的儿童观,而且具有足以使这种儿童观得以贯彻的内在素养和技能,即它已成为一种同爱心、事业心、责任心、成就感、法律意识、活动组织技能等情感、品质和技能有机结合的一个综合观念。这是把握儿童观的实质环节,缺少了这一环节,儿童观再科学也难以转化为具体的行为。所以,单有理念性的儿童观是远远不够的。

作为幼儿教师,他们接受的专业教育和培训为其把握科学的儿童观(理念上的)创造了条件,但并不意味着幼儿教师就充分掌握了科学的儿童观,更不意味着他们在实践中体现了这些观念。南京师范大学的卢乐珍教授、刘晓东博士在《当前幼儿教师儿童观、德育观的调查分析》一文中指出：幼儿教师的儿童观比过去有所改变，但在调查的六省市964名幼儿教师中，有76%的教师认为，"面对几十个孩子，内心的偏爱是难免的"；有31%的教师表示，"对于有些孩子我就是爱不起来，有点讨厌"。所以在热爱儿童方面，当前的幼儿教师存在较大问题。此外，在对"尊重儿童，建立良好的师生关系"的理解和执行上仍有不少偏差，有23.7%的教师认为，"孩子都是欺软怕硬的，教师态度严厉一些能更好地管住他们"；有20%的教师认为"教师与孩子之间不能太亲近，要保持一定的距离，说话才有威信"；有55%的教师认为，"要对每一个孩子都做个别教育工作是不可能的，一般只能抓两头——表现较好与问题行为较多的孩子"。中央教育科学研究所的史慧中研究员也撰文指出，由1000多名幼教工作者在全国10个省市进行学前教育调查，调查结果显示，当前，城市幼儿园教师在表明对儿童的喜爱程度时，有34.3%的教师明确回答"一般"，有3.26%的教师直接说"不喜欢"。

关于教师喜爱某一个具体儿童的原因，"聪明"的比例为29.86%；"听话"的比例为26.48%；"作业专心"的比例为14.23%；"品质好"的比例为11.32%；"口语表达能力强"的比例为3.8%……偏重于聪明、听话、守纪律等因素在对儿童喜爱的倾斜度上占的比例较大，这实际反映了幼儿教师对儿童体、智、德、美全面发展的理解不够准确，同时反映出幼儿教师在教育过程中存在着态度上不够尊重儿童等缺陷。

因此，幼儿教师的儿童观对实际的教育过程和结果至关重要，而使幼儿教师具有科学的、能见诸行动的儿童观是一项需要职前教育与职后教育相结合的长期而艰巨的工作。

三、儿童观的结构

儿童观作为一种指向儿童的观念，有其内在的结构和内容，对儿童观结构的分析，是从整体上把握儿童观的重要步骤，要从三个方面去把握。

（一）自然层面——儿童是自然的存在

儿童的身体、身体组织是长期在自然界的制约下进化、发展的产物。作为生物个体，一方面，儿童具有独立性、个体性和完整性，有其自身生理发展的规律,他不是成人的客观附属物。另一方面,儿童又具有对外部世界和周围事物的依赖性,他要从周围环境中获得食物、照料、安慰等生存要素。所以,对儿童必需的生存要素的剥夺以及对儿童进行残杀、摧残(如裹脚、割阴)等行为都是损害儿童的独立性、完整性及生存规律的行为,是违背科学的儿童观的反映。当然,对儿童过多的保护也是不符合儿童的独立性和生存发展规律的,如过多的抱、背,过多的防护,过多的包办、代替等。

儿童作为自然的存在,在其生长的过程中,逐步形成和发展着维持其生命的一般能力,这种能力的发展是一个自然的、有规律的历程。因此,儿童并不是被动的,儿童的发展是儿童自身生命成长的结果,并非一定由成人所使然。儿童有不愿受束缚、不愿受摆布的天性,无视儿童的天性,无视儿童的能力,把儿童视作与动物无异的生物体,认为成人可随意左右其成长和发展,这显然是错误的。反之,过高地估计儿童的能力,把儿童视作"小大人",让儿童过早地经受生活和学习的压力(如强迫儿童成为童工、过早地入园插班、任意拔尖和定向教育),也是有损儿童成长发展的。

(二)社会层面——儿童是社会的存在

儿童是祖国的花朵,是社会的希望和未来,是社会生活中不可缺少的部分。由于儿童的存在,社会才得以延续和发展;由于儿童的存在,社会生活才更加绚丽多彩。儿童作为社会的存在,一方面,儿童应该享受相应的社会地位和权利。我国的《宪法》《未成年人保护法》《90年代中国儿童发展规划纲要》等法律文件都明确了我国儿童所应享有的社会地位和权利。国家把民族振兴的希望寄托在一代又一代儿童的身上,号召全社会都来关心儿童,并形成了整个社会的儿童工作的管理体系和网络。国家要求全社会切实保障儿童的生存权、参与权、发展权等基本权利,为此颁布了一系列法律、法规、政策等,并通过各种手段和途径广泛宣传。可以说,一个国家有关儿童的法律、法规制度的完备程度与运行状况,是衡量这个国家儿童地位、权利是否得到切实保障的重要依据。另一方面,儿童作为社会的存在,需要一种有利于其成长发展的社会环境和社会文化氛围。因此,各种社会场所、社会机构、社会成员应与儿童保教部门和保教人员密切配合,积极合作,共同创设、优化儿童成长的社会环境。另外,一些与儿童相关的专门机构也应进一步发展和完善,如儿童活动中心、娱乐园、儿童科学宫、儿童电影院、儿童书店等机构,全社会都应为儿童生产有利于其健康成长的图书、影视、玩具等精神和智慧食粮。

(三)精神层面——儿童是精神的存在

儿童作为正在成长发展中的个体,支撑其躯体、协调其行为的是其丰富的精神世界,这个世界是一片神奇的世界,需要我们去认识和了解,只有了解了儿童丰富的内心世界,才能切实地尊重作为精神存在的儿童。儿童虽然初涉人世,但却有丰富的情感;儿童虽然时常表现其稚嫩和脆弱,但他却有独立的人格,并正在形成自己的个性;儿童经常处于被照料的状态,但却有其自己的需要和愿望,尤其不能忽略的是儿童需要尊重、需要公平、需要精神抚慰。然而,在漫长的历史长河中,儿童的精神世界经常被忽略,尤其在落后、专制的社会,儿童的精神世界一直处于被压抑的状态,成人无视儿童的愿望,以自己认定的准则、规范压制儿童,并时常行使其惩戒特权。我国的封建纲常与西方的原罪说在桎梏儿童心灵方面是殊途同归的。

从现实情况来看,有两种情况值得深思:

一种情况是,有的儿童失却了表达自己内心世界的机会,或者儿童所表露的精神世界没有得到成人的重视和感悟,更加严重的是有的儿童不能按自己的意愿、方式表达其内心世界,经常生活在被责骂、被恐吓和受辱的状况下,他们应有的自主性、独立性、人格被肆意地践踏。因此,儿童成了被压抑的精神存在。

另一种情况是,儿童获得了充分的自由、自主和自尊,儿童可以不受成人的影响想干就干,为所欲为,而成人则有求必应,自甘受罪。事实上,这是成人错误地制造了一种使儿童过分地膨胀自我、以自我为中心的精神环境。儿童的自主、自我背离了个体心理发展的规律,背离了作为社会的一员所必须依循的准则。如果儿童的愉悦是建立在成人的服从甚至屈从的基础上的,是建立在成人的内心矛盾、焦虑的基础上的,那么,这些儿童的精神世界是不现实的、不健康的,这种精神存在是异化了的精神存在。

四、科学的儿童观的内涵

科学的儿童观以儿童身心发展的基本规律为出发点,以社会发展的需要和社会对未来一代的期待为引导。科学的儿童观是科学地开展儿童工作的前提,它至少包含以下几个主要的观点：

1. 儿童是稚嫩的个体，身心各方面尚不完善，需要科学的、合理的照顾和保护；
2. 儿童是独立的个体，应有主动活动、自由活动和充分活动的机会与权利；
3. 儿童是完整的个体，除了健全的身体外，还有丰富的精神世界，必须高度重视其在身体、认知、品德、情感、个性等方面的全面发展；
4. 儿童是正在发展中的个体，除了有充分的发展潜能，还存在发展的个体差异，应该循其身心发展规律，承认个体差异，充分发掘其潜能；
5. 儿童是天生具有性别属性的个体，应杜绝性别歧视；
6. 儿童是成长在一定的自然、社会、文化环境中的个体，应注重给他们提供指向环境的体验、交往、操作和思考的机会。

第二节　教育观

教育观，这里主要指学前教育观，是指人们对学前教育的根本看法和态度。具体地说，它涉及这样几个问题：一是学前教育能起什么作用，有多大意义？二是学前教育的最终目的是什么？三是学前教育的内容及内容结构是怎么样的？四是怎么实施学前教育？五是学前教育需要一个什么样的氛围？六是怎样把握和对待学前教育的结果？对以上问题的回答，涉及这样几个观念：学前教育价值观，学前教育目的观，学前教育环境观，学前教育课程观，学前教育教学观（或称学前教学观），学前教育评价观。本节将对以上问题逐一论述。

一、学前教育价值观

价值是什么？华南师范大学教授桑新民在《呼唤新世纪的教育哲学——人类自身生产探秘》一书中指出：在马克思主义哲学的视野中，价值是人的需要与满足需要的对象之间的关系。教育价值是指主体的教育需求通过教育客体得到满足，是主客体之间以教育为纽带的一种利益关系，具有客观性、多维性和社会历史性。

从这个论点来探寻学前教育观，则可以把学前教育价值表述为：作为受教育者的幼儿及与之相关的社会成员和学前教育系统之间的关系,这是从哲学角度对学前教育所包含的价值关系的宏观分析。而所谓的学前教育价值观则是在哲学意义上对学前教育价值关系中主客体之间关系的性质、类型的确认和定位。由此可见,对学前教育系统的需求,不只是幼儿的需求,也是与幼儿相关的社会成员所代表的社会的需求。当然,与幼儿相关的社会成员不只是家长。

二、学前教育目的观

(一)学前教育目的观的内涵

学前教育目的观指的是对于学前教育目的的根本认识和看法。这里的学前教育目的指的是学前教育活动的最终结果,或是学前教育理想的代表性的表现。

(二)学前教育目的观与价值观的关系

教育的目的与教育的价值往往是紧密相关的,有的思想家明确地认为教育价值是教育目的的指针和准则。纵观教育目的的理论发展,人们对教育目的的基石到底是什么,一直各持己见,因此,也就产生了对教育目的特性的不同认识。典型的代表有:以赫文巴特为代表的教育家,认为教育目的具有普遍适用性,即超越时空的制约,无论何时何地都被看作是适用的。而与此相对的是以迪尔泰为代表的教育家,认为教育目的受社会现实性的极大制约,即受一定的时间和空间的制约,具有历史性。在确定教育目的的思想方法或立场上,也存在两种对立的观点。试以学前教育目的的确定为证,一种是个人本位论,与强调个人价值实现的教育价值观相一致。正如卢梭所言:"从我的门下出去,我承认,他既不是文官,也不是武人,也不是僧侣:他首先是人。"主张人性的全面发展,反映在学前教育目的上,就是强调儿童人性的整体实现。历史上,有的教育家主张把人固有的、潜在的本质激发出来,便达到了实现的目的,也即认为幼儿的自然性、天性或神性显现了,学前教育的目的也就达成了。而另一种目的论认为,学前教育除了激发幼儿固有的潜能外,更重要的在于其具有对复杂的社会环境的应变、适应和利用的能力。与个人本位论相对的是社会本位论,其更多地强调学位教育中社会价值的实现。教育史上,强调以真、善、美为教育目的的康德,便是学前教育的社会本位论者,他强调教育的社会需要性,强调教育为社会服务。

我们在确定学前教育目标时,一方面,要考虑幼儿的发展和需要。幼儿的发展,并不只是身体的发展,或只是心理的发展,而是身心和谐的发展。因为幼儿是生活在现实社会中的,因此,在幼儿个性养成的同时,社会性的发展也是极为重要的,这也是个体与社会的有机结合点。另一方面,社会对幼儿是有期盼和要求的,这种要求在不损害幼儿身心和谐发展的前提下加以落实,体现在学前教育目的中。如我国的《幼儿园工作规程》中表述教育目标时强调"萌发幼儿爱家乡、爱祖国、爱集体、爱劳动的情感……"因此,幼儿个人的需要应同社会的要求有机结合。

三、学前教育环境观

(一)学前教育环境观的内涵

学前教育环境观指的是对于学前教育环境的根本认识。人的成长过程就是人的发展与环境相互结合、相互作用的过程,而教育是环境因素中最重要的因素。

(二)影响人的发展的环境

1. 人际的、社会的环境

主张性善说的卢梭对社会环境影响的论述在其《爱弥儿》中开篇即可见:"凡是出自造物主之手的东西都是好的,一人插手就变坏了。他要强使一种土地出产另一种土地上的物产,强使一种树木结出另一种树木的果实……他不愿意有任何事物保持自然状态,就连人的自身也是如此。"欧文也强调人的性格是环境的产物,并做社会实验来证实其见解。他认为,"就目前表现出罪恶的种种性格而论,过错显然不在于个人,而在于培育个人的制度和缺点,消除那种容易使人产生罪恶的环境,罪恶就不会产生"。卢梭和欧文观点的偏颇是很明显的,一概排斥、否定社会环境或过高地估价社会环境的作用是不可取的。但社会环境的确是影响学前教育的重要因素,甚至还是学前教育的重要内容。因此,人类生态学的理论对于我们研究、分析、设计、引导有利于学前教育的社会环境是很有借鉴意义的。

2. 自然的、物质的环境

这类环境对于人的身心陶冶的作用是得到自然主义教育家大为推崇和赞赏的。自然生态环境作为一个整体，是人的生命所必须依存的，这一生态系统间的平衡和协调，是人类生活安定的保障，这种平衡的失却，会对人类生活产生影响。自然生态环境中的要素和系统还是学前教育的内容，因此，良好的自然生态环境，是学前教育所必需的，对于周围自然生态环境中某些要素及与之相关的浅显的生态关系的探索是学前教育的重要内容。

四、学前教育课程观、教学观、评价观

这三方面的观点可以总称为学前教育实践观。这里，实践指的是教育内容和活动方案的选择、制定、实施及结果的测定和分析等工作历程。学前教育实践可分为三级水平：一是直接利用创设的教育环境与幼儿个人或集体发生互动并施加影响；二是监督教育方案的执行并组织对教育成效的测定和分析；三是研讨特定年龄教育方案并加以文字化、类别化、操作化的工作。显然，第一级水平主要指的是教学工作；第二级水平指的是管理和评估工作；第三级水平指的是课程设计和活动设计的工作。

1. 学前教育课程观

指的是对学前教育课程的根本认识。由于不同的课程有不同的理论基础和实践基础，因此，对课程的认识也就各不相同。但学前教育课程作为反映学前教育目标的一个教育内容、方法、手段的组织系统，一个教育活动方案，对这一点本质认识基本上是各种课程观都认可的。

2. 学前教育教学观

学前教育教学观是对学前教学本质及过程的根本认识，同样，在不同的课程理论中，教学也具有不同的本质和内涵。例如，在传统的分科教学方案中，教学的表现主要为教师向幼儿传授知识及引导幼儿能力的发展，在经过改革的分

科教育课程中,这一观念已发生了变化;在综合教育课程中,教学意味着具有明确目的意识的教师与幼儿之间多种形式的相互作用。不管哪一种课程,教学的根本点必然是幼儿学到了什么?发展得如何?而这就要看怎么"教"。"教"必须有目的,必须以"学"为前提,不知怎么"学",就不会有高成效的"教"。

3.学前教育评价观

"学"的结果评定就涉及评价。评价观涉及为何要评价、根据什么评价、怎么评价等问题。现在一般主张定性评价与定量评价相结合,形成性评价和终极性评价相结合,自评与他评相结合等原则。

五、当前教育观的主要论点

(1)幼儿教育是有目的、有计划地推进幼儿在原有水平上得到更好发展的活动,必须认真地、科学地加以组织。

(2)幼儿教育是社会主义教育事业的组成部分,要为培养有理想、有道德、有文化、有纪律的社会主义新人打基础。因此,必须以促进幼儿在健康、认知、社会性、情感、个性等方面的全面、和谐发展为目的。

(3)幼儿教育是一种追求效率的整体性影响活动。因此,必须注重教育内容的适宜性和联系性,并合理、有效、系统和综合地使用各种教育方法和手段。

(4)幼儿教育是一门科学,必须充分遵循幼儿身心发展的规律,遵循对幼儿进行教育、教学的规律,幼儿教育必须关注每个幼儿的需要、发展的可能和潜力。

(5)幼儿教育是一项社会事业,它需要社会各方面的协调、支持和配合,幼儿教育应充分利用自然、社会、文化中的教育资源。

(6)幼儿教育是一种技术,也是一种艺术,它的本质不是灌输,而是创造一种轻松、愉快并富含有效刺激的环境,引导幼儿在全身心参与的诸多活动中得到发展。

第三节 教师观

教师观是指对于教师的看法和态度,涉及教师的地位、作用、权利等内容。教师观在一定程度上受到教育观的影响,同时,又与儿童观有一定的关系。

一、教师观的演变

随着全社会对学前教育重要性的认识和幼儿教师队伍专业化程度及相应保教质量的提高,随着我国改革开放的不断发展和社会经济水平的不断提高,幼儿教师的地位会不断提高,待遇会不断改善,其作用会日益被社会所重视,也会越来越受到社会的尊重。

此外,随着学前教育改革的深入发展,幼儿教师在教育过程中的地位和作用与以前相比产生了较大的变化。幼儿教师已不只是传统观念中高高在上的施教者,更不只是看护者、守卫者。幼儿教师可以是幼儿活动的合作者、参与者、组织者,也可以是幼儿的听众、观众。她是幼儿的老师,也是幼儿的朋友。幼儿教师地位的确定或变化、作用的发挥和改变,根本的宗旨是促进幼儿积极、主动、有效地学习,在生动活泼的气氛中达成各种教育目的,真正确保幼儿身心的健康发展。苏联倡导的教师与幼儿之间建立"不在上、不平行,而是在一起"的关系,是有一定的借鉴意义和实践价值的。教师与幼儿不应该只局限在上下关系中,不能以训导代替全面的教育行为;教师与幼儿各做各的,没有现实的相互作用,教师对幼儿的发展状况不了解、不关心,即使不训斥,也不是好的师生关系;而只有教师与幼儿真正在一起,进行相互作用,教师了解幼儿并有针对性地开展教育,那才能真正促进幼儿的发展。因此,教学过程中教师是决定性的因素,教师想充分发挥自己的作用,真正体现自己的价值,就必须深入幼儿,接近幼儿,掌握组织、引导、激发、鼓励幼儿的技术和艺术,根据不同的教育情境,确定自己的地位并采取相应的策略。

可见,教师的地位和作用是在不断变化着的,教师地位作用的变化除了受社会经济文化条件及学前教育理论发展的制约外,还受幼儿教师自身的投入程度、努力程度的影响。

二、当前教师观的主要论点

（1）幼儿教师是我国教师队伍中一股朝气蓬勃的力量，是儿童发展的促进者，应该受到全社会的关心和尊重。

（2）幼儿教师是幼儿健康和安全的保护者，是幼儿体、智、德、美全面发展的引导者，他们的劳动是崇高、伟大而艰巨的。

（3）幼儿教师从事的是幼儿早期启蒙的工作，是一项需要全身心投入且必须具有广博的学识的工作，因此，她们从事的是保育和教育工作，也是科学和艺术工作。

（4）幼儿教师从事的是一项需要童心、爱心和责任心的工作，她们的工作关系到幼儿的未来、社会的未来。

（5）幼儿教师是研究者、开创者，应关注儿童、了解儿童、理解儿童、研究儿童，并以创新的精神与儿童互动、对话。

（6）幼儿教师是一份专门的职业，需要掌握不断更新的专业知识、技能和方法，没有科学的武装就不会有科学的成效。

第三章 学前教育目标

第一节 学前教育目标的意义和依据

一、教育目标的界定

教育目标是一种给教育活动、教育过程设定的要在受教育者身上反映的规格指标,它陈述的是要把受教育者培养成什么样的人。也就是说,教育目标是一种对教育活动结果的规定性。

这里要区别两种不同性质的教育目标:

1. 以广义的教育为基点的一般性教育目标

这种教育目标的确定者可以是家长、教师,可以是某一个利益团体,也可以是整个社会。这种教育目标是具有多样性和差异性的,不同的教育目标的设定者对于受教育者发展可能性的认识、选择是不同的,主观的愿望也是不同的。

2. 以狭义的教育为基点的教育目标

这种教育目标反映的不是个别人、个别团体对于儿童发展可能性的认识,不是个别人、个别团体的愿望,而是一定社会对其未来一代的要求、期望,一般说来,它能较为科学地反映受教育者可能发生的变化,以及最终应该发生的变化。基于这一认识,学前教育目标是对培养幼儿规格的要求,也是对学前教育最终结果的反映和预期。

二、学前教育目标的意义

(一)学前教育目标具有对幼儿教师思想和观念的规范作用

幼儿教师是教育活动的组织者,是教育活动方向的把握者。用学前教育目标影响教师,使之具有明确和正确的目标意识,并以这种意识去选择教育内容、教育方法、教育手段,设计教育环境。因此,可以说对教育活动起真正指向作用的是扎根于教师意识中的教育目标。

(二)学前教育目标对教育过程的指导和控制作用

学前教育过程是一个多因素参与的过程,是一个封闭的系统,又是一个相对开放的系统。教育环境、教师、幼儿三者之间经常需要协调,班级环境、园内环境、园外环境(包括家庭环境)之间也要进行协调,这种协调是增效的过程,是对与学前教育目标不一致的因素的排斥和控制的过程。因此,教育过程的调控器还是学前教育目标,它能使教育过程始终围绕、指向教育目标。

(三)学前教育目标最本质的意义是对幼儿发展具有规范、评价(标准)作用

学前教育目标指明了幼儿发展的领域和基本范围,描绘了幼儿发展的蓝图。正如美国当代课程专家瑞夫·泰勒(R. W. Tyler, 1902—)所言,"教育的真正目的不在于教师完成某种活动,而在于在学生的行为范型中引起某种重要的变化"。同时,教育目标也是衡量教育成效的尺度,是衡量幼儿发展的尺度。因此,学前教育目标也是学前教育评价体系的基础。

麦克多纳尔德(J. B. Macdonald)提出了教育目标的五项功能:
(1)可明示教育进展的方向;
(2)可用以选择理想的学习经验;
(3)可用以界定教育计划的范围;
(4)能指示教育计划的要点;
(5)可作为教育评价的重要基础。

这五项功能对于我们进一步深入思考学前教育目标功能是很有借鉴意义

的。麦克多纳尔德认为,教育目标的功能随着目标水平(宏观、中观、微观)的不同而异,但它们有着共同的功能,这就是:通过明示教育活动的目标,提示旨在达到目标最优的内容与方法,并且成为评价教育(教学)活动结果的一种标准。

三、学前教育目标的依据

如前章所述,无论是从"个人本位论"出发,还是从"社会本位论"出发来确定教育目标,都是有缺失的,都不能保证教育目标的科学性。要建立科学合理的教育目标,必须摒弃本位论,从众多相关因素中组织教育目标。瑞夫·泰勒提出了学前课程目标的五个生长点,这对我们讨论学前教育目标的确立是有一定价值的。这五个生长点是:学习者本身、当代校外生活、学科专家的建议、哲学、学习心理学。其中,学习者本身,就是受教育者——儿童;当代校外生活,也就是社会;学科专家的建议就是相关的学科及其有结构、有系统的知识、能力、情感体系;哲学则是价值判断,是宏观的、指向的力量;学习心理学是微观的、具有调节功能的因素。因此,确定学前教育目标的依据主要是前三者。

(一)儿童

教育目标最终是要以儿童在教育影响下的发展表现出来的,只有研究和把握儿童身心发展的实际水平、需要和可能性,在此基础上才能确定儿童进一步发展的潜力、方向和步伐。由此可见,了解儿童身心各方面的发展是确定教育目标必不可少的工作。

(二)社会

主张"社会本位论"固然不科学,但无视社会因素也是不现实的。因为每一个社会都是有一定的社会宗旨的,这一宗旨要在各个领域里贯彻落实。未来的一代应塑造成什么样的人,便是这一宗旨在学前教育领域中的反映。所以,学前教育目标总要反映社会的要求和愿望,并关注社会的变化,甚至还应该关注社会的未来、世界的未来。随着社会的改革开放,人们的思想观念发生了一定的变化,在某些观念上甚至发生了很大的变化,并且这种变化通过各种途径影响着幼儿,有些影响对幼儿可能是健康有利的,而有些影响则可能是消极有害的,作为幼儿园,不应袖手旁观,听之任之,必须针对这一现实做出教育上的调整,有的可能是低层目标的调整,有的可能是总目标的调整,如在社会性与情感教育中强调节俭、无偿助人等品质。关注社会的未来并不意味着要提升教育目标,而是要引导幼儿对现实及其发展趋势的了解、推测与关心,如森林火灾会造成什么影响?气温越来越高怎么办?人口越来越多怎么办?为什么会下黑雨?水不够用会怎么样?等等。有的问题是幼儿关心的,有的问题是幼儿乐于参与解决的(如节约用水),这些问题都是涉及对人类未来有重大影响的环境问题、资源问题和人口问题。

(三)学科

对于学校教育来说,学科是很重要的目标生长点,但对学前教育来说,其重要性要低一些。因为学前教育更强调幼儿身心和谐发展,注重个性的养成,知识学习、能力锻炼只是幼儿发展的一个方面。但不管如何,学科还是一个重要的参照。事实上,身心发展的许多方面都是与有结构、有系统的学科相关的。所谓"学科专家的建议",无非是相关学科的专家对于相关学科及其核心点的针对性陈述,而教育目标涉及的认知、能力系统更是与相关学科有关的。人为地破坏学科的系统性、结构性是不明智的,因为系统性、结构性不但反映了一定的程度序列,同时也体现了知识和能力的相关。当然,这并不是说系统性、结构性的保持唯有学科参照,近十年的学前教育实践表明,除了学科参照,其他形式(主题、单元等)参照也能在很大范围内体现系统性和结构性。

在考虑以上三方面的教育目标依据时,应注意正确处理可能性目标和适宜性目标的关系问题。从儿童、社会、学科三个教育目标依据出发,无论哪一方面都可列出许多的教育目标,经过三者的平衡,即经过"学习心理学"的筛选,仍可保留众多的教育目标。假设家长强烈要求让幼儿学英语,社会其他方面也给幼儿园以压力,迫使教师业余时间学英语,然后教幼儿英语,三年以后,每个幼儿都会说5—20句不等的英语,还认识大部分字母。这可以证明一点,让幼儿学英语的简单句是可以的,幼儿能掌握。权且称这经过了"学习心理"的筛选即是可能性目标。问题是这样做有必要吗?每周用三个单位的时间学英语和玩游戏到底哪一个更有价值呢?这就要经过"哲学"的价值取舍,只有经过价值取舍,才能确定适宜的目标。

第二节 学前教育目标的层次和结构

一、学前教育目标的层次

(一)学前教育目标的计划性、目的性

1. 学前教育机构的学前教育目标

严格按照国家有关的法律、法规制定和执行,具有明确的计划性和目的性。

2. 学前社会教育的其他机构的学前教育目标

如儿童中心、幼儿活动室、儿童科技中心、儿童游戏城等,这些机构参照国家有关的法律、法规,具有较为明确的教育目标,往往是幼儿园、托儿所等正规机构教育目标的补充、延伸或强化,但其计划性、目的性程度次于正规学前教育机构。

3. 学前家庭教育目标

学前家庭教育目标从总体上看,往往缺乏国家有关法律、法规的直接指导,目的性、计划性不强,有不少家庭甚至没有明确的学前教育目标,或目标经常变更,随意性大。如有的家庭把孩子某些专门方面的发展当作教育目标,且受某些风气的影响,经常变更孩子发展的侧重点,比如,一会让孩子学钢琴,一会学画画,一会又学电脑。

(二)学前教育目标适用的范围和层次

1. 学前教育目标是由国家制定的并通过法规或其他行政性文件颁布,是在全国范围内具有指导价值的目标。

我国的《幼儿园工作规程》中的幼儿园保育和教育的主要目标就是对全国学前教育机构具有广泛指导意义的目标。这一层次的目标,概括性强,较为宏观,可操作性低,它是一种较为原则性的目标。如"萌发幼儿初步的感受美和表现美的情趣与能力",这一目标较为笼统,必须对此进行分解和具体化。

2. 学前教育目标是针对国家确定的目标,考虑某一地区社会、经济和文化的发展现实,以及师资及学前教育设施的状况,确定的适合本地特点的、对本地的学前教育实践具有指导意义的学前教育目标。

我国是个幅员辽阔、文化差异较为显著的国家,要使国家的学前教育目标真正得到贯彻执行,地方性教育目标的制定就极为重要。

3. 学前教育目标是针对幼儿园教育的实际及幼儿园所在社区的自然、人文环境而确立的适合特定幼儿园的学前教育目标。

这种目标具有很强的针对性,它能体现幼儿园教育的宗旨,也正是从这个意义上说,幼儿园教育的首要工作是确定学前教育目标。

(三) 学前教育目标的可操作性程度

学前教育目标的层次不同,其可操作性就有区别。越是具体的、下位的目标,就越具有可操作性。上位目标一定要分解为下位目标,才能得以实施。

1. 它是幼儿园教育总体目标

学前教育目标是根据有关的法规及地方性学前教育目标所确定的幼儿园目标,它是对某一幼儿园教育的一些原则性目标,较为抽象,还不能据之开展具体的教育实践活动。

2. 它是幼儿园课程目标

它是幼儿园总体教育目标的具体化,是总体教育目标在相关领域中的落实,故它与领域目标的内涵相近。

3. 它是幼儿园年龄阶段目标

它把课程目标落实到幼儿园三个不同的年龄阶段,因此,幼儿园的年龄阶段目标是由相互连接的、逐渐递进的三个不同的年龄目标组成的。

4. 它是单元目标

单元目标是年龄目标的具体化及分段性目标,年龄目标由一系列相互联系的、逐步递进的单元目标构成。有两种划分单元目标的方式：一种方式是以内容单元的形式划分。根据教育目标及相关的教育内容的特点，把某一组目标及其相关的内容有机组织起来，构成主题或单元（这里的单元是指一定目标下的教育内容结构，如有的幼儿园采用的单元教育中的单元），年龄目标则分解为一系列的主题（或单元）目标。另一种方式是以时间单元的形式划分。根据教育目标及教育内容的特点，把年龄目标划分为月目标、周目标等，分科教育较多地采用时间单元的形式划分目标。

5. 它是教育活动目标，也称教育行为目标

它是指某一个具体的教育活动所要达到的结果，或所引起的幼儿行为的变化。它是单元目标的具体化，是一种最具有操作性的目标。学前教育目标只有变成了教育活动目标，才能贯彻到具体的教育过程中去，才能落实到幼儿的发展上。

二、学前教育目标的结构

如果说学前教育目标的层次主要是从教育目标的纵向做分析的话，那么，学前教育目标的结构则主要从横向来分析学前教育的目标。由于学前教育目标的横向扩展是从课程目标开始的，最先涉及目标的结构问题，便是课程目标的制定这一环节，因此，这里主要从课程目标的层面对学前教育目标结构做分析。从课程目标的层面看，可从三个不同的角度确定学前教育目标，使学前教育目标形成三种不同的结构。

（一）学前教育目标的不同结构

1. 从教育的基本内容的角度确定学前教育目标

即把学前教育目标分为体育的目标、智育的目标、德育的目标和美育的目标。这四育的目标相互联系，有机结合，形成了学前教育目标的基本结构。

2. 从学前教育目标的现实媒体——相关的学科或领域表现教育目标

相关的领域表现的教育目标有健康领域的目标、自然领域的目标、社会领

域的目标、艺术领域的目标、语言领域的目标等等,这些目标形成一种领域目标结构。

3. 从幼儿身心发展的角度确定学前教育目标

可以从儿童身心发展的不同方面确定目标,如身体发展的教育目标、认知发展的教育目标、情感发展的教育目标等等,这些目标也构成了领域目标结构,只是它是从儿童发展的角度出发的。

不管从哪一种结构出发,教育目标的最终归宿必然是儿童发展。从这个意义上说,从儿童发展的角度出发确定教育目标是一种较为直接的确定教育目标的方式,也可以说,从儿童发展的角度上确立的学前教育目标结构是一种与儿童的发展更"靠近"的目标结构。但儿童的任何发展总是与教育联系在一起的,没有脱离教育而独立存在的发展目标。

(二)布鲁姆的学前教育目标的分类

当今,在教育目标分类方面很有影响的美国心理学家布鲁姆(B. S. Bloom)在教育目标分类学中,提出以情感、认知、动作技能三个领域的个体发展构架来确定相关的教育目标,其实质是教育目标"心理化",以人的身心发展整体结构为出发点和归宿。情感、认知、动作技能的分类如下:

1. 情感领域

(1)接受(注意)——
　　①觉察;
　　②愿意接受;
　　③有控制的或有选择的注意。
(2)反应——
　　①默认的反应;
　　②愿意的反应;
　　③满意的反应。
(3)价值评价——
　　①价值的接受;
　　②对某一价值的偏好;

③信奉。

（4）组织——

①价值的概念化；

②价值体系的组织。

（5）由价值或价值复合体形成的性格化——

①泛化心向；

②性格化。

在布鲁姆的著作中，情感领域教育目标的每一条目都有例证性教育目标。比如：

"有控制的或有选择的注意"的例证性教育目标：注意听朗诵的诗或散文的韵律；当一个人被介绍给你时，认真地听他的名字并记住它等。

"默认的反应"的例证性教育目标：愿意使自己尽最大努力与别人共患难；愿意遵守健康的规则，遵守游戏规则等。

"满意的反应"的例证性教育目标：从与别人一起唱歌中获得满足；愉快地聆听优秀的音乐作品；从事合理的健康活动时个人感到满意等。

"对某一价值的偏好"的例证性教育目标：发起集体行动以改善健康规则；审慎考察各种引起争议的观点，以形成自己的看法；喜欢对环境中的普遍事物做富有艺术性的和恰如其分的选择、安排和使用。

2. 认知领域

（1）知识——

①具体的知识；

　术语的知识；

　具体事实的知识。

②处理具体事物方式方法的知识；

　惯例的知识；

　趋势和顺序的知识；

　分类和类别的知识；

　准则的知识；

　方法论的知识。

③学科领域中的普遍原理和抽象概念的知识；

原理和概论的知识;

理论和结构的知识。

(2) 领会——

①转化;

②解释;

③推断。

(3) 运用。

(4) 分析——

①要素分析;

②关系分析;

③组织原理分析。

(5) 综合——

①进行独特的交流;

②制订计划和操作步骤;

③推导出一套抽象关系。

(6) 评价——

①依据内在证据来判断;

②依据外部准则来判断;

认知领域教育目标的例证性教育目标略。

3. 动作技能领域

(1) 反射动作——

①分节反射;

屈肌反射;

肌伸张反射;

伸肌反射;

交叉伸肌反射。

②节间反射;

合作性反射;

竞争性反射;

相继感应;

反射体态。

③节上反射；

伸肌图直反射；

可塑性反应；

姿势反射。

(2) 基本-基础动作——

①位移动作；

②非位移动作；

③操作动作：

握抓；

灵巧。

(3) 知觉能力——

①动觉辨别；

身体觉察；

身体意象；

身体与空间中周围物体的关系。

②视觉辨别；

视觉敏度；

视觉追踪；

视觉记忆；

图形、背景辨别；

知觉恒常性。

③听觉辨别；

听觉敏度；

听觉追踪；

听觉记忆。

④能觉辨别。

⑤协调能力：

眼—手协调；

眼—脚协调。

（4）体能——

　　①耐力：

　　　　肌肉耐力；

　　　　心血管耐力。

　　②力量。

　　③韧性。

　　④敏捷性：

　　　　改变方向；

　　　　停止与启动；

　　　　反应时间；

　　　　灵巧性。

（5）技巧动作——

　　①简单适应技能：

　　　　初级的；

　　　　中级的；

　　　　高级的；

　　　　精湛的。

　　②复合适应技能：

　　　　初级的；

　　　　中级的；

　　　　高级的；

　　　　精湛的。

　　③复杂适应技能：

　　　　初级的；

　　　　中级的；

　　　　高级的；

　　　　精湛的。

（6）有意沟通——

　　①表情动作；

　　　　姿势与仪态；

　　　　手势；

面部表情。
②解释动作；
审美动作；
创造性动作。

第四章 学前课程

第一节 学前课程概述

学前课程是一个所指较广的概念,它涉及学前教育机构(正规的及非正规的)以及机构以外的学前非机构教育的课程。由于篇幅所限,本章重点讨论正规学前教育机构中较为典型的幼儿园的教育课程。

一、课程的定义

"课程"作为一个术语,在我国古代唐宋时期的著述中就已出现。

在西方,课程的定义众多,主要有以下几种:

鲍比特(F. Bobbit):课程可以用两种方式界定。一是整个范围的经验,包括直接的与间接的经验两者,与开发个人的能力有关;二是一系列有意导向的训练经验,学校取来做完整与充分的开发之用。我们的专业使用该词是取其后者之意。

盖纳(R. W. Gagne):课程是一种内容单元的顺序,其安排的方式为:每个单元的学习应该作为单一的行为加以达成,并且,设定的那些能力必须是学习者早已精熟的(有顺序可循的),是对特定的先前的单元加以描述的。

道尔(R. C. Doll):课程是学习者在学校的安排下,根据正式的与非正式的内容和过程,获取知识和理解力,发展技巧,改变态度、鉴赏力和价值。

从以上课程的定义可见,各个定义的侧重点或出发点各不相同。钟启泉教授在其《现代课程论》中认为,造成"课程"多种意义和界说的主要原因之一是应用此一名词的范围不同,并提出了应用"课程"一词的三种方式:①课程设计意义,课程既然是为学生提供文字书写的一定的材料——教材,那么要使学生掌握它,就得按照素材的性质、层次与难度,配合学生的发展和学校的组织予以适当的安排,这种安排就是设计,包括课程教材设计和教学设计两大任务。②课程系统(或工程)意义,表示课程的系统和系统内部的动力状态。整个课程系统包括三项要素:输入、维持系统的内容;输入、维持系统的过程;输入、维持系统的产出。③课程研究意义,把课程作为研究的领域或对象,其含义也就非常广泛了。正因为研究者以不同的方式使用课程这一概念,所以,课程较难有一个完全一致的界定。就如美国学者理查德·斯考德(Richard D. Von. Scotter)所说,"课程是一个用得最普遍的教育术语,同时又是一个定义最差的术语"。

其实,在众多的课程概念定义中,还是可以发现共同之处的:一、大部分定义都强调课程是经验的总和或内容的总和;二、大部分定义都强调课程是内容传授的过程或指导受教育者获得经验的过程。因此,静态结构和动态历程是课程定义的核心内容或共同点。

我国教育的有关著作和辞书中的课程定义也基本上抓住了以上两个方面,如"课程是教学内容和进程的总和""课程指为实现学校教育目标而选择的教育内容的总和或泛指课业的进程""课程是指列入教学计划的多门学科及其在教学计划中的地位、开设顺序和时间分配"等等。

学者丛立新对课程的三种主要定义做了归纳:

1. 课程是知识

这是较早、影响较深远的一种观点。这种观点的基本思想是:学校开设的每门课程应该从相应的学科中精心选择,而且应该按照学习者的认识水平加以编排。作为知识的课程通常表现为课程计划、教学大纲(课程标准)、教科书等看得见、摸得着的客观存在物。

当课程被认为是知识并付诸实践时,其一般特点有:课程体系按照科学的逻辑进行组织;课程是社会选择和社会意志的表现;课程是既定的、先验的、静态的;课程是外在于学习者的,而且是凌驾于学习者之上的——学习者服从课程,在课程面前是接受者的角色。

2. 课程是经验

这种观点是在对前一种观点的批评和反思的基础上形成的。持这种观点的人认为,将课程看作知识,容易导致"重物轻人"的倾向,即强调课程本身的严密、完整、系统和权威性,却忽视了学习者的实际学习体验和学习过程。而实际上,只有那些真正被学生经历、理解和接受了的东西,才称得上是课程。于是,这些人在谈到课程时开始使用"经验"这一概念,并进一步认为,课程就是学习者本身获得的某种性质或形态的经验。

当课程被认为是经验时,其一般特点是:课程往往是从学习者的角度出发来设计的;课程是与学习者的个人经验相联系、相结合的;强调学习者作为学习的主体。

3. 课程是活动

这是一种比"课程是经验"更加新颖的观点。这种观点的基本思想是:课程是人的各种自主性活动的总和,学习者通过与活动对象的相互作用而实现自身各方面的发展。

这种观点的特点是:强调学习者是课程的主体,以及学习者作为课程主体的能动重要性;强调以学习者的兴趣、需要、能力、经验为中介来实施课程;强调活动的完整性,突出课程的综合性和整体性,反对过于详细的分科教学;强调活动是人的心理发生发展的基础,重视学习活动的水平、结构、方式,特别是学习者与课程各因素之间的关系。

二、学前课程

学前课程在此主要指幼儿园课程。幼儿园课程作为学校教育课程的一个分支,与学校教育课程体系中的其他分支课程有相似之处,有共性,也有不同之处或个性,而这些差异的根本均来自于教育对象的年龄差异。学前教育的对象——幼儿的身心发展特点,决定了学前教育的目标应是体、智、德、美全面发展,学前教育应保教并重,应注重幼儿一日生活的组织和安排,应注重游戏这一基本的活动形式。这些特点或规定性总要以一定的方式反映在幼儿园课程中,所以,对幼儿园课程做界定是很有必要的。

幼儿园课程的界定一直受课程指导思想或课程价值观的影响。人们对幼儿园教育价值及幼儿发展等的认识的不同,就可能导致不同的课程定义。活动课程和学科课程是幼儿园课程中两种相对的课程,这两种课程的知识观、教育

观都有不一致的方面。因此,采用不同的课程,就会有不同的课程定义。

(一)活动课程

活动课程强调以儿童的经验或活动为中心来组织课程,故也称经验课程。从活动课程或经验课程出发,对课程做出界定的主要有以下几位。

美国的伯纳德·斯波戴克(Benard Spodek)认为,学前课程是"教师为在园儿童提供的有组织的经验形式。包括提供正规的教育经验——各种作业和向儿童提供各种非正规的教育机会。这些非正规的机会包括儿童的游戏活动和照料自己的日常生活所必需的各种活动"。

英国的布仑金认为,"我们不应把课程看成是知识或是事实,而应把它当作活动和经验。课程的目的是发展儿童作为人的基本的能力,启发他们对文明生活的兴趣,并使这些兴趣和能力充满儿童的生活"。

日本的板元彦太郎认为,学前课程"是为了有效地实现幼儿园的教育目标,根据幼儿身心发展特点和各国各地区的实际情况而组织安排的幼儿园的教育内容(适合于幼儿的经验、活动)的总体"。

皮亚杰的认知发展理论强调儿童的活动,强调儿童通过与环境的相互作用形成和发展认知结构,并强调不同的知识类型的学习。D.埃尔金德的课程定义基本上能反映认知发展理论的课程见解,他指出:从最广义上说,课程是关于儿童在何时,按何顺序获得何种技能、概念和事实的一组"优先权"(Priorities)。对于教师来说,面临的是三套优先权,除了社会赋予的课程外,教师还必须要考虑到发展的(成熟的)课程的优先权,以及个人的(个别差异)课程的优先权。对教师而言,设计和实施课程就意味着要对三组优先权加以平衡和协调。这是一个并非专为学前课程界定的但又适合学前课程的概念。

(二)学科课程

学科课程对于学前课程的界定则有不同的逻辑起点。苏联的学前课程是较为典型的学科课程,它是以系统化知识及相关技能的传授为主要目的,以适合儿童思维的可能性(不是现有水平,而是最近发展区)为基本前提的一种教育组织方案,其主要形式是"作业"。其核心是知识系统化,意即深入评定每种知识,弄清知识间的联系,组织要有明确的系统,并充分利用儿童已有经验,使儿童在掌握知识的过程中,逐渐认识事物之间的简单联系和规律,从而使儿童的个别知识能结合成一个完整的体系,其体系的核心是反映在感性实物活动过程中所认识的联系、关系的表象和初级概念。因此,苏联的学前课程又被称为知识系统化学前课程。

(三)我国的学前课程

在我国,幼儿园课程有广义和狭义之分。广义的幼儿园课程指为实现幼儿园的教育目标而组织安排的全部教育活动,或指规定的全部教学科目及其目的、内容、范围和进程的总和;狭义的课程指某一门学科课程。显而易见,不管是广义还是狭义课程,均是以学科为基础的。

十多年来,不少学者在深入研究的基础上提出了有关幼儿园课程的新的见解。如南京师范大学的赵寄石、唐淑两位教授于1988年撰文指出,幼儿园课程的含义是:反映幼儿园某一门科目的客观规律的整体教育结构,或反映幼儿整体教育客观规律的总体结构。赵寄石教授在1992年又撰文指出:"学前课程是指反映学前儿童某一发展领域教育教学客观规律的总体结构,或是反映学前教育机构整体教育客观规律的总体结构。这就是说,用整体的观点看待学前儿童某一发展领域的教育或学前教育机构的保育和教育,其核心思想是揭示教育的总体结构、内在联系、各部分之间的相互作用及整体功能。"

由此可见,学前课程更关注学前儿童的发展,教育作用的本质是促进发展,并非单纯完成某一学科的教学任务。更多地关注整体功能的发挥,课程必然会强调整体结构,强调内在联系,而不只是一门学科内部知识的联系,它还包括学前儿童不同发展领域及相关的教育教学之间的联系,这种联系的现实形式是多样的。事实上,这也为不同形式的学前课程的出现创造了理论条件。

三、学前课程的特质

(一)幼儿园课程目标的全面性、启蒙性

学前教育是全面发展的教育,幼儿园课程是实现学前儿童全面发展目标的中介。因此,幼儿园课程必须以实现学前儿童在身体、认知、情感、个性、社会性等方面的全面、和谐发展为目标。学前儿童的全面发展与其他年龄段的学习者相比又有特殊之处。在学前儿童发展的诸方面中,身体的发展是首要的目标,因此，幼儿园课程应充分体现学前教育和保育相结合的精神，做到教育目标和保育目标的融合。在幼儿园课程中，应关注多方面的发展目标，不应不顾学前儿童的发展现实偏废发展目标。学前阶段是人生发展的重要阶段，也是人生启蒙的阶段，学前教育的目标是使幼儿在原有发展水平的基础上得到初步的身心锻炼和启迪，使幼儿在享有快乐童年的同时，身心得到与其发展水平相适宜的发展和提高。所以，幼儿园课程的目标应是启蒙性的，不宜追求过高的目标，尤其不应追求过高的认知目标。

(二)幼儿园课程内容的生活性、浅显性

幼儿园课程是为学前儿童设计和组织实施的，学前儿童处在身心发展的特殊时期，儿童的思维是感性的、直观的，对于学前儿童来说，最有效的学习就是他们感兴趣的学习，最有效的学习内容就是他们可以感知的、具体形象的内容。这种学习内容主要源自儿童周围的现实生活。儿童周围的生活是丰富的、广泛的，生活中有大量的人、事、物和活动，生活中有大量的有利于儿童发展的时机，儿童在这些生活情境中，通过交往、参与、探究，获得知识，锻炼动作和技能，发展情感，形成个性。因此，幼儿园课程的内容与现实生活的距离越近，越能引发儿童的学习兴趣，儿童的学习也就越有效。当然，现实生活是多层次的、复杂的，生活中有有益的经验，也有无益的或有害的经验。因此，必须对生活进行过滤，才能使之成为课程内容。这些内容不应是以知识的逻辑组织起来的严格的学科，而应是以生活的逻辑组织起来的多样化的、感性化的、趣味化的活动。幼儿园课程的生活性还意味着幼儿园课程的内容并不是严格的学科知识的再现，课程内容是随着生活情境的变化而发生变化的，幼儿的兴趣是确定课程内容的重要依据。

(三)幼儿园课程结构的整体性、综合性

既然幼儿园课程是以生活的逻辑加以组织的，是以儿童的兴趣为引导的，那么，幼儿园课程就不应以至少不应只以成人确定的系统的学科加以组织。生活是整体的，生活不可能只反映人类知识体系中的某一部分而与其他部分无缘。生活中往往蕴藏了多方面的发展机遇和可能，所以，幼儿园课程不应把整体的生活拆散而追求与现实生活割裂的或与现实生活不一致的知识系统。从儿童的方面看，多个发展领域之间是相互联系、相互促进的，它们构成了一个有

机的发展整体,所谓发展领域只是一种人为的划分,在现实的课程实施中,儿童是以"完整人"的形象出现的。因此,幼儿园课程的内容应是综合的,应尽可能地使不同的课程内容之间产生联系,以促进学前儿童的学习迁移。我们主张,让幼儿以完整的人的面貌面对完整的生活、有机的经验,不要把学科、领域这种人类划分知识的方式用以划分幼儿的经验并以单一的经验作为学前儿童活动的起点。

(四)幼儿园课程实施的活动性、经验性

幼儿园课程实施的特点是由学前儿童心理的发展特点、学习特点和幼儿园课程生活化的特点所决定的。学前儿童的心理发展特点和学习特点决定了学前儿童学习的内容应是直观的、形象的。因此,学前儿童的学习一定要借助具体的情境、具体的事物,在参与、探索和交往的过程中学习。教师的语言传递不是学前儿童学习的主要方式,书本化的系统知识也不是学前儿童学习的主要内容,端坐静听是有悖于学前儿童发展规律和学习特点的。因此,幼儿园课程的实施,关键在于为儿童创设丰富的活动情境,创设有利于幼儿自发主动活动的范围,为幼儿提供各种互动的机会,为幼儿提供与其发展相应的帮助。幼儿的心理特点和学习特点还决定了幼儿园课程的实施经常需要利用游戏的手段,游戏是幼儿园课程实施的重要途径。因为幼儿园课程是与学前儿童的生活联系在一起的,所以,幼儿园课程的实施必然是情境性的、参与性的,是与现实的一日生活紧密地联系在一起的。儿童在现实情境中,通过操作、探究,通过教师的引导和帮助,获得知识、体验,教师与幼儿之间的真诚对话、有效沟通是幼儿园课程实施所不可缺少的。

(五)幼儿园课程的特殊性、不可替代性

幼儿园课程与小学课程相比具有一定的差别。幼儿园与其他阶段的教育机构、学前教育与其他阶段的教育有密切的联系,同时,也有明显的区别。幼儿园作为一个特定的教育机构,学前教育作为一个特定阶段的教育,有它们的特殊性和不可替代性。这种特殊性产生于幼儿园、幼儿教育与其他教育机构、其他阶段教育的差异性。教育对象的年龄差异及与之对应的身心发展差异是产生这种差异性的根本原因。幼儿园是为3—6、7岁儿童特设的,这些儿童处于人生发展的最初阶段,他们身体的各器官、各功能系统正在发育和完善过程之中,身体发展是学前儿童发展的首要任务,因此,幼儿教育的培养目标是体、智、德、美,把体放在首位;学前儿童的心理发展处于感知运动思维和形象思维阶段,尚不能以系统的学科知识的学习作为首要任务,幼儿主要通过游戏及其他感性的活动使身心得到发展;幼儿园有保育和教育的双重任务,既有教育的功能,又有保育的责任,幼儿园工作提倡保教并重。幼儿园不仅不同于其他教育机构,而且是任何其他教育机构都不能替代的。

　　学前教育也是特殊的和不可替代的。学前教育面对的是身心处于特定发展阶段的特定对象,需要特殊的课程、特殊的方法,更需要特殊的教师。学前教师必须经过专门培养,了解学前儿童身心发展的特点和规律,具备对学前儿童进行教学、引导和管理的专门技能,这支教师队伍也不是其他机构的教师所能替代的。学前教育的特殊性和不可替代性决定了幼儿园课程必然也具有特殊性和不可替代性。幼儿园课程是指特定的教育机构——幼儿园所使用的课程,这只是从课程采用机构的角度对幼儿园课程与其他教育机构的课程做了区分,这种区分还没有真正反映幼儿园课程的特质,对课程特质的分析是了解不同课程之间差异的关键方法,也是我们加深对幼儿园课程的了解,进行幼儿园课程设计和实施所必需的。幼儿园课程是为幼儿提供的,课程的最终成效是通过幼儿的发展来衡量的,因此,幼儿的发展特点、学习特点是决定幼儿园课程特质的关键因素。幼儿的身体和心智发展水平及心智发展的任务都不同于其他年龄段的学习者。对幼儿而言,系统的学科知识的学习并不是发展的核心任务,与中小学相比,幼儿园课程要求的是一种多样性的、参与性的学习,幼儿的学习不是书面的学习,不是学科的学习。幼儿发展的首要方面是身体,幼儿的身体正处于重要的生长发育阶段,身体的一些组织、器官正在发育和成长,各功能系统尚不完善,这些都直接影响幼儿的智慧活动和其他生活活动。在幼儿期,幼儿的语言、认知等心理过程正处在发展之中,幼儿的个性正在形成之中。幼儿的这些发展特点决定了幼儿的学习不同于其他年龄段的学习者,幼儿不能或很难通过文字从事学习,系统化的学科知识不能直接成为幼儿实际的学习内容,幼儿也不能以听教师讲授学科知识作为主要的学习方式。幼儿是通过多种类型的信息来进行学习的,对幼儿来说,获取信息的渠道是众多的,幼儿身体的许多器官、部位都可成为幼儿了解世界的有效路径。由于幼儿的语言能力、思维能力的发展水平还较低,所以对系统的学科知识的获得有一定的困难,尤其是不可能以听觉为主要路径来全面把握学科知识。这些都同中小学的课程及教学有很大的不同。

第二节　学前课程的理论与模式

在世界学前教育史上,许多学前教育先驱都有不少有关学前课程的思想,但较为完善且至今仍具有较大影响的理论主要有:进步主义课程理论、学科中心课程理论、结构课程理论、认知课程理论及行为主义课程理论。

一、进步主义课程理论及其影响

进步主义代表人物杜威在《儿童与课程》一书中阐述了有关儿童教育课程的理论主张。指导和影响他的课程思想的是注重儿童的需要、兴趣、能力和经验并尊重自我的首创及主动自觉学习的儿童观,这种儿童观在教育上则表现出儿童中心主义的思想,这种思想深入地影响了他的课程主张。

在课程内容及结构上,杜威主张要从儿童自身生活的范围内选择可形成其经验的素材建构课程。他认为,儿童生活在个人接触显得十分狭隘的世界里,因此,无限地回溯过去,同时从外部无限地伸向空间的课程内容很难成为儿童的经验。他说:"儿童的世界是一个具有他们个人兴趣的人的世界,而不是一个事实和规律的世界,儿童世界的主要特征,不是什么与外界事物相符合这个意义上的真理,而是感情和同情。"他批评传统教育中的"儿童的小小的记忆力和知识领域被全人类的长期的多少世纪的历史压得窒息了"。

在课程内容结构上,杜威主张整体性和完整性,认为课程内容的排列顺序应符合儿童的经验。杜威指出,儿童的生活是一个整体,一个总体。儿童敏捷地和欣然地从一个主题到另一个主题,但是,他没有意识到转变和中断,既没有意识到什么割裂,更没有意识到什么区分。儿童所关心的事物,由于他的生活所带来的个人的和社会的兴趣的统一性,所以是结合在一起的。杜威批评学校多种多样的学科把儿童的世界割裂和肢解了,他认为,按成人的逻辑及一般的抽象原理划分的学科及其排列是不符合儿童的经验的,认为"已经归了类的各门科目,是许多年代的科学的产物,而不是儿童经验的产物"。他认为,把事物归了类,并不是儿童经验的事情,事物不是分门别类地呈现出来的;感情上的生动的联系和活动的联结,把儿童亲身的各种经验综合在一起。

因此,杜威的课程内容是直接与"经验"相关的,因为"经验"是整体的,因而,课程的内容结构也是整体的。

在课程的实施进程上,杜威强调了儿童活动的作用。在他的课程模式中,强调首先要为儿童创设一个实际的经验情境,给儿童提供活动的机会。他批评幼儿园的教学急于使儿童掌握理智上的成就,从而导致忽略或减少儿童运用熟悉的经验材料进行直接的、不够成熟的活动。他认为,正是尝试错误性质的活动,使儿童注意到或发现事物之间的联系和相互作用,这对激发思维、增长经验是十分必要的。他说:"一个3岁的儿童,发现他能利用积木做什么事情,或者一个6岁的儿童,发现他能把五分钱和五分钱加起来成为什么结果,即使世界上人人知道这种事情,他也真是个发明家,他的经验有所增长,不是机械地增加了另一个项目。"因而,"做中学"便是杜威的课程进程的最好描述。杜威认为,给学生做一些事情,不是给他们一些东西去学,而做事属于这样的性质,要求进行思维或者有意识地注意事物的联系,结果他们自然地学到了东西。凡是儿童忙着做事情,并且讨论做事过程中所发生的问题的地方,即使教学的方式比较一般,重要的是儿童的问题是自动提出的,问题的数量是很多的,他们提出的解决问题的方法是先进的,各种各样的,而且是有独创性的。

进步主义的课程主张曾在美国及其他一些国家产生过很大的影响,我国的现代教育家陶行知、陈鹤琴的教育思想中,都能找到杜威教育思想的痕迹。客观地说,杜威的课程思想的失败不在学前教育领域,换言之,在学前教育领域,杜威的教育思想一直起着指导性的影响作用,人们对这一思想的崇尚和抛弃并非据于这一思想在教育上的价值,而更多的是循着意识形态的总体取向。杜威课程思想中倡导的注重儿童自身的经验、活动、兴趣和需要,培养儿童的思维能力和创造精神等主张在当今西方以及我国的学前课程理论中仍有着重要的影响,我国当前的综合教育课程、主题教育课程、单元课程,甚至分科课程均不同程度地反映了进步主义课程思想的影响。

当然,进步主义课程思想的缺点也是显而易见的,如忽视知识体系的系统性,忽视整个智能体系的培养系统,等等。故而在教育界,尤其是在小学教育领域受到批评,并为学科中心课程所取代。

二、学科中心课程理论

学科中心课程,在我国也称分科教育课程,它是一种与经验主义(进步主义)课程相对立的课程。在教育理论上,学科中心课程受要素主义教育理论的指导,强调按学科的体系组织教育内容,课程设计和实施的目的是使儿童学习系统的文化知识,获得和保持必要的习惯及技能。

学科中心课程从一定的儿童观和知识价值观出发,精心选择学科及学科知识作为课程内容,每一学科的知识根据从易到难的原则加以组织和排列,形成一个多学科并行、由易及难的课程内容结构体系。这一体系的逻辑起点是学科知识,而非儿童的经验,当然也并非无视儿童的经验,因为从易到难从一定程度上说也是考虑到了儿童的经验。所以,这一课程内容的计划性、系统性较强,有利于儿童系统地掌握各学科的知识。从学科中心课程的实施进程上看,知识并非作为整体让儿童去"经验",而是分科传授,按序传授。由于知识的选择和组织并非以儿童的经验为依据,因而,要使儿童获得相关的知识、技能、习惯,就主要依靠教师的讲授,作为辅助手段或形式的游戏、活动等也有十分重要的作用。从中可见,学科中心课程注重系统的分科知识,忽视儿童的实际活动和直接经验,教师较多地单向灌输,儿童主动学习少,儿童的兴趣、需要以及个性发展常被置于次要地位,分科传授知识割裂了幼儿的知识之间的联系,幼儿很难将学习的成果进行综合、统一和迁移,故助长了幼儿园的小学化倾向。

上述典型的学科中心课程在20世纪50年代和60年代的苏联幼儿园,以及在改革开放前我国的幼儿园中是到处可见的。我国目前的一些学前课程模式正是在对这种典型的或称传统的分科课程的批判中形成和建立起来的。就是今天的分科课程,在很多幼儿园,也已对传统的分科课程做了较大的修正,如注重了学科间知识的联系,注重了幼儿的体验和操作活动,注重了儿童学习的兴趣及学习的主动性、积极性。

苏联自20世纪50年代开始,也对其学前课程进行了调整和发展,这种调整和发展同维果茨基早在30—40年代就提出的一些思维是分不开的。维果茨基认为学前课程应考虑两个方面:一方面是有关自然和社会的一般知识体系,这个体系应引导儿童达到一定的目的。因此,给予儿童的知识不能是个别的、零碎的。另一方面,课程必须注重儿童本身,它应当以一种符合儿童的兴趣和思维活动特点的方式呈现给儿童。维果茨基的主张给20世纪50年代开始的学前课程调整提供了理论基础。

在对苏联典型分科课程的深入探索和改良的研究人员中，乌索娃是一个杰出的代表。她批评传统的课程只罗列了事实，没有揭示它们之间的联系，因此，降低了儿童的发展水平。她提出："现在最重要的是加深对每一类知识的介绍，确定其联系。"她认为，揭示有关自然界和社会里这一或那一现象的知识内涵是一项困难的任务，希望儿童获得真正科学的知识，同时这些知识又易于为儿童所接受，并且有发展意义。乌索娃在知识系统化方面还做了不少具体深入的研究，其成果已反映在苏联有关的学前课程方案中，但对哪些性质的知识可以作为课程体系的基础，同时又符合儿童年龄特点等问题并未真正解决。此外，艾里康宁、达维多夫等人的研究证明：让儿童掌握反映现实生活领域里本质联系和关系的知识体系，以及相应的认识手段，对他们的智力发展具有特殊作用。因为，掌握这一体系既需要一般的，也需要个别的认识活动的方式，这就保证了儿童高度的智力活动的积极性和独立性。当遇到新的问题情境时，他们能很快地动用这一部分知识和相应的认识方式去解决新的实际的任务。在这一发现及相关实验研究的影响下，学前课程的研究也开始向制定新的选择学前期儿童学习的知识并使之系统化的原则迈进。H. H. 波特吉雅科夫指出，让学前儿童掌握经过系统整理的知识比掌握那些零碎的、相互之间毫不相干的知识更容易。儿童从对事物的个别属性的认识，过渡到对本质联系的理解，正是在掌握相应的知识体系中完成的。在这里，每后一个所要形成的表象或概念都是从前一个表象或概念中引申出来的，而整个知识体系由一个中心环节贯穿了起来。

同时，艾里康宁、查包洛塞兹等人的研究发现学前儿童，尤其是学前晚期儿童有一种明显的试图揭示事物之间因果联系的愿望，突出的表现就是向成人提出关于现实各个方面的一连串的"为什么"。查包洛塞兹和波特吉雅科夫还通过研究证明了儿童具有揭示事物之间联系和关系的实际可能。他们指出，在现实生活领域，存在着这样一些儿童依靠直觉行动思维和直观形象思维便可以认识的联系和关系。对儿童自发经验的研究也表明，儿童在日常生活中已掌握了一些初步的揭示事物因果联系和功能联系的技能。因此，如果有关事物之间的联系和关系的知识是反映在表象形式中，而不是在概念的形式中，那么，按这样的原则建立的知识体系是可以为学前儿童，主要是学前晚期儿童所接受的，这就是选择学前期儿童学习的知识，并使之系统化的新原则的特点。

多年来，苏联学前教育研究人员在学科知识系统化并可作为学前课程核心内容方面的研究不断地深入，其指导思想是：给予儿童的知识体系要以最合理的方式来建立，要适合儿童思维的可能性（但不是现有水平，而是最近发展区）和有效地促进他们各种思维形式的和谐发展。这些思想反映在苏联1983年《幼儿园预备班教育和教学大纲》和1984年《幼儿园教育和教学示范大纲》（相当于幼儿园预备班和幼儿园课程标准）之中。

在课程进行过程的研究方面，苏联学者在注重学前儿童知识体系建构的同时，还注重形成儿童与该体系基本结构相符的认识活动的方式。认识活动手段和方式的运用，取决于思维活动客体的内容。不少学者针对不同的认识客体内容展开了研究，他们在研究中所使用的儿童认识活动方式比较成功地培养了儿童的分类、概括能力以及帮助他们掌握了某些量的关系。此后，对与使学前儿童思维活动的客体内容发生本质变化的知识体系相对应的认识活动的手段和方式的研究不断地深入。波特吉雅科夫成功制定了有助于儿童认识客体的三个最重要参数的认识手段体系：一是客体的外部属性和性质；二是客体内在的功能性质；三是不同类型的客体间的联系和依存性。这些手段就是一定的直观——语文和语言——逻辑图式，它以概括的形式决定了儿童对客体的相应属性进行认识活动的方向，教给儿童行为的方式，并保证了他们将此过程中获得的知识形成完整的体系。苏联学者认为，在形成儿童认识手段的过程中，教师的有一定结构的讲解非常重要，他应该以此为引线，循序渐进地引导儿童认识客体的各个方面，该客体是整体中的一个部分，是在它所依存的那一体系中发生作用的，在该客体与其他客体发生联系的那一体系中回过来分析该客体的属性，故系统化的作业教学是苏联学前课程实施的重要途径和手段。

三、结构课程理论

与苏联研究学科知识系统化较为相似的是20世纪60年代布鲁纳有关结构课程的研究。50年代末苏联第一颗人造卫星上天后，在英国"国家科学基金会"的支持下，一批学者开展了学科结构课程改革，布鲁纳便是重要的代表人物。在课程的结构上，布鲁纳主张保持学科界限，强调学科的基本结构，即学科的基本原理、概念和规律等稳定性最强的内容。但他所强调的教育内容"已经不是停留在单纯的知识系统或结论之上，而是期望极好地考虑到驾驭知识系统和结论之上的东西,这就是关于学问结构、知识结构的感知和理解"。他还提出"把知识的各种关键性的概念转化为儿童能够掌握的东西"。

在课程实施进程上,布鲁纳主张发挥儿童的积极性和主动性,采用发现法和探究法。这与苏联强调教师讲授是不同的。

布鲁纳的结构课程理论遭到了批判,学校教育实践也表明其不是成功的课程方案,但他有关学科结构的理论及其转化的思想,对于我们设计学前课程是具有借鉴意义的。事实上,在西方,在日本,包括我国,当前的一些重视学科结构的课程类型均受到布鲁纳思想的影响。

四、皮亚杰主义的认知课程理论及其模式

(一)皮亚杰的认知发展理论

皮亚杰主义的认知课程理论是在皮亚杰的认知发展理论基础上建立起来的,并且认知发展理论对课程的目标、内容结构及课程的实施进程产生了直接的影响。皮亚杰的认知发展理论主要涉及四个方面的内容:一是关于智慧及其组成成分;二是影响智慧发展过程的因素;三是智慧发展的阶段;四是知识的类型。可以说,这四个方面都在不同程度上影响了认知课程的理论和实践,而其中关于智慧的组成成分、知识的类型等则直接对课程的建构产生了影响。

1. 智慧及其组成成分

皮亚杰把人的智慧看作是生命适应的一种形式,并把认知结构、认知功能及认知内容看作是智慧的基本组成成分或组成要素。认知结构是用以解释某一行为发生的一种由推论而产生的智慧组织,其基本单位是图式。例如,当一个儿童无法处理数目大小的问题时,我们可以推论他尚未具有完整的数目概念,也就是这个儿童处理数目的图式尚未充分发展。认知结构具有整体性(Wholeness)、转换性(Transformation)和自我调节性(Self-regulation)。整体性意指:认知结构由多种元素结合而成,并受法则的支配,这种法则以整体或体系来界定,并且,所有的结构特别是智慧结构,都由个人活动与客体反应二者长期交互作用建构而成,而不是来自天赋。转换性具有动态性质,不同的认知发展阶段或层次,有其对应的结构组,结构本身又具有稳定性,动态的结构为显示其稳

定性,须自行调节,以维持平衡。认知结构的成长与变化,就是通过组织(Organization)和适应(Adaptation)的功能作用。关于认知功能,皮亚杰认为,在人的认知发展过程中,认知结构维持动态性与变化性,且随时会发生变化。认知的两种基本功能——组织与适应,并不随年龄的增加而改变,故被认为具有功能不变性。从生物学的观点看,组织与适应二者不容分割,同属一个机械作用的两项互补进程,组织代表这种作用的内在部分,适应则构成这种作用的外在部分。所以,任何有机体的发展都包括有组织的功能在内,组织的动态面,即构成所谓的适应。组织是结合两种以上非连续性的心理结构图式,成为较高层次或较稳定功能的图式的一种心理过程;适应则是在有机体对外界环境的行动与环境对有机体的行动二者之间,有机体为求其平衡而采取的一种调适过程,即包括同化与调适的两种互补活动在内。认知内容是指反映智慧活动的那些可观察的行为——感觉动作、概念的行为以及反应。这些行为的内容与个体的特性和时空的差异有关,所以不但因人而异,而且随年龄的增长而发生变化。由此可知,认知内容是指可直接观察的、测量的行为,而认知结构和功能则无法从观察中了解和把握,认知内容与认知结构会发生变化,认知功能则可维持不变。

2. 影响智慧发展过程的因素

儿童认知结构能从较低层次发展到较高层次,主要是受成熟、经验、社会互动及平衡四个因素的影响。

(1)成熟是指个人由遗传所得的生理结构的生长与改变,它对认知发展的主要贡献在于促成神经系统的生长与内分泌系统的发展。不过它在认知发展过程中仅是必要条件之一,而不是充分条件。

(2)经验包括物理经验和数理逻辑经验两种。物理经验也称简单的抽象概念,是指个别儿童对环境中的事物不断采取行动以获得事物的特性,它是影响认知发展的重要因素,但必须同化于既有的图式中才有积极的影响。逻辑数学经验又称反身抽象作用,是指经过个体内在化活动所得到的概念,而不是得自物体本身的知识。它的产生依赖于物理经验,却又超越了物理经验,它还能促使儿童进一步认识所生存的环境。

(3)社会互动泛指文化对儿童认知发展的影响。由于这一作用,人类的社会才不再完全为内在的遗传因素所支配,这主要是指社会关系、教育和语言的运用。社会互动有助于"诚实""公平"等,而这一作用是物理经验和数理逻辑经验取代不了的。

（4）皮亚杰认为，凭内在的成熟和外在的经验与社会互动，是无法说明认知发展的，必须凭借个体的守衡作用，使外来的干涉与本身的活动之间获得平衡，才能促成认知的发展。

3. 智慧发展的阶段

皮亚杰把儿童的认知发展阶段划分为：感知－运动阶段，从初生到2岁，包括反射活动阶段、习惯动作阶段、有目的的动作形成阶段、手段和目的之间分化并协调的阶段、感知－运动智慧时期、感知－运动智慧的综合时期等六个阶段；前运算阶段，从2岁到7岁，包括象征思维阶段、直觉的半逻辑思维阶段、具体运算阶段和形式运算阶段。

4. 知识的类型

皮亚杰把知识分为四类：数理逻辑知识、社会知识、物理知识、表征知识。

（1）数理逻辑知识是有关个体同环境中客观事物相互联系的组织。建构这种联系是一种内在的认知行为，有了这类知识，儿童就能接收到有关判断的正确性的反馈。例如，幼儿在颜色、形状、数的分类中产生了概念化的联系，并将这种联系运用到客观事物之间。皮亚杰研究了个体是如何从非逻辑到逻辑地建构数理逻辑知识的。

（2）社会知识是具有文化决定性的，这种知识是基于儿童对他们周围社会环境的理解的建构之上的。社会环境在不同的社会中是有不同特点的，随着社会的变化，它是会发生变化的。例如，在我们的社会里，社会知识包含了每周中各天的名称，每年各月的名称，描绘钟点的单位以及众多有助于我们活动的社会习俗。双语儿童的社会知识包括形成对于两种文化中的社会习俗的理解。例如，希腊语与英语或西班牙语与英语，幼儿也通过与行为、品质、道德判断、伦理以及其他操行的重要方面相关的内容建构社会知识。

（3）物理知识是指有关客观事物的概念的结构，它是从儿童在他们自己的世界里获得的客观事物的反馈中发展起来的。坚硬的、柔软的、粗糙的、光滑的、尖利的、滚圆的等等，为数众多的其他概念都是物理知识的例子。物理知识主要包含有关客观事物的较为具体的特征以及有助于建构知识的有关特征的反馈。物理知识是基于儿童对他们的物理世界预言的修正的基础之上的。

(4)表征知识是与数理逻辑知识、社会知识以及物理知识相关的,也是关于儿童在表征性的事实上建构所有的知识。从结构主义的立场看,表征知识是基于儿童对于具体的客观事物和社会情境的行动及反应,基于儿童对于这些社会的和物理的以及客观事物联系的表征在智慧反映水平上的积极的建构。表征知识的三种水平是:标志(索引),从事物的各个部分认识整个的事物;象征,对非现实呈现的客观事物的表征形成智慧反映;信号,使用与客观事物没有联系的抽象的信号。

数理逻辑的、社会的、物理的以及表征的知识显示了知识的各种类型,这些类型是在结构主义者的观点上形成的。这四个领域的知识显示了皮亚杰的结构和原理背景,并成为指示我们设计什么和如何设计教育环境的组织者或引导者。

(二)皮亚杰的认知发展理论对皮亚杰主义认知课程理论的建立和发展的影响

1. 注重儿童的认知发展阶段及各阶段的特点,注重儿童的个别差异,注重各类知识的作用,发挥影响认知发展的各种因素的作用,形成合理的课程结构。

皮亚杰关于认知发展的阶段的描绘,在学前课程上的根本价值是使学前课程真正成为最有效的促进学前儿童发展的课程。传统教育中不顾儿童的发展水平和特点,根据成人的期望给儿童设置要求和目标的做法,必然导致"放羊"或"小学化"现象。幼儿处于感知运动和前运算阶段,有特定的发展特点和发展任务,他们的思维方式、学习方式不同于小学生,更不同于成人,因此,教学目标、教学内容、教学方法都应从儿童的发展现实出发加以选择和确定,同时注重儿童发展的个别差异。

学前课程应注重各类知识的选择和组织,对于儿童的智慧发展而言,各种知识都是十分重要的,而表征的知识尤为重要,它同其他各类知识紧密相关,涉及建构知识的方法问题。所以,皮亚杰主义的认知课程理论的建构是在对皮亚杰关于数理逻辑的、社会的、物理的以及表征的知识的分析、梳理及选择的基础上进行的。

注重发展阶段、发展水平,注重各类知识的选择,对于形成皮亚杰主义的学前课程理论结构是十分重要的。正像皮亚杰指出的那样,儿童的智慧和道德结构与我们成人的不一样,因此,新的教育方法要尽一切努力,编写出一套在形式上能被各年龄儿童所接受,并与他们的智慧结构以及各发展阶段相协调的教材来进行教学。D. 埃尔金德在其《儿童发展与教育》一书中指出:"关于发展的课程实质上是一连串连续的能力和概念,这些能力和概念或多或少都是在儿童活动的基础上获得的。皮亚杰的很多研究就是为了揭示这种发展的课程的广度和范围的。例如,儿童获得质量、体积(1941年和英海尔德)、空间(1956年和英海尔德)、时间(1970)和因果关系(1974)、几何(1960)、速度和运动(1946),在方式和次序上常常与学校教授这些概念的方式和次序不同。儿童依靠自己所获得的概念是他们作为活的生命体所需要的。"

2. 皮亚杰关于构成智慧的认知结构、认知功能及认知内容的思想,关于影响智慧发展因素的思想,以及智慧发展阶段特征的学说,对于学前课程的实施进程具有极其重要的指导意义。

皮亚杰的理论在这方面的价值已为许多非皮亚杰主义的学前课程所利用。在指导课程实施方面,皮亚杰理论有两个方面是最为突出的。

(1) 注重儿童的活动

皮亚杰认为,知识来源于动作,活动是思维发展的基础。儿童的认知结构的发展必须依赖于同化与顺应两种机能不断发展的平衡来实现。他认为,儿童期的特征就是必须借助一系列本身独具的活动或行为模式,借助主体与客体间以一种混沌的、未分化的状态为开端的连续不断的构造活动去寻找这种平衡状态。皮亚杰在1970年谈到那些他以为体现发展原则的学校和课堂时,宁可用"活动"一词来描述它们。因而,幼儿园的课堂气氛在皮亚杰看来必然更是活动了。皮亚杰曾强调过作为幼儿的特殊活动形式的游戏的重要性,他认为,游戏在感知运动练习和象征表示两种重要形式方面是把现实同化于活动本身之中,给活动提供必要的原料,同时根据自身的复杂需要转化为现实,这意味着游戏是儿童对现实的同化。儿童的游戏,儿童与周围的人和物的相互作用,是其获得知识、发展智慧的重要途径。

(2) 注重儿童主动性的发挥

皮亚杰特别强调儿童理智结构自发的和比较自动的发展。美国学者埃德·拉宾诺威克兹在其《皮亚杰学说入门:思维、学习、教学》一书中指出:"儿童与其环境之间反复相互作用的这种循环,要靠儿童自己作为他自身发展的主要动力。"也就是说,儿童在不断与环境交互作用的过程中,形成和发展自己的认知结构,在这一过程中,儿童起着主动的、积极的作用。因此,皮亚杰主义的认知课程的实施过程应该是儿童主动的积极的活动过程。在课程实施过程中,学者对于如何看待和处理教师与幼儿的关系,认知课程与其他课程,尤其是与分科课程的关系有不同的见解。较为推崇皮亚杰学说的 D. 埃尔金德认为,持传统观点的专家声称教师在指导儿童学习方面应该起主要作用,根据这个观点,教师可以决定儿童学习的内容、时间和方法,如程序化教学就是以教师为主导的学习的例子。与此相对的另一个极端是完全不要教师的引导,就如有的学者所建议的"让儿童摆弄(Messing About)"。但从发展的观点看,不能搞极端,教师的主导作用或指导应灵活地掌握,教师指导的比例必须随儿童是否在进行形象的、运算的或者内涵的学习而变化。例如,当儿童从事于形象的学习,教师就适宜采取给予儿童比运算学习和内涵学习更多的指导的方法;在帮助儿童进行诸如发音、认数等基本上属于形象的技巧时(虽然根据逻辑能力),教师需要给予指导和示范。有许多种信息必须由教师直接传递给儿童,这些信息由儿童自己去探索是不切实际的(甚至可能是危险的)。但在运算学习的情况下,教师所起的作用不再那么直接了,运算学习发生在儿童通过他们自己对材料的主动探索而获得概念之际。

但总的来说,认知课程的特征就是坚信认知结构的形成是靠主体内在的活动实现的,所以应创设条件,让儿童主动地与周围环境相互作用,教师作为相互作用的促进者,即使教师的主导作用并不从本质上抑制儿童在学习兴趣和求知欲驱使下进行内在活动,儿童的主动性、积极性没有受到抑制,教师也要帮助儿童通过其活动,促进儿童智慧的发展。

(三)皮亚杰主义认知课程方案

皮亚杰主义的学前课程在美国有不少具体的方案,第一章中已列出几例。这些课程方案在机构类型、适用范围、定型时间等方面有差别,甚至在对皮亚杰理论的正确解释和坚持的程度上也有差异,有的方案极为纯粹地解释和坚持皮亚杰的理论,而在有些方案中皮亚杰的理论则被改造或出现了变异。

近年来被介绍到我国的美国海伊·斯科普(High Scope)的认知发展课程也是一个以皮亚杰的认知发展理论为基础的课程方案。该课程的编订者在课程方案的序言中称"这一课程保留了皮亚杰的理论假设,强调儿童积极主动学习的重要性;教师和儿童在确定学习经验方面都有重要作用"。

这一课程提出了作为该课程"心脏"的主动学习的七个关键经验,并认为,

每一个学习经验都应让幼儿主动获取:

第一,运用所有的感官主动地探究。对教师的建议是:给幼儿提供能激发主动探索的材料;鼓励幼儿进行探索;设计包含主动探索的小组活动;鼓励幼儿在户外主动探索。

第二,通过直接经验发现事物之间的关系。给教师的建议是:帮助幼儿发现事物之间的关系;让幼儿做他们能做并喜欢做的事;以合适的方式帮助幼儿解决问题。

第三,操作、转换和组合各种材料。给教师的建议是:提供可让幼儿操作、改变、组合的材料;设计可让幼儿操作、改变、组合材料的小组活动;鼓励幼儿使用材料;扩展幼儿对材料的使用;和幼儿谈论他们正在做的事。

第四,对材料、活动和活动的目的进行选择。给教师的建议是:给幼儿提供一个稳定的活动日程;帮助幼儿学会布置和安排教室的物品;帮助幼儿归放材料;帮助幼儿创造性地使用材料;帮助幼儿认识到他们已做出的选择;在小组活动中给幼儿提供选择的机会。

第五,掌握工具和设备的使用方法。给教师的建议是:建立一个木工区;鼓励幼儿使用工具和设备;制作工具和设备一览表,记录每个幼儿的进步情况。

第六:进行大肌肉活动。给教师的建议是:对有特殊需要的儿童提供身体治疗;提供进行大肌肉活动的设备;提供多种进行室内外活动的空间、时间;支持每个幼儿协调肌肉发展的活动。

第七,自己的事自己做。给教师的建议是:提供幼儿自己做事的时间;在每个活动中鼓励自助;根据幼儿自己做事的能力提供帮助和指导。

此外,该课程还在语言、经验和表征、分类、排序、数概念、空间关系、时间关系等领域提出了众多的关键经验,可以说,这些关键经验是该课程内容的核心,而每一条关键经验对教师的建议,则是该课程实施的一般指针。

五、行为主义课程理论及其模式

(一)行为主义课程理论

行为主义作为一种心理学的理论流派,其最基本的观点是:人的行为是对外界刺激反应的结果,强调外部的影响是形成人的行为的重要原因,故行为可以通过各种外部强化方式(条件反射、强化、消退等)加以塑造和改变,这也就是儿童达到发展目的的原理所在。这一理论在课程理论方面的反映是明显的,从有关的课程实践看,也是有一定成效的。现从行为主义的一些理论派别做具体分析:

1. 行为分析学派

20世纪60年代后,斯金纳倡导的新行为主义学派主张行为的形成不只是刺激与反应的联结,还需对环境有所操作,不但赋予行为以更积极的意义,也因为它强调环境影响行为的重要性,更蕴涵学习的可能,而在教育上具有更大的意义。在课程结构上,行为分析学派强调确立明确、具体且可观察的教育目标。在教育内容的组织上,行为分析学派强调编序。

行为分析学派强调,一切教学活动都是期望受教育者的行为产生改变,而且这种行为是外显的、可观察的。从本质上说,这一学派关心的重点是能创设期望的行为产生的环境。课程的内容就是一系列事先安排好的,可见之于行为的技能、概念、知识、态度和价值,且是简单而具体的。他们批评现实教育中教师不知道或不清楚自己教学的目标,不知道要教些什么,或要学生学些什么,认为传统的目标太抽象、太广泛、太含糊,如培养社会能力、启发创造力等等,没能给教师一个明确的行动方向。所以,教学应研究并制定行为目标(Behavioral objectives),精确地叙述受教育者接受某一单元的教学之后,将能做些什么。斯金纳认为,学校教学之所以缺乏效果,是因为未能给学生足够的正强化,所以编序教学(Programmed instruction)是合适的教学方法。编序的重点在于教育内容组织的改进,它将教育内容按程序编成细目,以方便学习者从前一细目到后一细目,循序渐进地学习。这样,教育内容细目分析精细,组织严密,易于学习,且可立刻核对,以起到强化作用。

在课程的组织实施进程方面,行为分析学派强调教室内的学习。在一个教室里,教师的行为是自变项,学生的行为是因变项,期望学生反应的行为即是教学的目的。教师根据教学目标,选择、组织和准备教材,设计有关教材内容的提示和问题,这些过程就是编序。所以,编序是教师对教学策略的设计,目的在于使教学有效而经济。教师可根据教学情境的需要,采用个别、分组或集体教学的模式。由于采用教学机,因此,学习过程中学习者经常能受到强化。此外,行为分析学派特别重视个别化教学,他们承认学生有个别差异,但坚信每一个学生的学习都会成功,认为应让学生以一种适合自己能力、需要的学习形式,去学习教师安排的教学内容。虽然这一学派的一些技术、技巧产生了一定的成效,但是由于他们在教学过程中不太重视行为的内在原因,较少强调学习者的自主性、人格的完整性和独立性,因而受到不少指责。

2. 社会学习理论

社会学习理论重视生理情绪反应和行为变化的关系,主张经过学习过程减少不当情绪,增加适当的活动经验;强调个人主动参与学习和积极的人际关系,可以克服恐惧反应,恢复健康心理和行为;重视个体的认知历程对行为形成和变化的影响,强调经过认知历程,可以解释、预测,进而有效地改变人的行为。

从课程内容结构上看,观察或模仿对象的选择及对这些对象特性的控制是非常重要的。教师是重要的楷模,教师的言行对幼儿的行为产生直接的影响,此外,父母、同伴、英雄人物,甚至文学作品中的角色均可成为幼儿的观察对象和楷模,楷模的选择和呈现应从幼儿的发展需要出发。呈现的楷模性质的控制是确保观察学习有效性的重要因素,这些性质包括动作的大小、强弱、新奇程度、年龄大小、性别等等。楷模可以是活生生的人,也可以是通过图片、影片、语言描述、电视及其他视听手段呈现的人物形象,应根据需要适当选择和运用。楷模行为或动作越清晰,特征越明显,观察者越容易学习。课程内容结构是楷模类型及其特征的结构,也包含幼儿相关的知识、能力、习惯和情感发展的结构。楷模的选择及模仿不是真正的目的,真正的目的是幼儿行为的变化和幼儿的发展。

从课程实施进程看,社会学习理论重视个人和环境对学习的影响作用,强调个体的行为动机作用,强调替代强化、自我强化的作用。主张示范教学(Modeling Procedures),认为示范教学是一种观察学习的方式,它可以省去尝试错误和不必要的损失。注重观察学习过程的设计和安排,强调强化作用及奖惩的来源、方式、时间等因素对学习的影响,认为教育过程中,教师应善于运用奖惩原理。此外,教师行为的示范、楷模作用也被认为是十分重要的,并且强调建立良好的师生关系。教师的任务是直接教学,且在教学过程中起权威作用,帮助儿童修正错误。

(二)行为主义课程理论教育实践

根据行为主义课程思想建立的学前课程模式在美国、日本的学前教育实践中产生了一定的效果。

美国宾夕法尼亚州立大学的海抗普(HICOMP)计划中所开发的海抗普课程就是一个以行为主义课程思想为指导的课程方案。这个课程的目标和内容结构分为四个维度:交往、自我关心、运动技能和问题解决。每一个维度再进一步分为次级维度,作为课程目标来源的四个方面:社会、儿童、儿童的发展研究及目标分析。

从课程的展开进程上看。经历了以下几个步骤:

1. 任务分析

通常在开始教学前,课程目标应分解为较少的任务。在分析任务时,考虑四个方面的问题:一是为了完成这一任务,哪些概念儿童必须知道?二是哪几种注意技能儿童必须拥有?三是哪些身体运动是必需的?四是儿童必须达成哪些行为结果?当然,并不是所有的任务都要进行分析。儿童学习许多的复杂行为只要通过简单模仿。然而,在儿童学习一些困难的内容时,进行任务分析,使之分解为小的教学阶段,儿童学习起来就要容易些。

2. 教学行为

当教师从课程体系中选择了适当的教学目标,并根据需要做了适当的任务分析后,就要针对教学的目标行为选择有关策略。其中有三个教学新行为的操作技术,它们是示范、激励和塑造。

(1)示范(Modeling):示范是教师或其他个体表演将要学习的行为的技术。示范可能是教授具体技能的有效方式,对示范效果有影响的首要因素是示范行为的个体必须是儿童所钦佩的,或者其示范是儿童乐意认同的。教师是儿童喜爱的,所以经常作为行为范型。在教授如厕、书写、上桌就餐等技能时,同伴的楷模作用是极为有效的。对示范效果有影响的第二个因素是伴有示范或演示的清楚的言语指导,尤其是在学习一些困难的任务时更是如此。对于一些通过自我教学手段学习的儿童来说,范型也是极为有益的,图表、卡通、图片、电影或录像都能说明或表现行为。影响示范效果的第三个因素是应该从儿童的观点出发提供示范。第四个因素是给正确的行为提供鼓励和奖赏。当观察者看到楷模因其目标行为而受到强化时,示范的影响作用较大。第五个因素是使观察者模仿范型而实施强化。

(2)激励(Prompting):激励能够帮助儿童在适当的时间呈现适当的行为。激励可以通过视觉的、触觉的或身体的渠道进行。当儿童对一个激励产生了适当的反应,他们就被强化了,教师通常会使用夸大的和积极的激励办法去激发行为,然后逐步改变或消退这种激励,使之变得更为自然。例如,身体激励包含触碰或用身体动作去引导儿童,以帮助他们完成一些运动行为。教一个儿童翻书页,用剪刀剪东西,走台阶,等等,经常要求身体激励。在使用手的激励中,最好是在整个行为过程中对需要激励的部分才予以激励。

(3)塑造(Shaping)或逐渐接近(Successive approximation):塑造在新的行为教学中、在一定的频率操作的行为教学中是有用的。如果一个儿童已能扣扣子,教师应通过首先要求儿童扣最下面的扣子,然后扣上面的一个,再扣上面的一个等方式培养儿童独立地扣扣子的能力。教儿童进食均衡的食物,教师可以首先要求儿童品尝每一种食物,然后每一种食物吃两口,等等。

塑造的主要使命是强化儿童在行为上的每一点进步,有时,非常小的进步也必须奖赏,并且,只有进步出现才给予奖赏。教师不可能总是预定何时给予儿童强化,但他必须仔细观察,以便使所给予的强化是适宜的。这就是教学实践中"临诊的"或技术性的技能,例如,如果想让一个儿童参加一个整整15分钟的活动,就应建立一个3分钟、5分钟、8分钟、10分钟以及整整15分钟的逐步递增的顺序。再如,如果想让儿童自己刷牙,可以给儿童一把已挤上牙膏的牙刷,并帮助他们刷下排牙齿;然后给他们已有牙膏的牙刷,让他们刷自己所有的牙齿;最后,教会儿童把牙膏挤在牙刷上,并在没人帮助的情况下刷牙。同样,帮助儿童对由四张图片组成的故事排序,先让儿童会对由两张图片组成的故事排序,然后会对三张图片的故事排序,最后会对四张图片的故事排序。

此外,连锁(Chaining)技术在有序的教学行为中是很有用的,例如,桌面建构过程及书法。教授行为连锁可以顺序进行,也可以逆向进行。许多人拥护对不会言语的或有严重学习困难的儿童使用反向连锁,更多的能言语的儿童可以通过伴有语言指导的前后连锁教授序列。桌面建构目标明显的可以进行任务分析并通过连锁进行教学。在逆向连锁中,指导者可以设置所有的水平阶段,如儿童已能做的汤匙的放置,接着指导者可以完成所有期望达成的水平中的下两个阶段的行为,以此类推。用前后连锁完成同样的任务,指导者要求儿童摆放餐具,然后指导者继续激励儿童完成这一任务的每一个有序的环节。大多数的行为都是一个连锁或序列中的部分,当儿童学着有序地做事时,他们就学到了一个连锁。穿上毛线衣,进厕所解手,洗手以及收好玩具都是幼儿园中所教的典型的有序行为。当一个连锁被分解为相关的组成要素后,每一个部分可以分别地教和实践,然后综合成自然有序的行为。

在行为练习(Behavior Rehearsal)的过程中,教师要把握强化适当行为和提供必要激励的机会。当儿童在教师设计的练习中对某些行为已熟练了,就可以鼓励他们在真实的生活情境中练习这种行为。角色游戏是行为练习的一种特殊类型,角色可以互换,角色游戏通常作为讨论或实践适当行为的刺激情境。在教室里进行的旨在练习有关行为的交通游戏中,教儿童对交通信号做出适当的反应;教儿童在教室里用玩具电话恰当地接电话;在教室里进行的郊游游戏中教儿童手拉手;教儿童通过角色游戏用恰当的行为替代不恰当的行为。

运用一些策略对于课程的实施是很重要的,应尝试使多种策略之间较为均衡。儿童学习并不只是学习课程内容,还要学习有关的策略,不能指望所有的任务都通过示范来学习,也应考虑其他的学习方式。例如,有的儿童在回答问题前可能会等着听别人的反应,太多地依靠示范,如果教师使用多种多样的教学方法,那么,幼儿就会在学习中较为灵活。

另外,给予儿童正确的反馈,使用恰当的强化手段,教会儿童概括的方法等都是行为主义学前课程所重视的。

第三节 我国的幼儿园课程的实践和改革

我国的学前课程是伴随着学前教育现象的出现而出现的。学前教育领域理论和实践的重大变革,总是与课程的变革联系在一起的。我国的幼儿园课程从因袭日本的幼儿园课程开始,走过了近百年的风雨历程。我国的幼儿教育先驱为创建具有中国特色的、反映世界文明的幼儿园课程体系,进行了长期艰苦的努力。20世纪30年代和80年代的幼儿园课程改革是我国幼儿园课程发展史上两次具有重大影响的课程改革,前者为推进幼儿园课程的中国化、科学化做出了重大的贡献;后者则为幼儿园课程摆脱封闭、僵化的局面发挥了积极有效的作用。

幼儿园课程从分到合,在两极之间有许多中间形态,在教育实践中,常见的幼儿园课程主要有分科课程、领域课程、核心课程等等。《幼儿园教育指导纲要

(试行)》明确指出幼儿园课程应该生活化、综合化和趣味化,每一种课程的各个组成部分都应相互联系、有机结合,最终使幼儿发展的各个领域有机地联系,以有效地促进幼儿的发展。

一、分科课程

我国的分科教育课程是对苏联学前课程的移植和发展的产物。从20世纪50年代初至80年代初的30年中,分科教育课程是我国幼儿园唯一的课程模式。至今,这一课程模式在我国的幼儿园教育中仍有很大的影响,有些幼儿园的课程虽冠上了各种各样的名称,但还是无法真正摆脱分科的束缚。

分科教育课程,也称学科教育课程,是一种强调学科及学科体系的课程。课程的总体结构是由相关的学科体系组合而成的,传统的分科课程是由音乐、美术、常识、语言、计算、体育六门学科组成的。知识系统化是分科教育课程的基本指导思想,苏联的学前教育理论早就指出:许多研究资料证明,儿童智力的最重大的进展不是掌握某些个别的知识和技能的结果,而是掌握反映现实的知识体系的结果,掌握作为这一知识体系基础的思维活动的一般形式的结果。因此,苏联学前教育界一直强调对选择学前教育的内容(知识)并使之系统化的主要原则进行深入的研究。

学前儿童是否需要有系统的知识,苏联的学前教育学和心理学研究结果极有说服力地证明,学前儿童的知识系统化是有好处的。研究认为,以一定的方式和一般结构原则所组成的那种有明确而完整体系的材料,要比分散的偶然凑成的材料容易掌握得多。由于从认识各种现象的某些外部特性过渡到认识这些现象的重要的内部联系,在儿童思维的内容和形式的发展中起着主要作用,因而只有在儿童循序掌握有关知识体系的过程中才能实现。各种知识体系就其结构来说可能各不相同,研究表明,按照等级原则建立起来的知识体系,能最有效地影响儿童智能的发展。

值得注意的是,在传统的分科课程中,过多地强调知识系统化,对幼儿的情感、个性等方面的培养关注不够,导致幼儿情感方面的教育内容在课程中没有很好地体现,再加上过多的因循传统,在教育方法、手段上过于单调、死板,影响了教育的效果和质量。近年来,通过观念上的更新,人们越来越清楚地看到了传统分科教育的不足,并进而对分科课程进行了更新和完善,主要表现在:进一步优化相关学科的内在系统或结构,使相关学科知识的层次、等级更为分明,有利于开展循序渐进的教育教学;加强了情感、个性等因素的渗透,使一直落空的情感、个性教育得以具体落实;加强了教育教学方法的适应性选择,使教育教学收到更大的成效;具体的教学形式日益多样化,开始注重把游戏作为基本的或主要的教育活动形式。但不同的地区、不同的幼儿园在对传统分科课程的改革和完善上的差异是明显的。

二、领域课程

与学科相比,领域是一种组织知识较为广泛的形式。一个知识领域可能包含两个或两个以上的学科,因此,领域课程的综合化水平高于分科课程。真正的领域课程,已看不到构成领域的各相关学科之间的界线,领域内各学科的内容之间已充分整合。但在现实的教育实践中出现的领域课程,部分的领域还存在内部各部分明显割裂、学科界线明显存在的现象。领域的划分有多种形式,一是按正式的、规范的知识领域加以划分,常见的有健康、社会、科学、语言、艺术;还有一些是从幼儿学习的特点、兴趣出发进行的划分,如故事、做做玩玩、游戏、运动与音乐等等。后者明显地对相关知识进行了重组,且体现了幼儿学习的特点。一个好的领域课程,其各领域应相互联系,相互渗透。

三、综合课程

综合课程是 80 年代初回归我国幼儿园的一种课程,之所以说是回归,是因为它在我国的幼儿教育历史上曾出现过。但现实的综合课程具有新意并超越了以往的综合课程,它是我国长期的学前教育实践、学前教育工作者对学前课程的历史和现实的思考与当代世界人文学科尤其是教育科学最新成就相结合的产物。与分科教育课程相左的课程在我国的学前教育史上出现过,如陈鹤琴先生的单元教育,产生了良好的社会影响,且具有较高的学术价值。综合教育课程的理论和实践起点随着历史的发展已进入了一个新的层次,它充分吸收了古今中外教育科学及其他人文科学的优秀成果,充分研究和分析了我国学前教育及学前课程的现实。可以肯定地说,综合教育课程并不是与分科教育课程完全对立的课程,因为,在课程理论中,与分科教育相对的是经验课程,而综合教育并非典型的经验课程,它注重经验,但并不反对或有意阻拦甚至破坏系统知识的传授。综合教育主张以社会生活、社会事件、自然界中的核心点组织教育内容,使课程内容综合相关的主题或单元,根据教育内容的需要,综合地使用各种教育方法和手段。这一切基于一种更高层次的综合,人是整体,知识间是有联系的,人的全面发展应受相互联系的、整体的、优化的知识影响。教育心理学中的学习迁移是综合教育课程的理论依据之一。

综合教育课程所倡导的综合是合理的综合,并非东拼西凑,强合硬并;综合还应是有效的综合,即通过综合,要最大限度地促进幼儿的发展,而不是让幼儿做无效重复;综合还应是适度的,并非所有的知识都必然地有联系,并非只要有联系就可以综合在一起;综合要根据幼儿学习的特点、课程的进度合理地处理和安排。

综合教育课程的综合机制主要涉及三个层面:一是观念层面,一切对幼儿发展有价值的观念都可以作为综合教育课程思想基础的组成部分,在综合教育课程的课程哲学视野里,没有门派,只有发展,作为分科教育课程理论核心的苏联的教学理论一直是综合教育课程的理论基础之一。二是设计层面,也称设计性综合,即在选择教育目标、教育内容、确定主题或单元、确定并设计教育活动的过程中的综合,其中有中位观念的综合,也有技术的综合。设计性综合落实得不好,势必导致不合理和无效综合。三是实施层面,也称实施性综合,即在开展教育活动过程中的综合。设计性综合只是展现了综合的蓝图,实施性综合是要去表现和履行这种综合,这一综合要有观念支撑,又要有综合技术辅助。

综合教育课程的成效是显著的,但并不能说它是完善的。还有不少理论和实践问题尚待解决。如综合的机制到底是什么?综合技术的层次有哪些?如何在注重联系的同时尽可能充分利用学科原有的知识体系?等等。这些问题在近年的研究中有一定的突破。如综合课程的组织核心研究中,提出课程的主题或其他组织核心有外展和内聚两类。内聚的组织形式往往是站在不同学科的角度上,向内核或主题递送内容,因此,经常从学科是否全面来衡量主题内容的好坏、优劣。外展的主题或组织核心是主题内容的逻辑来源,一个主题应有哪些内容,不是由学科决定的,而是由核心的特质决定的,核心就如树根,内容就如树干和树枝,核心和内容之间联系紧密。

第五章
学前教育活动

第一节　学前教育活动的意义和类型

一、学前教育活动的意义

　　从整个学前教育的设计和组织系统来看,学前教育活动是整个学前教育设计的最后一个环节,学前教育的一些基本观念都要在学前教育活动中加以体现,学前教育目标也要在具体的教育活动中转化为幼儿行为目标,并通过一定的媒介和手段加以贯彻。学前教育活动是学前教育组织的核心环节或主题环节,组织教育活动是幼儿园教师的主要活动,把一个可操作的方案——教育活动设计变成一个现实的可操作的活动是一个教师所完成的从设计到实施的过程。实施过程也是一个对幼儿产生影响并促使幼儿发生变化的过程。

　　从幼儿发展的角度上看,学前教育活动是幼儿发展必不可少的活动,也是一个幼儿自觉、主动参与的活动,是幼儿身心高度投入的活动,也是幼儿不断同物质环境和人际环境相互作用的过程。因此,可以说,离开了学前教育活动,就谈不上幼儿的发展。

二、学前教育活动的类型

　　学前教育活动从广义上看,幼儿园里由儿童参与的一切活动都对儿童具有影响作用,都可称为教育活动。从一日活动中的各项具体活动到教师去幼儿家庭的走访等也都称为教育活动。

学前教育活动从狭义上看,专指由教师专门设计、组织和倡导的为了某些特定的目的而进行的专门活动。《幼儿园工作规程》指出:幼儿园的教育活动应是有目的、有计划地引导幼儿生动活泼的、主动活动的、多种形式的教育过程。

学前教育活动的主要类型包括以下五类。

1. 上课

这是一种最为典型的教育活动形式,也是我国学前教育领域一贯倡导的主要的教育活动形式,在我国的学前教育实践中,这仍是一种极为重要的活动形式。幼儿园的上课应强调幼儿是学习的主体,强调幼儿具有学习、探究的主动性和积极性,强调让幼儿愉快地、有效地达成教育目标。上课绝不只是教师讲、幼儿听,教师灌输、幼儿接受。对于上课这一活动形式的评价不在于这种形式本身,而在于活动过程中体现的儿童观、教育观、教师观正确与否,活动结果是否真正促进了幼儿的发展。

2. 游戏

这是一种基本(主要)的活动形式,也是一种由儿童的内在需要引发的愉快的活动,它对儿童具有特殊的价值,可以说,儿童是伴着游戏成长的。苏联的活动理论认为游戏活动是学前期儿童的主导活动。游戏除了给予儿童愉快和欢乐这一首要目的外,在儿童的知识获得、人际交往、个性养成、遵守规则等方面也都有十分重要的作用,可以说,儿童的游戏是一种无拘无束的、充分自在的、有兴趣和愿望相随的学习活动。

3. 参观

这是一种引导幼儿用感官了解周围生活中的自然和社会现象、事件、设施等的活动。由于这一活动是有目的、有计划地组织的,又有特定的方法引导幼儿,因此,它比日常的"看看"更具目的性、针对性。参观活动可以使幼儿更多地运用感官了解周围的自然和社会现象,为进一步的学习打基础,同时也激发幼儿对自然、对社会的情感。当今的学前教育强调充分利用自然和社会中的教育资源,参观便是一种直接有益于儿童的活动形式。

4. 劳动

这是一种使儿童体验劳动和培养简单劳动技能的活动。劳动是幼儿园社会性教育和动作技能教育的重要活动组织形式，对于儿童来说，劳动首先在于其过程，而不是其结果。儿童的劳动主要是自我服务劳动、简单的班内（或园内）服务劳动。劳动作为一种体验活动，其目的是要激发幼儿热爱劳动、珍惜劳动成果和热爱劳动者的情感。

5. 操作

操作是儿童在特定的教育情境中从事的发现、探究和建构活动。与游戏活动一样，虽然在这种活动中教师和幼儿的互动相对减少，由于环境、材料及规则等的目的蕴涵性，因此它也是一种十分重要的教育活动。对于幼儿来说，操作活动是一种适合其身心发展的活动形式，儿童可在动作中获得发展。一系列的有序的、结构化的操作活动是学前教育活动的重要组成部分。

除了以上活动形式以外，阅读、散步、观察等也是重要的学前教育活动形式。

第二节 学前教育活动的有关理论

一、苏联心理学中的活动理论

把人的活动作为一个专门的研究是苏联心理学理论的一个特点。这种理论认为，人是在活动中得到生存和发展的，活动是社会的范畴，动物具有生命活动，表现为机体对周围环境要求的生物学适应，人的特征在于有意识地从自然界中把自己区分出来，给自己提出目的，意识到激励自己去进行积极活动的动机。活动存在于人类生活的广泛领域，其对象可以是物质世界，是周围的社会成员，也可以是社会规范，等等。这种理论还认为，人类的活动大致分为三类：一类是游戏；一类是学习；还有一类是劳动。这三类活动是任何年龄的人都具有的，但是它们在生活的不同时期内有着不同的意义。第一，对学龄前儿童来说,其主导活动是游戏,虽然他们在幼儿园一日生活中也进行一定的学习活动和劳动活动,但游戏对他们来说是最主要的活动;第二,对于学龄儿童来说,他们的主导活动是学习活动,虽然他们在校内、家里或其他地方也从事一定的公益劳动,在空闲的时候他们也乐意游戏,但学习活动对他们来说是最主要的;第三,对成人来说,其主导活动是劳动活动,他们也会适当地从事一定的学习活动和游戏活动。苏联的活动理论还讨论了活动的结构、活动的内化和外化、活动的过程等理论问题,维果茨基、列昂节夫、艾里康宁等人的活动理论对于我们研究和探索幼儿园教育活动具有重要的意义。下面仅就列昂节夫的有关活动理论做一简介。

列昂节夫是苏联莫斯科大学心理系的创始人和首届系主任,是苏联心理科学院院士。经过几十年的研究,他创立了一整套心理学活动理论,其主要的论点有:

1. 活动总是指向一定的对象的,对象性原则是活动理论的核心

列昂节夫认为,没有对象的活动是不存在的,有的活动对象是一目了然的,如玩结构游戏的活动,幼儿活动的对象是相关的材料,而有的活动看上去是一个没有对象的活动,但经过科学的分析,不难找出这一活动的对象。幼儿调动他以往的知识、经验,默默地运用着一些规则,这些不可见的知识、经验、规则也就是活动的对象。列昂节夫认为,活动的对象有两种:①一种是制约着活动而独立存在的客观事物,不管是否开展活动,这些对象都是客观存在着的,如物质环境、玩具及其操作材料。这些事物又制约着活动,如玩具的数量、性质等都影响着活动的内容和效果。而有时,幼儿人手一套操作材料比小组一套的活动效果要好得多。如果在娃娃家游戏中给幼儿提供的是医院的游戏材料,那娃娃家游戏的目的就无法圆满地达成。②另一种是调节活动的客观事物的心理反应(映象)。包括对客观事物特性的认识,对客观事物之间关系的认识,以及在活动中人与人之间相处的规则,等等。比如,一个大班幼儿在用积木建构宝塔的时候,一般不会把球体积木或小积木放在最下面,因为他对于积木之间的关系、积木的特征已有所了解,在活动中,这种了解也参与其中,成为活动的对象。再如,几个幼儿徒手游戏时,知道要轮流,要协调和合作,这是经验作为对象在参与活动,这些对象对活动的调节作用表现为它们能协调活动过程中各种因素之间的关系,以确保活动的进行和活动目的的实现。

列昂节夫还认为,人是通过活动的过程而同客观世界中的活动对象进行实际接触的,人关于外界的心理反应并不是由外界对象直接引起的,而是由指向外界对象的活动过程引起的;人在活动中产生了对客观事物的心理反应后,又通过活动去改造外界对象。这也就是说,活动是人与客观事物联系的途径,甚至是唯一的途径;活动是人了解活动对象的唯一手段,同时又受到人已有认识的调节。

2. 需要是具体活动的前提、内部条件,同时又是活动的调节器

列昂节夫认为,活动总是由需要来推动的,人通过活动改变客体使其满足自身的需要。任何一个活动,不管它是内部的还是外部的,都是符合于一定的需要,为一定的动机所激发的。需要就是活动的目的,并在活动中得以实现,人的具体活动形式,之所以是这样活动而不是那样活动,是因为受其需要制约,由其需要来调节和指导的。

3. 活动可以分为内部活动和外部活动,这两种活动是可以相互转化的,即内化和外化

列昂节夫认为,内部活动和外部活动具有共同的结构,外部活动是最原始的,内部活动起源于外部活动,外部活动实现着和客观对象的实际接触,是看得见的行为活动(如操作、探索、观察、劳动、游戏等),是一种感性实践活动,是意识、个性形成的基础。使人与外部世界相互作用,把外在事物转化为主观形式——知识、经验、情感等,这是外部活动的一项重要功能。内部的心理活动、智慧活动过程是通过外部活动而发生形成的,从操作外界物质对象的外部活动过程转变成在智慧、意识水平上进行的内部活动过程,是由内化这一心理机制实现的。外化这一心理机制可以实现从内部活动到外部活动的转化,例如,幼儿在相互交往的活动中,相互之间产生了一系列的交往行为,他们互相交谈,相互注视,合作操作,争执甚至打骂,幼儿正是通过这一系列的外部活动认识了同伴,知道同伴长得怎么样,是比自己高还是矮,同伴的服饰特征、姓名,同时知道了同伴对自己的态度和评价,与同伴之间产生了感情,并在成人指导下知道了与同伴相处的基本规则,这些就是外部活动所发挥的功能。而把以上知识、经验、规则组织到幼儿已有的认识系统之中,并在情感、意志等因素的作用下得到加强,在同类活动中能提取相关的知识、经验、规则,通过内部活动的功能,幼儿了解了同伴,在与同伴产生具体的交往活动的过程中,内心逐步形成对同伴的态度,判断同伴对自己的态度,形成并掌握与同伴相处的规则,在下次与同伴相处时,能在对同伴认识的基础上开展与同伴的合作,并能更好地遵守相处的规则,这就是外化。

4. 人的活动对象本身蕴含着丰富的社会历史内容,所以人的活动是一种具有丰富社会历史内容的过程

列昂节夫认为,要从儿童生活的具体条件下来研究和分析儿童活动,要考虑儿童活动的文化历史背景,而不能单纯地把儿童当作自然的个体。列昂节夫一开始就从儿童活动和成人活动的联系出发来研究儿童活动,在社会环境中考察儿童活动,例如,他认为内化的过程仅仅在人与客体的相互作用中是不能很好完成的,只有在社会的环境中,在人们的合作和交往条件下,内化的过程才能顺利地实现。社会文化的烙印普遍地存在于一切人的活动中,他注重从社会历史的角度来理解人的活动的发展。

二、皮亚杰的活动理论

皮亚杰是瑞士心理学家和哲学家,他所领导的"日内瓦学派"(即"发生认识论学派")以其发展心理学和结构理论而享誉世界心理学、哲学学术领域。他的学说对于我国幼儿教育界已不再陌生,他的有关思想已在我国多年的幼儿教育改革中产生了很大的影响。他一生出版了许多著作,虽然没有一本是专门论述"活动"的,但他的许多著作中都包含了活动的思想。皮亚杰有关活动的主要论点有以下几方面。

1. 儿童是主动活动的

皮亚杰在对儿童早期活动的考察中,一开始就直接分析了儿童活动本身的特点,把儿童的主动性放在突出的位置上。他认为人初生的反射活动不是机械被动的,而是一开始就表现出真实的能动性,儿童的发展主要在于儿童本身主动的建构活动,在于有机体自身所具有的积极的适应能力。皮亚杰把影响儿童智慧发展的因素确定为成熟、经验、社会环境影响以及平衡化,他认为前三者是发展的经典性因素,而平衡化是一个关键因素,是发展的真正原因。平衡化能协调成熟、经验及社会环境影响三种因素,经过同化和顺应活动所组成的反应系列,形成自动调节的活动,这种自动调节正是平衡化的实质所在,它在认知的各个水平上起作用。皮亚杰认为,平衡化不只是一种状态,平衡化首先是一个过程,是一个主动的智慧活动过程。因此,不论是外部活动还是内部智慧活动,都应是主动的。

2.活动就是人和周围环境的交互作用

(1)人的认知结构是在主客体相互作用的过程中逐步建构而成的,因此,它是主客体相互作用的产物。皮亚杰认为,人的认知结构不是先天的,每一个认知结构都有它的发生过程。他指出,生物体不仅依赖于生物自身的积极性,而且主体只有作用于客体才能认识客体,这就要求客体和生物体的活动之间进行不可分割的相互作用。知识在本原上既不是从客体发生的,也不是从主体发生的,而是从主体和客体之间的相互作用中发生的,包括主体和他人的相互作用。皮亚杰认为,儿童道德的发展就是儿童在同成人、同伴相互作用的过程中形成的。

(2)活动内化就是概念化,就是把活动的格局转变成名副其实的概念。皮亚杰认为,活动的内化有三层含义:一是指外部感知活动的协调;二是在表象的水平上重建这一协调;三是在逻辑思维的水平上重建这一协调。后两种协调实际上是指已协调的动作结构不断通过反身抽象内化成为思维的运算模式。他还认为,人从出生以后就一直在活跃地进行着内化的发展,这实质上就是趋向平衡的活动,从最低的平衡状态走向最高的平衡状态。因此,活动内化和平衡化之间有着实质的联系。平衡表现为一种发展目标,一切活动都要在内部因素和外部因素之间保证平衡。具体地说,认知的建构应达到这样三种平衡:①同化和顺应之间的平衡,主体的结构顺应新呈现出来的客体,而客体被同化到主体结构中去;②主体图式中子系统的平衡,如逻辑数学运演认识图式中,分类、序列、数等图式之间的平衡;③在主体知识的部分和整体之间,无论在什么时候都必须建立经常的平衡,经常存在知识整体之间,经常存在知识整体分化为部分以及部分整合到整体中去的情况。这里,机能的平衡是前提,结构的平衡是基础,知识的平衡是结果。因此,皮亚杰认为只有平衡才是活动内化的最普遍和最重要的机制,它贯穿于活动内化的整个过程。

三、人类发展生态学的活动理论

人类发展生态学理论的主要建构者是美国生态心理学家布朗芬·勃伦纳。这一学说为我们打开了一个新的视野,帮助我们用新的眼光去审视幼儿的发展和教育,其中有关活动的主要论点包含在其对人类发展生态环境的微观系统的分析之中。

(一)活动的要素及特征

1. 人类活动的要素

人类发展生态学认为,人类活动的要素有:①活动的内容,没有不体现内容的活动;②个体参与这种活动的心理要素,如是否有主动性,投入的水平程度,不受干扰刺激影响的程度及受干扰后恢复投入的能力,等等;③活动的目标结构的复杂程度,指同时参与活动的数量及这些目标的数量;④在活动中感受到的生态环境的复杂程度。

2. 促进人类发展活动的特征

人类发展生态学还认为,有利于促进人类发展的活动具有以下特征:①它是一个延续的过程,不是单独的动作。比如,搭积木是由一系列连续的动作构成的一个持续的过程,因此,搭积木是一个活动。②它具有一种"动"量,表现在排除干扰,坚持到底,直到活动完成。③在时间上跨越当前的行动边界,延伸到过去或将来。④有预定的目标和达到目标的行动。⑤能联系不在眼前的直接环境中的人、事、物。⑥有一定的人际交往,能与别人共同活动。

(二)角色承担及角色活动

人类发展生态学认为,角色是对处于某一特定地位的人的活动范围、行为及他人与其关系的期望,个体在某一环境中所承担的角色及相应的角色活动(或角色行为)对他的发展有重要的意义,个体在与承担多种角色的人们的相互作用中,在通过承担不断丰富的角色类型及从事越来越多样的角色活动中得到发展。

(三)人际结构及人际活动

人类发展生态学认为,在直接的微观环境中,人类最初形成的人际结构主要是双人关系结构,即当一个人在一个环境中对另一个人的活动主动注意或直接参与时建立的关系,然后逐渐过渡到更为复杂的关系。对于幼儿来说,人际结构是从与主要抚养者建立双人关系开始的。起初,幼儿和他人的双人关系只是观察性的双人关系,局限在相互注意,然后发展到双人共同活动,最后形成基本双人关系,即两个人之间有一定的情感基础,在对方不在场的情况下自己的行为、情绪还能受到对方的影响。随着儿童的成长,他与更多的成人和同伴产生更为复杂的相互关系,即复杂的人际结构。

四、学前教育活动理论的指导意义

以上几种活动理论,虽然研究的出发点和角度不同,但它们都涉及了活动中的一些共同问题。这些理论至少在以下几个方面对于学前教育活动的理论和实践具有指导意义:

(1)活动是儿童发展的必要途径,是儿童与周围的物质世界、与同伴和成人互动的根本形式,因此,学前教育过程就是幼儿的活动过程;

(2)活动是由儿童的需要引起的,因此,通过多种途径激发儿童产生从事游戏活动、学习活动的需要和兴趣是十分重要的;

(3)儿童是独立的个体,有活动的自主性和独立性,应该让幼儿处在游戏活动及学习活动的主体地位上,人为的束缚有碍儿童的发展;

(4)儿童的活动总是同儿童实际的身心发展水平相对应的,过低或过高的教育活动目标不能激发儿童活动的积极性,也不能真正有效地促进儿童的发展;

(5)儿童的活动依赖于一定的物质中介,提供与儿童发展及当前活动相适宜的物质活动材料,对于活动目的的最终实现至关重要;

(6)儿童从事的活动从一定意义上说是对社会现实生活的反映,因此,丰富儿童的生活经验及社会生活感性经验对于活动的开展是很重要的,这当然也包括引导儿童对必要的社会行为规范的了解和执行。

第三节 学前教育活动的因素及相互作用

学前教育活动是一个复杂的多因素的过程。了解教育活动过程中的主要参与因素及它们之间的相互关系，对于幼儿教育活动的设计、实施和评价都是非常重要的。

一、学前教育活动的主要因素

活动目标是教育活动的核心因素，除此以外，参与幼儿教育活动的主要因素有教师、幼儿、内容、方法、环境和材料、组织形式等。

1. 教师

教师是教育活动的设计者和组织者，又是幼儿活动的指导者，在教育活动中，教师作为参与者会直接影响活动的成效，主要的影响因素包括：①仪态，指教师的仪表、神态及姿态，其中尤其是神态，神态即心态，这是仪态中最主要的内容；②语言，指教师的语言是否规范，是否生动，是否灵活，是否具有启发性；③行为，指在教育活动过程中教师的行为表现是否具有榜样楷模性，是否适度（包括数量及幅度），是否出现否定性行为（如压制幼儿、体罚幼儿等）。

2. 幼儿

幼儿是教育活动的主体，也是教育目标的落脚点，幼儿也从许多方面影响教育活动的成效，其主要的影响方面有：①注意力的集中程度，指幼儿是否有背离要求他从事的活动或背离他自选的活动的现象及背离的程度；②情绪的积极程度；③语言表达特征，如语言是否丰富，是否灵活，是否经常表现出创造性，此外，语言表达的机会是否充分，主要指个别表达的覆盖面和集体或个别表达的自由度；④行为特征，主要是指幼儿行为的连贯性、创造性、互助合作，以及是否出现攻击性和偏离性行为（指偏离要求从事或自发从事尚未完成的行为）。

3. 内容

教育活动内容是为教育活动目的服务的,它的直接依据就是活动目的。内容又是直接和幼儿产生联系的,教育活动的成效与活动内容紧密相关。内容对活动的具体影响表现在:①内容的科学性,指与科学准则的一致程度;②内容难度的适宜性,教育活动的适宜难度是幼儿通过努力可达成的;③内容的信息量,内容过多或出现无数重复都是信息量方法不适的表现;④包容性,指内容涉及的领域,适宜的包容性最有利于幼儿产生经验迁移。

4. 方法

教育活动过程中教师所使用的方法是协调活动中众因素之间关系的直接工具,教师所选择和搭配的方法对教育活动的效果有直接影响。以下方法的选择和搭配将影响活动效果:①讲解;②演示;③指导;④参与;⑤启发;⑥指令(向幼儿提出指示、命令以强化必要的规范);⑦应答(对幼儿带有期待性的语言和行为必须加以价值判断或对指令的语言、行为做出反应);⑧鼓励;⑨抚慰(对在教育活动中情绪受挫的或个性上呈现自卑的幼儿给予安抚、宽慰)。

5. 环境和材料

环境和材料是幼儿操作和互动的对象,它们对教育活动的影响是通过这样几方面实现的:①与教育活动目的、内容的一致性,即所呈现的环境和材料是现实的教育活动所需的;②安全性,即对幼儿的身心健康没有明显的或潜在的危害;③适宜性,是指材料的数量和特征、环境的丰富度与特征适合特定年龄的幼儿及相应的活动;④发展蕴涵性,是指环境材料有利于智慧和创造性的开发,具有丰富的潜在功能。

6. 组织形式

组织形式也是影响幼儿教育成效的一个重要方面,组织形式本身不存在优劣和高低,只有根据内容及幼儿特点选择和搭配的组织形式才是真正有成效的。主要的教育活动组织形式有:①全班集体活动形式;②固定小组活动形式;③自愿选择小组活动形式;④个别活动形式;⑤自愿选择活动形式(可以是小组的,也可以是个别的)。还有一个影响对以上活动的选择和搭配的因素就是时间长度,活动形式的持久时间应从达成活动目的出发。

二、学前教育活动的相互作用

幼儿教育活动中的诸因素间存在有互动类型。互动即相互作用,这种互动应让幼儿口动、手动、身动、眼动、脑动,即全方位的相互作用。在幼儿教育活动中有众多的互动形式,主要的形式有四种。

1. 教师和幼儿之间的互动

这是指教师和幼儿之间直接的相互作用,有两种基本类型:①对称性互动,教师与幼儿处于完全平等的地位,一方不支配另一方,双方进行愉快的交流、合作等;②补充性互动,双方处于不同的地位,一方支配、干预另一方,明显地给予另一方知识、能力的补充。这两种类型在同一个活动中是交替出现的。

教师和幼儿之间的互动有三种具体的表现形式:①教师→幼儿;②幼儿→教师;③幼儿＋＋教师。→指一方主动指向、接近另一方,另一方表现较为消极;＋＋指双方都主动接近对方,都表现出积极性。

2. 幼儿与幼儿之间的互动

这是教育活动中发生频率最高的互动,也是对幼儿影响最大的互动,其具体表现形式有:①幼儿→幼儿;②幼儿＋＋幼儿;③幼儿→群体;④群体→幼儿;⑤幼儿＋＋群体;⑥群体→群体;⑦群体＋＋群体;⑧教师＋＋幼儿＋＋幼儿;⑨教师＋＋幼儿＋＋群体;⑩教师＋＋群体＋＋幼儿;⑪教师＋＋群体＋＋群体。其中,有些互动的产生是在教师的指导、启发下出现的。

3. 幼儿与环境、材料之间的互动

没有生命的环境、材料作为一种实际存在着的刺激因素一直主动地面向幼儿,并且随着教育活动的进行,其结构和形态甚至功能会发生变化,这种变化作为一个新的刺激又作用于幼儿。因此,环境、材料是一直具有作用的,主动性的,幼儿和环境、材料互动的具体表现形式有:①环境、材料→幼儿;②幼儿＋＋环境、材料;③教师＋＋环境、材料＋＋幼儿;④教师＋＋幼儿＋＋环境、材料。

4. 幼儿与知识、经验、规则之间的互动

这里的知识、经验和规则是指幼儿已经掌握的、与目前的活动有关的知识、经验和规则。因此,这种互动都有明显的内在活动过程,并通过外部活动表现出来,正是有了这一互动,幼儿的智慧结构才不断重建和完善。这种互动的具体表现形式有:①知识、经验、规则→幼儿;②幼儿 + + 知识、经验、规则;③教师→知识、经验、规则 + + 幼儿;④教师 + + 幼儿 + + 知识、经验、规则。

以上几种互动形式,只是幼儿教育过程中几种主要的互动形式。互动是一个相互作用的复杂过程,教育活动过程正是由一系列的互动过程组成和推动的,参与教育活动的各要素相互作用、相互影响,使教育活动最终指向教育目标。

第四节　学前教育活动的设计原则

学前教育活动设计是一项重要的工作,也是一项艰巨而复杂的工作,要进行教育活动设计,必须有明确的、科学的教育理论做指导,必须充分了解幼儿身心发展的规律,必须深入了解教育过程中各种教育要素之间的相互关系,可以说,这是确保幼儿教育活动科学性、有效性的前提。在设计幼儿教育活动的过程中应充分遵循设计的原则。

一、目标性原则

目标性原则的基本含义是:幼儿园的教育活动都必须有明确的、具体的、可检验的、科学的目标,没有目标的活动不可能是教育活动,因为教育本身就具有目的性和计划性的特征。幼儿教育活动的目的来源于社会对未来一代的期望及幼儿身心发展的规律,幼儿教育活动的根本目的就在于促进幼儿在原有水平上全面和谐地发展。因此,在设计教育活动时必须切实贯彻目标性原则,具体地说应注意以下四个方面。

1. 注重教育活动目标的科学性

所谓科学性,是指教育活动目标要适应幼儿身心发展的规律,目标过高或过低都不利于幼儿健康有效地发展。

2. 注重教育活动目标的全面性

幼儿的发展是全身心的,因此,幼儿园的教育活动目标必须是全面的,只注重某些方面(如知识、智力),忽略某些方面(如个性、情感),就不是全面的教育目标,必将影响幼儿的全面发展。因此,必须建立一个完整的目标体系。

3. 注重幼儿教育活动目标的顺序性

幼儿的发展是有规律的,幼儿身心各个方面的发展具有明显的阶段特征。因此,幼儿教育活动的目标必须遵循幼儿身心发展的顺序性。无视幼儿身心发展规律而任意确立的幼儿教育活动目标,不可能真正促进幼儿的全面发展。

4. 注重幼儿教育活动目标的实践性

幼儿教育活动的目标要通过活动设计,体现在具体的教育实践环节中,体现在教师的一言一行中,停留在文字水平上的、不能转变为教师具体教育行为的目标是无效的目标。因此,幼儿教育活动设计的核心任务之一就是根据幼儿教育目标设计具体的教育行为。

二、整合性原则

整合性原则的基本含义是:把幼儿教育活动设计看作是一个系统工程,看作是一项把各种教育因素联系起来的整体性工作,看作是一个建构教育活动结构的基本历程。要贯彻整合性原则必须注意以下四个方面。

1. 注意把单个幼儿教育活动的设计整合到整个课程活动的设计之中

指在设计某一个教育活动时,必须考虑与这一活动在目标、内容、形式、时间上相关的另外一些活动,必须考虑与这一活动相关的各类环境,这就使具体的教育活动真正成为整个课程的有机组成部分。

2. 注重教育活动内容的整合

教育活动内容的整合应注意两点：①充分遵循相关学科领域内在的结构及逻辑联系，遵循幼儿在相关领域中学习的特点和规律，尽可能保护教育内容固有的系统性；②发掘教育内容之间的有机联系，抓住教育内容之间的联系核心，发现教育内容的一般整合机制，把相关的教育内容通过教育活动设计有机地联系起来，以提高教育活动的有效性。

3. 注重教育活动形式的整合

幼儿教育的活动形式是多样的，应该根据不同的活动目的选择不同的活动形式，并注意不同活动形式之间的搭配和联系。具体地说，就是要合理地、有机地安排上课、游戏、劳动、参观及其他日常生活活动，避免死板和僵硬。在具体的某一个教育活动中，也应注意各种组织形式的协调和结合，使教育活动生动、扎实、有效。在设计教育活动时应注意全班集体活动、指定小组活动、自选小组活动、个别活动、自由活动等活动形式的整合。

4. 注重教育环境的整合

每一个教育活动都是在一定的环境中进行的，教育环境是否适合相应的教育活动，直接影响到教育活动的成效。在设计教育活动时，应注意特定活动环境（如参观活动、上课活动）与固有环境之间的整合，所谓固有环境是指班级环境、园内环境及社区环境，并注重固有环境的合理优化，使环境中的物质因素、精神因素更好地促进幼儿的活动，推进幼儿的发展。

三、活动性原则

活动性原则的基本含义是：幼儿教育活动设计应以幼儿直接参与具体活动为基本形式，尤其应注重游戏的形式。幼儿的发展不是由灌输所能达到的，而是在与周围世界相互作用的过程中得到实现的。因此，幼儿的操作活动、探索活动、实践活动及其他学习是幼儿得到发展的重要途径。要贯彻活动性原则，必须注意以下三个方面。

1. 注重幼儿的实践活动,保证幼儿愉快、有益地进行自由活动

实践活动是幼儿了解周围环境和事物的重要途径,也是发展幼儿各种能力的重要途径,还是培养幼儿良好的社会情感的重要途径。因此,在幼儿教育活动设计中,应创造让幼儿进行实践活动的机会,也就是创造让幼儿与客观事物接触的机会,创造让幼儿对客观事物进行深入探索的机会,创造让幼儿综合发挥其能力的机会,创造使幼儿的潜力得到发展的机会。还应让幼儿进行愉快的、有益的自由活动,幼儿愉快参与是教育活动有效性的保证。幼儿的实践活动应保持和激发幼儿的愉快情绪,必须是有益于幼儿身心发展的,这也是幼儿教育活动目的性的体现。危险的、对抗性的、不健康的活动虽然是自由的,但却是有害的,它们不能促进幼儿的发展。因此,自由活动必须是有益的。

2. 注重幼儿的主动活动,应引导幼儿充分活动

主动活动是一种幼儿受自身兴趣和愿望支配的全身心积极投入的活动,在主动活动中,幼儿有一定的目的,能面对困难的挑战,注意力集中,潜力得到发挥。因此,教育活动应尽可能地激发幼儿主动活动。要使幼儿主动活动,活动兴趣的激发是关键,环境的创设是前提,在幼儿教育活动设计中应充分考虑这一点。此外,还应引导幼儿充分活动,给予幼儿充分活动的机会。所谓充分活动,一方面是指幼儿全身心地参与,尽可能让幼儿在活动中发挥多种感官的作用,以确保幼儿进行多渠道的感知;另一方面是引导幼儿充分达成活动目的。幼儿教育活动应该以教育目的的达成为基本线索,不应把时间作为支配教育活动的根本。因此,要给予幼儿为达成活动目的而努力的时间,而不应半途而废或草草收场。

3. 把游戏作为基本活动

游戏是幼儿的主要活动,也是一种重要的教育活动组成形式,在设计教育活动时,应充分考虑游戏这一活动形式的运用。对于幼儿来说,游戏是最快乐的,有了游戏就有了愉快情绪的保证;游戏是最生动的,有了游戏就有了认知和审美的环境条件;游戏是最丰富的,有了游戏就有了探究、操作的保证。因此,在设计幼儿教育活动时,应从幼儿年龄特点出发,选择新颖多样的游戏材料,开发其多功能性和可变性；还应充分尊重幼儿选择游戏的意愿，确保提供多样性的游戏活动，在游戏活动中切实安排幼儿动手、动口、动脑、动身的活动。

第六章 学前儿童的游戏

第一节 学前儿童游戏概述

一、人类游戏的产生

游戏存在于广泛的领域,可以说从哺乳类动物到人类都存在游戏活动。游戏包含了各种各样的行为,从这个意义上说,游戏是一切行为的总称。从一般意义上说,游戏是指行为主体在消遣性活动中得到生理、心理的满足。这种活动不具有直接的功利目的,但有潜在的功利性。比如,儿童建造一座长江大桥,是在轻松、活泼、自由自在的气氛中进行的,大桥是否能建成?建造了有什么意义?能产生什么价值?对于儿童来说无关紧要,不具有功利性。但通过儿童的建造活动,儿童得到了消遣,锻炼了相互合作的能力,巩固了某些技能,这就是潜在的实际的功利性。因此,游戏从广义上说,就是儿童"玩"的各种活动。从狭义上说,是指幼儿园中教师设计、提供或引导儿童自发进行的"玩"的活动,如角色游戏、建筑游戏、表演游戏等。

学龄前阶段是出现游戏活动的高潮阶段,也是游戏研究的一个重要阶段。因此,研究人类的游戏活动,主要是研究学前阶段的活动。人类游戏的产生有两个基本前提:一个是人类的出现,这使游戏活动具有了实在的主体;二是人与自然之间相互关系的发展,这为游戏活动提供了现实的内容。然而,这两个前提都是由劳动创造的,也就是说,劳动一方面创造了人类,另一方面又改造、推进了人与自然之间的关系。在人所支配和创造的环境中,人除了满足物质需要外,除了一些功利活动外,还产生了一些与物质生活没有直接关系的非功利活动,如艺术活动、宗教活动、游戏活动等,而早期的游戏活动事实上是与艺术活动、巫术活动等混为一体的。

人类最早的游戏产生于原始社会,并且游戏的产生同劳动紧密相关。原始社会的劳动有两个特点:一是这个时期的劳动与动物活动已有本质的区别,这时的劳动既是满足物质需要的活动,又是有目的、有意识地改造自然的活动。这种活动为游戏的产生创造了主体和客体条件:由于劳动,尤其是随着劳动的日益复杂化,促进了作为劳动者的人类的生理、心理条件的不断完善化,如人类大脑不断进化,心理功能不断发展,这使人除了有物质需要外逐步有了丰富精神生活的需要,这种需要正是人类游戏活动的内在心理条件,事实上使游戏的产生具有了相应的主体条件;随着劳动的发展,劳动工具的种类和数量越来越多,生活条件日益安全和丰富,这为游戏创造了客体条件。这两方面的条件促使人类对自己生活内容的戏剧性模仿的产生,这种模仿是在消遣性的形式中进行的,通过表演、演习、模仿反映人类的生活内容及创造水平(低水平的)。二是这种劳动只表现了较低程度的创造性,其主要功能只在于满足物质需要,这就决定了人类游戏早期发展的特点:①模仿的直接性,从内容上看是功利活动与人类其他日常生活活动的直接模仿,如劳动动作、生活动作、穿衣、吃饭等;②模仿的神秘性,因为人类早期征服自然的能力有限,对自然、对世界的理解有限,把一些影响人类生活、生存还无法搞清的现象神秘化,并表现在游戏活动中,这便是早期巫术之类的行为,这些行为如果保存到今天,我们就无法理解它的意义,正像现今我们看一些落后的部落生活一样;③模仿的混合性,一方面是早期游戏把艺术、巫术等内容混合在一起,另一方面表现了其潜在功利的混合。这种混合从生理学角度看,有利于人类机体的生长发育;从心理学角度看,促进了人类各种心理功能的发展,尤其是能满足人类的快感;从教育学角度看,促进了人类总结经验并训练新一代劳动者;从人类学角度看,是人类从生存需要发展到追求享受的需要;从哲学角度看,是人类从必然王国向自由王国走近了一步;从美学角度看,是人类从劳动到艺术的一个环节。

有人认为游戏不是一种简单的原始本能的活动,而是一种特殊的文化现象,并认为人类的文化可分为两种类型:一类是多游戏文化,多游戏文化的民族,不但在其文化体系中有种类繁多的游戏,游戏构成了他们社会中日常生活的一部分,而且这些游戏的存在可追溯到遥远的年代;一类是缺游戏文化,缺游戏的民族,通常都文明低落,人们缺少交际的机会,就很难有产生游戏的条件。因而,有的学者认为,人类种族的演变程度,可以用其存在的游戏数量作为指标来加以衡量。

二、游戏的理论

西方对于游戏的研究已经有较悠久的历史,也产生了一些不同的游戏理论,之所以产生不同的游戏理论,与研究者的出发点(角度)和研究方法是分不开的。

(一)早期游戏理论

1. 剩余精力说

代表人物是德国思想家席勒和英国学者斯宾塞。其主要的论点是生物体都有维护自己生存的能力,生物体进化得越高级,这种能力越强。儿童除了一般生活活动(吃饭、洗手等)外,不需谋生,所以除了维护正常的生活外,还有剩余精力,游戏就是儿童对剩余精力的一种无目的消耗。而低等动物的精力只能用于保存自己,无剩余精力,所以不存在游戏。他们把人类的活动分成两种:一种是有目的的活动,称为工作;一种是无目的的活动,称为游戏——即精力发泄。

2. 松弛说

代表人物是德国学者拉察鲁斯和帕特里克。其主要论点认为游戏不是剩余精力的发泄,而是为了精力的恢复。人类在脑力和体力劳动中都会感到疲劳,为了消除疲劳、恢复精力,就产生了游戏。对于幼儿来说,由于身心发展水平的限制及生活经验的缺乏,面对复杂的外部世界难以适应,很容易产生疲劳,这就需要游戏来使其轻松一下,以便恢复精力。

3. 复演说

代表人物是美国心理学家霍尔。其主要论点认为游戏是人类生物遗传的结果,儿童游戏是重现祖先生物进化的过程,重现祖先进化过程中产生的动作和活动。如孩子喜欢玩水、在地上爬、爬树、打仗等,就是反映了人类从原先的海洋生物渐渐演变为原始的爬行动物,再演变为较高一级的动物猿猴,直至演变成现在的人类在不同阶段的动作和活动的内容。霍尔认为,游戏的发展过程同种族的演化过程相吻合,从而为复杂的现实生活做准备。

4. 生活预备说

代表人物是德国的心理学家格罗斯。其主要论点认为游戏是对未来生活的一种无意识的准备。儿童有天生的本能,但本能不能适应将来复杂的生活,需要有一个准生活的阶段,在天赋本能的基础上进行练习,锻炼自己为生存竞争所必备的能力。因此,游戏是准备生活阶段儿童练习本能的一种手段。如女孩子玩娃娃家,是为将来做妻子、做母亲、养育子女做准备;男孩子喜欢争斗、打仗、开车,也是为将来的尽责做准备的。

5. 成熟说

代表人物是荷兰心理学家、生物学家拜敦代克。成熟说是根据心理动力理论建构起来的游戏理论。其主要的论点认为游戏是儿童操作某些物品以进行活动,是幼稚动力的一般特点的表现,而不是单纯的一种机能,如儿童经常表现出运动的无方向性、冲动性、好动等。因此,游戏不是练习,如孩子玩走路是游戏,而孩子学走路是练习。这个观点和能力练习说完全相反,认为人有潜在的内部力量,而心理的发展就是依靠这潜在的内部力量进行的,不需要练习也能发展起来,不需要游戏做准备,就像花朵不需游戏也能生长一样。认为游戏也不是本能,而是一般欲望的表现。引起游戏的欲望有三种:求解放的欲望,即由于被束缚,就要排除环境障碍,获得自由,发展个体主动性;与周围环境一致的欲望,即要适应环境;重复的欲望。

早期游戏理论基本上肯定了游戏是儿童的一种重要活动,是儿童心理发展的重要力量,但仍有局限性,如较多地受到生物进化论的影响,基本上都是从本能、欲望、从生物性的角度来解释和分析游戏,这些理论具有一定的思辨性,但缺乏科学研究的基础。

(二)现代游戏理论

1. 精神分析学派的游戏理论

代表人物是弗洛伊德和埃里克森。其主要论点是,认为一切生物生存的基础都是一些与生俱来的原始冲动和欲望,这种冲动和欲望在动物界是可以以赤裸裸的形式表现出来的,如可以随意争抢,甚至可以随意发生性行为。但在人类社会,由于受到社会道德规范的约束,不允许这些原始的欲望和冲动随意直接地表现出来,而是受到压抑,这种压抑如果经常性地找不到出路便会导致精神分裂。儿童天生也有种种内在的需要和欲望需要得到满足、表现和发泄,但由于儿童所生活的客观环境不能听任其为所欲为,以满足他们的内在需要,从而使儿童内心产生抑郁,导致儿童的自私、爱捣乱、发脾气、怪癖等各种不良行为出现。因此,儿童就要在游戏中发泄情感,减少忧虑,发展自我力量,以应付现实环境,补偿现实生活中不能满足的欲望和需要,从而得到身心的愉快和发展。因此,这一学派的理论又称为发泄论或补偿论。该理论还认为,儿童可以通过游戏解决内在心理矛盾和冲突。

埃里克森着重研究了游戏的心理社会发展的顺序,他把游戏当作一系列未被展开的心理社会关系来加以探讨。他提出了三个阶段:第一阶段称自我宇宙阶段,婴儿以自己的身体为宇宙。这一阶段分为两个时期,第一个时期是探索活动的中心,语言被一遍遍地重复,儿童试图重复或重新体验各种动觉和感知觉。第二时期,探索活动渐渐扩大到他人和客体。婴儿的着眼点仍然是肉欲的快乐。他试图用不同的语音和喊叫来验证自己对母亲出现的影响效果。第二阶段称微观阶段,学步儿用小型玩具和物体来表现主题,学会在微观水平上操纵和驾驭世界。第三阶段称宏观阶段,儿童与他人共享这个世界。这一阶段的儿童起初把其他儿童当成客体来联系,以后逐渐发展为合作性的角色游戏。

这一学派的理论较多来自精神病学的研究,常有明显的临床诊断色彩,较多地注重个人游戏,注重对儿童游戏动机的探索,注重儿童发展的阶段性,强调儿童游戏的快乐原则等,这些都是具有积极意义的。但是,这一学派理论认为儿童游戏是由潜意识中的冲动、本能、欲望引起的,并以性欲为主,因此,其理论是一种典型的泛性论,它将人生物化,不仅不能证明儿童游戏活动的深层动因,反而陷入了非理性主义和神秘主义的唯心论的境地。

2. 认知发展学派的游戏理论

代表人物是皮亚杰。其主要论点认为游戏是儿童学习新的复杂的客体和事件的一种方法,是巩固和扩大概念与技能的方法,是思维和行动相结合的方法,也是思维的一种表现形式。游戏的发展水平与儿童智力发展的水平相适应,在智力发展的不同阶段,游戏的类型不同。皮亚杰把儿童游戏分为三个发展阶段:

①练习性游戏(1—2岁),即感知运动阶段。这是游戏的最初形式,其特点是为了取得机能性快乐而重复习得的活动,这时游戏的动力不是外在的,也不是内在的,游戏动作本身就是动力,"动"即快乐。

②象征性游戏(2—7岁),即前运算阶段。所谓象征就是一种符号系统,所谓象征活动,是指真实事物不在眼前时,用其他事物来代替。对于儿童来说,代替不在眼前事物的可以是对这一事物的表象,也可以是语言,还可以是"被信号化"的事物——以物代物。皮亚杰认为象征性游戏又可以分为两个阶段:一是2岁至4岁,象征性的顶峰阶段,这一阶段的游戏又可以分为三类,代表三种水平,即自我模仿和模仿他人;使物与物、人与人等同;象征性组合。二是4岁至7岁,由象征而接近现实阶段,也称象征性下峰阶段,这一阶段有三个特点:游戏的情节相对有秩序,比较连贯;不断提高对逼真性的要求;出现了集体的象征活动。

③规则性游戏(7—12岁),即具体运算阶段。这一阶段儿童主要从事规则游戏和结构游戏,规则游戏的发展标志着游戏逐渐失去了具体的象征内容,进一步抽象化。

值得注意的是,皮亚杰认为产生游戏的原因是儿童智慧的发展与机能之间产生了不平衡,具体地说是同化和顺应之间产生了不平衡。所谓同化,是指在某个情境中,儿童使用他已经获得的图式或技能从事并完成活动。所谓顺应,是儿童为了完成某种目标而尝试新的图式或技能。如一个女孩子在玩游戏,她不小心把水泼到娃娃身上了,她马上把娃娃身上的衣服脱下来,放到太阳下去晒,用毛巾往娃娃身上一披,说你就穿这件衣服吧,这便是同化,因为这种图式她有体验,她熟悉。如果这时有一位小朋友跑来,叫她帮自己做几个面包,这是她没有掌握的图式,她没有相关的技能,她得想一想新的方法,这便是顺应。皮亚杰认为,儿童的同化超过了顺应,就产生了游戏,象征性游戏本身基本上就是一种同化。他认为,儿童需要游戏,尤其是象征性游戏,这是因为儿童难以适应周围的现实世界,为了达到必要的情感和智慧上的平衡,儿童参与游戏,儿童的游戏随儿童智慧的发展而发展,儿童的游戏不是本能活动。这是他的有价值的论点。

认知发展学派的游戏理论的主要局限在于过多地强调智慧发展对游戏的影响,而不注重游戏对智慧发展的影响,也看不到其他因素对游戏发展的影响。

3. 社会文化历史学派的游戏理论,也称维鲁列学派

苏联的当代游戏理论代表人物有维果茨基、鲁宾斯坦、艾里康宁、列昂节夫等,他们从文化历史发展角度来探讨儿童游戏问题。

维果茨基从活动的角度解释游戏,主张游戏是社会性的活动,是在真实的实践之外、在行动上再造某种生活现象。在这种活动中,儿童凭借语言的功能,以角色为中介,了解、学习和掌握基本的人与人的社会关系。认为游戏对人的心理发展起着最主要的作用,儿童心理发展的最重要的变化,首先产生于游戏活动,游戏活动是3—6岁儿童的主导活动,所以,这一学说也被称作游戏主导活动说。维果茨基认为,考察幼儿的游戏活动,首先应从考虑游戏活动的诱因和动机开始,因为诱因和动机在儿童从一个阶段向另一个阶段发展的过程中起着重要的作用。儿童游戏是否能促进儿童发展,要看游戏是否与儿童的发展和需要相吻合。维果茨基认为,在儿童游戏中成人能起一定的作用,儿童与成人的关系是儿童在游戏中产生情感的关键。他还认为,儿童游戏的最重要的特征是想象和规则,儿童游戏的发展就是从由明显的想象情境与隐蔽的规则所构成的游戏发展到由明显的规则与隐蔽的想象所构成的游戏。

艾里康宁的研究重点是角色游戏,他的主要论点是:角色游戏的产生与社会生产力、与儿童在历史发展各阶段中的社会地位有关;游戏是社会性的活动,内容是社会性的,主题来自儿童的生活条件;角色游戏是儿童主要的游戏,是较发达的一种游戏形式。他认为儿童游戏是成人生活的复演,是按下面的规律变化的:从再造成人实物活动到再造成人之间的关系和成人与儿童之间的关系。艾里康宁还特别强调游戏对于儿童个性形成的作用。他指出,个性是一种关系系统,这个系统包括两个方面:一个是"儿童－社会对象",即儿童掌握使用对象的社会方式,其特殊过程是内部需要,在掌握社会形成的使用对象的方式时,就使儿童成为社会成员,包括形成儿童的智力、认识能力和体力。另一个是"儿

童-社会成人",成年人是作为使用对象的新的和更复杂的方式的体现者,以及在周围现实中定向所必需的社会上形成的标准和尺度的体现者在儿童面前出现的。儿童在这两个系统中的活动是统一的过程,在统一的过程中便形成了儿童的个性,儿童的游戏正是体现这两个系统的统一。在游戏过程中,儿童的个性是在儿童与成人的相互交往过程中逐步形成的。

列昂节夫主要从活动的角度研究游戏及其心理学基础。他在《学前儿童游戏的心理学基础》一文中指出,当动机是活动过程本身的时候,这种活动的形式有什么特点?作为活动它不是别的,就是平常所说的游戏。他认为学前期儿童的游戏与动物的游戏之间明显的不同之处是:儿童的游戏不是本能的,而是人类的及物活动,这种活动作为儿童认识人类的实物世界的基础,规定着儿童游戏的内容。游戏在学前期成了儿童活动的主导形式,在一定的情况下,游戏是学前儿童的主导活动。列昂节夫指出:我们称为主导活动的不是儿童的某一发展阶段最常见的一种普通活动,比如说,游戏绝不占据儿童的大部分时间。问题不在于占据时间的多少,我们称这种活动为主导活动是由于这种活动的发展与儿童心理发生最重要的变化有关系,而且那些让儿童过渡到新的、更高发展阶段的心理过程是在这种活动里得到发展的。

列昂节夫认为,游戏的特点是游戏行为的动机不在于行为的结果而在于行为过程本身,游戏动机的普通公式就是这样。学前儿童游戏行为的产生是由于儿童不仅要求对于直接可以接触到的实物世界有所行动,而且要求对于更广阔的成人的世界有所行动。儿童产生了像成人那样去行动的要求,也就是要求像他所见到的或别人告诉他的那样去行动。在幼儿的游戏里,幼儿的操作与行动永远是实际的,社会性的,儿童就是在游戏的操作与行动里掌握人类的现实。此外,游戏行为永远是概括的行为,因为儿童的动机不是形容某一个具体的人,而是实现怎样对待一个物件的行动,也就是实现概括的行动。由于游戏行为带有概括性的特点,所以游戏的行动方法以及游戏的实物条件都有广阔的变化余地,游戏操作虽然决定于现有的实物条件,但是它同时永远服从于行动。

苏联的当代游戏理论的最大特色在于不满足于在理论上探讨和描述儿童游戏发生发展的现象和规律,而且注重于将理论上的研究成果广泛运用到指导儿童身心发展的游戏实际活动之中。此外,这一学派强调游戏在儿童个性形成中的作用,承认成人适当的干预是不可缺少的。这一学派理论赋予儿童游戏重要的认知价值,认为儿童在游戏活动中掌握着符号机能,形成了儿童象征性观念和想象力,理解着成人的行为,区别着人与人之间从属的相互关系。

第二节 学前儿童游戏的功能和类型

一、学前儿童游戏的功能

从上述各种游戏理论中可见,游戏对幼儿来说,并不只是一种消遣和娱乐,游戏还是幼儿身心发展的重要途径。作为专门的学前教育机构,幼儿园的游戏通过材料的提供及各种形式的启发和引导,更具教育意义和发展价值。

(一)游戏有利于学前儿童动作技能和身体素质的发展

游戏,对幼儿来说意味着行动、操作,不管游戏调动了幼儿哪些部位的运动,都表明游戏与动作分不开。就幼儿园日常游戏而言,有的游戏注重儿童的手部动作,例如,如何握、捏拿、插嵌、叠放等等,都是手部小肌肉动作,且又都是手眼协调动作;有的游戏注重儿童腿部运动,如跑、跳、蹦高、蹬等动作;还有的游戏注重的是臂部和腿部的配合协调动作,如爬行、攀登等等。以上所述的几类动作也可能在同一个游戏中发生。这些动作在游戏情境中的出现不仅减少了幼儿反复练习的枯燥感和疲劳感,而且儿童会主动自觉地进行练习。因为,在游戏情境中,这些动作或运动总是与一定的角色行为、与达成一定的游戏目的联系在一起的。因此,给予儿童充分的游戏机会,有利于儿童动作技能的发展,进而有利于儿童身体素质的提高。

(二)游戏有利于儿童智能的发展

根据现代儿童发展理论的研究,儿童的发展,包括智能的发展,都与儿童内在的或外在的活动不可分割,没有这些活动就不可能有儿童的发展。而游戏是一种对儿童的发展具有重要影响的活动,儿童通过游戏与外在环境建立联系,获得有关环境的信息,并对这些信息进行加工、处理,纳入自己的智能结构,并以新的智能结构为指导,开展进一步的与外界环境的相互作用,即进一步地进行游戏。有的学者指出,儿童在游戏气氛中与环境相互作用,能够在一些客体与观念之间形成一些独特的关系和联想,而这些客体与观念在受限制的同化思维中通常是难以形成任何关系和联系的。

1. 游戏有利于儿童探索行为的发展

操作、探索是儿童游戏的动态描述词,儿童的许多游戏都离不开探索和操作。事实上,儿童对于客观世界的了解就是通过探索和操作实现的。游戏不同于专门的操作和探索活动,它不是把操作和探索的结果置于首位,而更强调的是操作、探索的过程。由于游戏情境中的操作和探索对幼儿来说更具有兴趣性,更具有情境性,儿童会反复地进行,在愉快的情境中反复地练习,因此,游戏活动也就促进了儿童操作、探索能力的发展。

2. 游戏有利于儿童语言的发展

游戏活动是操作活动,也是交往活动,是外部活动,也是内部活动。内部语言、独自语言、交往性总是伴随着游戏过程。随着游戏的发展,儿童要表达自己的要求和愿望,评价和鼓励,不满和怨恨,在游戏中儿童逐步学会说恰当的话和能维持友好互动的话。与此同时,儿童的语言交往能力也得到了发展。

3. 游戏有利于儿童想象力和创造力的发展

游戏的特征之一就是具有想象性或假想性。因此,游戏过程中儿童可以充分发挥想象力,充分表现自己的创造性。如儿童把小竹竿当马骑,把小椅子当作汽车开,都是儿童在游戏中具有想象性的行为。在建构游戏、角色游戏中,儿童在想象的基础上经常地表现出创造,有造型的创造、用途的创造、语言的创造和行为的创造。

此外,游戏还有利于儿童了解外界事物之间的关系,了解一些客观现象,有利于儿童分析问题能力的提高,等等。

(三) 游戏有利于儿童社会性的发展

儿童在游戏过程中,一方面,自我意识逐步加强,进一步了解了自己感官及四肢的特征、作用,了解了自己的能力,知道了自己的兴趣爱好,并在游戏中逐步发展了自己的应变能力及自控能力;另一方面,由于游戏过程就是同他人的交往过程,因此,在游戏过程中,儿童逐步了解了同伴,知道了同伴与自己的异同,学会了与同伴的合作与互助,并逐步形成了分享、谦让等行为。此外,游戏中儿童也逐渐认识了自己所在的集体,并在具体的游戏中知道了自己和集体的关系,逐步掌握了集体的规则,履行集体活动赋予自己的职责。

当然,游戏中社会行为规范的表现是有假想性的,与日常生活中真正的行为是有区别的,儿童自己也能意识到游戏情境与日常生活情境的不同。但是,在游戏中,儿童通过对一些基本社会行为规范的理解和执行,这些行为规范对儿童产生的潜移默化的影响也是必然存在的。

帕顿(Parten)所描述的2—6岁儿童游戏行为的发展较好地表现了儿童在游戏中社会性发展的基本线索和水平。

无所用心的行为:儿童主要花费时间于自发行为、无休止的随机活动或者闲逛,偶尔看着他人。

独自游戏:具有专心地、独立地操作玩具的特点,很少注意或关心他人的接近或他人的游戏。

袖手旁观的行为:儿童在近处观察同伴的活动,甚至会向游戏的参加者提出问题和建议,但没有主动地加入活动。

平行游戏:儿童相互模仿,人们会发现两个或两个以上的儿童操作相似的玩具或者开展相似的活动,交往时而发生。虽然儿童和谐共处,他们主要的仍是在独自游戏,在活动中没有合作行为。

联合游戏:儿童仍然以自己的兴趣为中心,但同处于一个集体之内;时时发生许多借还玩具行为,但还没有建立集体的共同目标。

合作游戏:以集体共同的目标为中心,有严格组织的游戏活动,常常有一两个领导者。

由此可见,游戏,尤其是较高水平的游戏,如联合游戏、合作游戏,在儿童社会性发展中起积极作用。

(四)游戏对幼儿的情感发展也起到了积极作用

游戏是幼儿积极地、愉快地参与的活动。在游戏中,幼儿处于积极的、稳定的情绪状态,幼儿表现出轻松和活泼。幼儿可以通过各种方式表达自己的情感,因此,游戏可以稳定幼儿的情绪,能消除幼儿的紧张情绪,也可以消除幼儿愤怒的情绪,给予幼儿情感的满足,使幼儿处于一种良好的情感状态之中。

美国学者V.M.阿克斯莱因著的《游戏治疗》一书中指出:儿童在游戏中能

直爽、诚实、生动地表达他们自己,能迂回曲折地把感情、态度和思想展示出来,不再像以前那样尖锐和生硬了。儿童学会了更好地理解自己和别人,并和所有的人建立友好感情。在游戏里,儿童能把自己的感情和冲动毫无拘束地流露出来,他也能用些简单的玩具创造自己想象的世界来充分表现自己。他可以认为自己是建筑师,在沙里造自己的城堡,他可以和他创造出来的人物生活在他的世界里。他能为自己造一座山,安全地爬到山顶,大声叫喊,让全世界的人都听见:"我能给自己造一座山,我也能把它压平。在这里我最大!"从 V. M. 阿克斯莱因的上述论述中可见,游戏在儿童情感及治疗方面的基本原理及作用。

二、学前儿童游戏的类型

游戏的类型很多。不同的研究者从不同的角度划分游戏的类型。

(一)根据幼儿游戏水平的发展及每一个发展阶段的游戏主题划分游戏的类型

现代精神分析学派游戏理论的代表人物之一莉莉·佩勒提出了四组游戏主题,这一方面体现了游戏发展的一般顺序,同时也勾画出了游戏的四种类型:

(1)第一组游戏,儿童关心他们自己的身体,感到他们不能控制自己的身体或表现人们期待的行动。游戏使儿童有能力去幻想并控制行动。

(2)第二组游戏,是由儿童与母亲的关系以及因她而产生的焦虑转化而来的。游戏帮助儿童控制情感上对失去母亲的恐惧。

(3)第三组游戏,随着恋母期的出现,儿童产生了新的焦虑。儿童认识到他们自己的世界与成人世界的差异,并贬低自身的价值,于是游戏充当了儿童适应成人的关系、幻想成人角色的中介。

(4)第四组游戏,儿童开始面向现实,并倾向于集体依恋而不是前一时期的恋母焦点。儿童与同伴之间形成了崭新的、亲密的关系,其中第一、二组的游戏主题在按时间顺序呈现的过程中有重叠的部分。

伊丽莎白·赫劳克(Elizabeth Hurlock)以松散的描述性的分类方法描绘游戏的四个阶段,事实上也是游戏的四个处于不同发展阶段的类型:

(1)第一阶段,探索阶段。儿童从最初通过视觉方式和偶然的行动进行探索发展到能比较彻底地探索自己身体和其他客体的协调运动。

(2)第二阶段,玩具阶段。儿童从表演化地使用玩具,到创造性地使用玩具,逐渐增长的复杂性和活动的事先计划性最终发展为爱好而进行的生产性构建活动。

(3)第三阶段,学龄儿童的游戏阶段。

(4)第四阶段,白日梦阶段。其中第三、四阶段有部分交叉。

此外,萨拉·斯米兰斯基(Sara Smilansky)也界定了游戏的四个阶段:

(1)功能游戏,包括一些简单的肌肉活动,既包括行动的,也包括语言的,开展游戏的目的是对表现形式加以操作。

(2)建构游戏,儿童从形式创造中获得乐趣,通过学习使用材料,他们把自己看成是事物的创造者。

(3)扮演游戏,是用以展示身体技能、创造能力以及社会性技能的象征性游戏,其最高形式是社会角色游戏。

(4)规则游戏,个体控制行为、活动和反应,以有效地参与到集体活动中去。

从以上游戏类型看,每一种类型总是与游戏发展的一定阶段联系在一起的,有的类型是描述性的,有的已经过明确的界定。

(二)根据游戏的关键特性对游戏进行分类

根据游戏的关键特性可将游戏分为两类。一是创造性游戏,这类游戏较多地体现儿童主动的、创造的活动,如角色游戏、结构游戏、表演游戏等。二是规则游戏,这类游戏为了确保游戏目的的达成,具有明确的规则,并要求儿童遵循这些规则,如智力游戏、体育游戏及音乐游戏等。我国幼教界也常采用这种分类方式,必须指出的是,这种分类只是一种大概的划分,并不很确切。因为创造性是游戏的一个重要特征,任何游戏,即使是非常强调规则的游戏也缺少不了创造性,没有创造性的游戏是没有生气、没有活力的;同样,创造和规则并不是完全对立的,任何创造总是依循一定的内在和外在的规则的,不然创造便等同于随意运动和不加思索的行为,所以,必须正确认识创造性和规则之间的关系。正是从这个意义上说,苏联的学前教育学把游戏分为有固定公开规则的游戏和有隐蔽规则的游戏,这是看到了游戏中规则的普遍性。而有隐蔽规则的游戏主要是指各种具有较大创造性的主题角色游戏,主题角色游戏对学前儿童来说是最具有代表性的一种游戏。事实上,苏联游戏理论中有固定规则的游戏并不是排斥创造性的,有固定规则的游戏与有隐蔽规则的游戏在创造性发挥上的不同点只在于是总体表现还是局部表现,是把规则放在第一位还是把创造性表现放在第一位。

（三）根据幼儿在游戏中的主要行为表现分类

根据幼儿的行为表现又可以把游戏分为:动作性游戏、探索性游戏、表现性游戏、建构性游戏、角色扮演性游戏等。每一种游戏都有典型的活动特征。

（四）根据所涉及的教育领域分类

可把游戏分为音乐游戏、体育游戏、社会性游戏(以角色游戏为核心)、语言游戏、科学游戏、数学游戏等。

以上各种分类虽然角度不同,但所划分出的具体类型之间是有交叉性和重叠性的,甚至虽然是从同一个角度划分的,但各种类型之间仍有交叉成分。

第三节　生态学视野中的儿童游戏

一、童年期与游戏

在西方按个性化模式发展的社会里,作为一个儿童,就意味着其没有经济、政治及性的直接需要;童年时代,其现代意义即是一块人类生态学视野中的庇护地。儿童可以向家庭表达自己的需求,且家庭会尽可能满足儿童的需求,一旦家庭不能满足,社会会伸出援助之手。儿童只享受关怀,无须尽责任。

除了政治、经济及性与儿童无关,那么儿童还需要些什么呢？儿童需要的是创造一个有利于其终身发展的社会空间,提供一个能满足其在童年期充分游戏的氛围。成人、社会允许儿童游戏,并以此开拓儿童的视野,拓展儿童的世界,这种游戏同成人的工作之区别在于它不以生产为目的。儿童游戏与成人娱乐的区别在于儿童游戏并非像成人娱乐一样作为求爱和愉悦的基础,儿童游戏所追求的是游戏过程所经历的幻想,儿童可以验证对自己和对世界的猜测,同时又可获得丰富的乐趣。因此,游戏对儿童来说,是一个可以用不断发展的可行的方式进行交流的活动。

儿童处于成人的保护状态下,处于人类生态的庇护地,可以尽情游戏。正是儿童的游戏,为人类认识自身提供了钥匙,童年期不仅是文化进步的源泉,也是文化的影响因素。社会已经为儿童的游戏创造了"社会空间",社会的文化也把童年期确认为"自由游戏"的时期。

二、人类生态学框架中的游戏

童年期应有一个供游戏、受保护的社会空间。从生态学的角度分析,意味着在文化的和历史的背景中,去避免各种侵蚀,维持或扩展童年期的力量,这也是形成有关人类游戏的生态学的全方位观念的前提。

为了理解游戏的含义,必须把视角移至儿童的发展。一般较多地从认识过程丧失天真(尤其是社会认识能力的发展)及强化的行为方式(尤其是当这些行为反映了社会知识)两个方面去考察儿童的游戏。这两个途径的分析,可显示反映大量的有关游戏的形式和功能。要通过游戏来评价儿童的生活质量,则必须对儿童的发展做更为明晰的社会透视。布朗芬·勃伦纳提出的儿童发展的生态学用确切的社会术语对发展做了定义:个体的发展情形反映了他在无人鼓励和指导下所开始进行和维持的各种活动自身的多样性和结构的复杂性。于是,发展就成了这样一幅社会地图,一幅当其一出现便以行为方式介入生活并被个体所理解的地图。个体带着这幅地图经历社会的各个交叉点,这些交叉点来自相互交织的家庭、学校、邻里、社团、社会及文化。从生态学的角度分析游戏,就是要辨明以上各种对儿童游戏产生重要影响的社会环境力量。

试以布朗芬·勃伦纳的理论框架加以分析。在微观系统中,对儿童来说面临的只是日常家庭设施、家庭中的人及他们所从事的活动,包括一些指向儿童自身的活动,如喂食、洗澡和拥抱。随着儿童的长大,这一系统中的复杂性渐渐增加,儿童与更多的人在更多的场所里做更多的事情,游戏的分量也就不断扩大了。游戏很早就在微观系统中居突出地位,弗洛伊德说游戏、工作和爱是常人存在的本质,游戏是区别儿童微观系统活动的主要类别,如果在微观系统中儿童缺少游戏,则该系统便成了发展的危害。在微观系统中不仅应鼓励儿童游戏,给予儿童爱抚,还应教导儿童如何进一步开展包括游戏在内的其他活动,以满足儿童的生活需要。

中间系统在儿童面前的展现,意味着正在发展中的儿童开始体验更为复杂的现实。中间系统的丰富程度由微观系统间的关联量、价值认同程度及差异水平来衡量。按布朗芬·勃伦纳的观点，儿童所在的教育机构的成员同其家庭成员的接触越多，交流的信息越多，则越有利于儿童的发展。对于儿童游戏来说，如果中间系统中的各个微观系统都持支持、赞同、保护的态度，一旦一个环境中成人支持"有效益"的活动——如学习活动，而抑制或不支持游戏活动时，自由游戏在儿童生活中的分量就会下降。此外，儿童所处的微观系统中的某些影响因素会一直影响其在中间系统中的游戏行为。如由于家庭经济、文化水平、父母职业等原因，使儿童在其他微观系统中总以一定的社会角色——往往与父母的职业角色类同——作为其游戏中的角色。

外系统是对儿童生活产生更大影响的一些背景，它对儿童的游戏有两方面的影响。一方面，如果外系统使父母、教师的生活变得更轻松，则可促进儿童的发展，如使父母、教师的生活变得更为艰难，则会妨碍儿童的发展。卡姆(Koim)发现，当父母的工作环境要求服从而没有自主权时，他们就会将其反映在子女的抚育上，儿童的自由游戏作为最大可能实现的目标则可能会因此而被压制。此外，导致妨碍家庭生活的、父母在工作中经历的其他因素，如单调而很长的工作时间、较长的往返路程及工作压力也会从一定程度上影响儿童的自由游戏，进而影响儿童的发展。外系统对儿童游戏影响的另一方面是某些决策因素，如教育机构在早期教育阶段若采用过多的课程安排代替自由游戏，或在本该让儿童自由游戏的场地上建造一些与儿童无关的设施，就剥夺了儿童的游戏权利，这一点在城市的规划决策上尤为重要。成人经常把留给儿童自由游戏的空地看作是经济损失，而事实上，这些空地对儿童的健康成长是十分重要的。

中间系统和外系统常常被嵌入大范围的思想意识体系和某一特定文化、亚文化的制度及模式之中，这些体系、制度、模式便是宏观系统，是人类发展的文化生态学的总体蓝图。宏观系统对游戏的影响是一种背景性的、更为深层的影响，比如，我们经常在思考，在各个不同的文化背景中，游戏过程怎么会如此相似？在许多民族的宏观系统背景中，都大力倡导和维持儿童自由游戏的权利。在一些国家、民族的法律文件中，明确肯定自由游戏对于儿童健康成长之必要。

三、生态心理学关于游戏的探索

生态心理学家关于游戏的探索采取了非简单的理论推论和非严格的实验

设计的方式,他们更多地采用对自然状况下儿童的游戏行为做客观记录和描述,再对这些记录采用结构分析的方法。比如麦克波力特(Mcbride)对游戏进行的人种志研究,卡宁(Kounin)小组对一所大学托儿所原始游戏录像的研究及郭坡、斯各冈和雪尔关于"游戏是追求兴趣的动作"的双案例研究,均属于此类研究。值得注意的是,每一种研究均有自己的分析框架,如郭坡等人的分析框架的中心概念是"行为流"、"情境"及"情境中诸关系"的分析,而卡宁小组中则有"信号源""特征刺激模式"等关键概念。生态学家、生态心理学家较多地肯定自己的工作为研究游戏提供了一种自然方法论,他们认为严格的实验研究对于游戏行为这类自然习惯中的行为是不具有什么意义的。

生态心理学家较为注重对儿童游戏行为的单元分析和研究。他们认为,如果想对儿童的真实世界及儿童应付其真实世界的游戏进行研究,必须采用一些能描述环境单元和行为单元的概念与方法,而实验研究在这方面就做得不够了,有些实验或许会破坏适合于自然出现的行为或环境操作的本来结构。所以,要想研究复杂条件和无观察者存在的环境中的游戏行为,就得采用能反映现实世界的单元的绘图法。这种方法能描绘这些单元的系统发展,而不只是给它命名,如果仅确定某一场景是"托儿所自由游戏"或"活动的游戏场的游戏",这是不够的,不能反映这些游戏中各个单元的联系和系统发展,而正是这些单元及其系统发展本身对儿童的游戏具有很大的影响。由此可见,生态心理学家对游戏的研究并不停留在简单的自然描述,更为重要的是对游戏进行分类学的结构分析工作,这不是简单的分类,而是确定一个更为准确的描述游戏行为的系统。

总之,人类发展生态学、生态心理学关于游戏的探索对我们的研究是很具启发意义的。

第四节 学前儿童游戏的指导

一、角色游戏

角色游戏,也称象征性游戏,是一种幼儿自己创造的反映现实生活的游戏,是幼儿的一种典型的、有特色的游戏。角色游戏的出现,有赖于幼儿生活经验的丰富。3岁的幼儿,活动能力、经验水平都有了一定的发展,已不满足于对周围物品的探索、摆弄,开始对周围的社会生活产生兴趣,并有了解、参与社会生活的愿望,但自身的能力难以使之真正进入成人的社会生活活动之中。这样,儿童满足自身对于周围社会生活兴趣的重要途径便是角色游戏,可以说,儿童是从3岁后逐渐创造角色游戏的。

(一)角色游戏的主要特点

儿童角色游戏的主要特点包括独立自主性和特殊想象性。

1. 儿童角色游戏具有独立自主性

在游戏中,游戏的主题、情节和玩法都由幼儿按自己的意愿设计,幼儿可以扮演各种角色,通过语言、动作、表情,自由地表现自己对周围生活的认识和体验。

2. 儿童的角色游戏是一种特殊的想象活动

角色游戏是幼儿在假想的条件下,真实地反映现实生活,把虚构性与真实性巧妙地结合起来。在游戏中,幼儿经常地以某一物品代替各种物品,即以物代物,幼儿也会以某一物品代替某一个人,即以物代人,并使自己、同伴及想象中的物、人投入游戏主题及相关的情节之中,投入丰富多样的、具有创造性的活动之中,而情节就是幼儿想象的产物,活动便是幼儿想象的展开,因此,角色游戏总是同幼儿的想象、创造联系在一起的。

(二)角色游戏的结构要素

幼儿的角色游戏具有一定的结构。这一结构的基本要素有角色扮演、对物质材料的假想、对游戏动作的假想、对角色互动的假想。

1. 角色扮演

角色游戏的关键性要素就是角色扮演。幼儿是通过对特定角色的扮演来了解、体验和反映他所向往的社会生活的。角色扮演就是幼儿把自己想象成社会生活中的他人,如医生、司机、爸爸、妈妈等,并使自己的语言、行为甚至装束贴近所扮演的人物的特征,履行角色人物应该履行的规则。因此,角色扮演的根本特征就是把自己想象成别人。随着幼儿年龄的增长,其角色游戏中角色扮演的水平也不断提高。幼小的儿童一开始首先表现出模仿行为,对于某些真实社会中的人的行为的模仿甚至是在其并不了解模仿对象的情况下进行的,幼儿一开始感兴趣的往往只是他人的行为,并无明确的角色意识,随着幼儿的发展,幼儿能较清楚地意识到一个不同于自己的他人的存在及自己要充当这一个人,幼儿知道自己所扮演的这一角色应是怎样的装束,应持哪些材料,应从事怎样的活动,这一角色与其他角色应保持怎样的关系。当然,在实际扮演该角色的过程中,儿童不只是因循和模仿角色的行为,还要有所创新、有所发展,有时儿童甚至会把不同角色的行为移植、综合到某一角色身上。如一个"医生"给"病人"看完病后,发现"病人"的头发太长了,他就主动地对"病人"说:"我帮你把头发理一理吧!"这时,"听诊器"就变成了理发推子,压舌板变成了梳子。

当幼儿能清楚地意识到将要扮演的角色,不只是片段地、间歇地模仿这一角色的行为,还能了解所扮演的角色与其他角色及与周围材料之间关系的时候,真正的角色游戏便产生了。幼儿后期能用语言清楚地描述角色行为、角色关系及角色规则,能通过协商进行角色分配、材料分配。幼儿对游戏角色有了进一步的认知,便能产生更合理有效、更富创造性的角色行为,并能更好地表现现实生活。

2. 对物质材料的假想

角色游戏中,幼儿需要许多与游戏情境相关的物质材料,即游戏物品。对于一些现成的成品玩具,幼儿会以与玩具模型相关的实物之功能加以使用。例如,玩具煤气灶,其造型与真实的煤气灶相似,具有真实煤气灶的主要部件,其灶口、开关等,幼儿会按原有的功能使用之。游戏中所需的物品不可能完全地以成品玩具(实物模型)加以提供,且随着游戏的发展,随着幼儿想象的展开,所需的游戏材料往往是难以预计的。幼儿在游戏中解决所需游戏物品的方式往往是以物代物,以某一种材料代替另一种材料,其心理过程是想象、假想。可以用以代替他物的材料是极为广泛的,几乎现成的玩具半成品均可代替游戏中所需的物品,某一物可代表何物,某一物可由何物代表,幼儿的想象各异,代表的方式也各异。就如有的幼儿把椅子当马骑,而有的幼儿以扫帚当马;有的幼儿把积木当汽车,有的幼儿则把积木当年糕。

刘焱的研究指出，幼儿在游戏中使用形象逼真的模拟实物的玩具与使用半成品、废旧品的心理活动过程是不同的。前者是直接使用，其心理活动的模式是：这是什么→它可以用来干什么，是对物品的确认及相关经验的提取。后者需要以物代物，其心理活动模式是：这是什么→它像什么→它可以用来干什么？这里有一个象征过程，应包括几个步骤：首先是模式或关系知觉，对当前刺激物的外形特征进行感知分析，敏锐地觉察到它与其他不在眼前的物体之间潜在的类比或隐喻关系；其次是表象匹配，从长时记忆中摄取与当前刺激物有某种潜在的类比或隐喻关系物体的表象，进行更细致的比较分析，找到它们的相似之处，然后进行概括；最后是操作转换，以当前刺激物与表象之间的相似性为支柱，分离实物与意义（词），把表象中的物体的意义从具体物体中抽取出来，嵌入当前的实物，并以此取代当前实物的意义。这一心理过程的分析是针对幼儿使用半成品、废旧品时的以物代物展开的，并不表明各类以物代物的心理过程。

角色游戏中，幼儿对游戏物品的假想有时表现为以虚代实，即幼儿以表象代替当前游戏中所需要的实物。如幼儿从自己口袋中掏了一阵，然后拇指、食指对空捏，放到玩具娃娃嘴唇上，说："给你吃一块彩色糖。"以表象代替实物一般出现在两种情况下：一是游戏中缺乏可以用以代替其他物品的材料，包括数量上和物质上的缺乏，幼儿的假想是有限度的，有些材料在物质上与当前所需物品在形态、功能等方面相差太大，就很难使幼儿产生假想。如幼儿很少会把椅子当作糖果给娃娃吃，在这种情况下，幼儿经常以表象辅以某些动作和语言来假想实物及与之相关的情境。二是幼儿对某些动作产生特别的兴趣，这些动作是与某种物品的表象有关的。

3. 对游戏动作的假想

游戏动作是引导角色游戏展开、深入的重要因素，幼儿对于游戏的兴趣总是跟游戏动作联系在一起的。较小的幼儿往往不是对游戏本身有多大的兴趣，而是对触物动作有兴趣，可以玩游戏材料，便会有一种愉快的情绪。角色游戏中的基本动作就是使用游戏材料的动作，而对使用游戏材料的动作的假想同幼儿对游戏物品的假想是紧密相关的。游戏中所需的物品与替代材料之间的相似性越小，游戏动作的提示性也越小，而对动作的假想性越大。年龄较小的幼儿的游戏动作往往受替代当前游戏中所需材料的现实材料原有意义和功能的分离程度的影响。如一个幼儿把一个乒乓球当作鸡蛋喂给玩具娃娃吃，喂了几

下,又把乒乓球在地板上弹几下,又往墙上扔,弹回来后再捡,然后再喂给娃娃吃,这时,乒乓球是"蛋",也是球,幼儿的动作包括了"喂"和"拍"、"弹"两个部分。"喂"是假想动作,象征性动作,有一定的概括性,而拍是真实的、具体的动作。当幼儿以表象代替实物时,动作的假想成分更大。一个反坐在椅子上的幼儿,双手空握"方向盘",开车的动作是与方向盘表象联系在一起的,是假想的动作。这类动作在角色游戏中是常见的,如空骑情境下的骑车动作、空手打针动作、空手关门动作、空手付钱动作等等。由此可见,对动作的假想往往是同游戏情境的假想联系在一起的。幼儿语言的发展对游戏动作的假想起着重要的作用,语言成分的增加使幼儿的假想动作摆脱对物质材料更多的依赖。当然,幼儿的游戏动作不只是使用物品的动作,还与物品使用时对动作的假想有关。

4. 对角色互动的假想

角色游戏是不同角色之间合作、互动的游戏。对角色互动的假想就是对游戏中角色之间的关系及相互作用方式的假想。每一个游戏主题必然有一些基本的游戏情境,基本的角色关系以及基本的角色行为,反映出一些基本的角色互动,这种基本的角色互动往往受一定的角色规范的制约。如医院这一游戏主题,可以有医生给病人检查的情节,也可以有医生给病人配药的情节,医生和病人之间的基本互动方式、基本交往关系受现实经验中医生和病人关系的制约。但在游戏的具体情节展开的过程中,除了日常经验中的医生与病人的基本互动方式及关系外,幼儿还会假想出较为丰富、生动的角色关系。幼儿对角色的扮演越投入,则对角色互动的假想越丰富。

角色游戏结构中的四个基本要素之间是相互联系的,不同主题的角色游戏,其四个基本要素有不同的具体联系方式,这就使不同的角色游戏具有结构的一般性和表现的差异性。

(三)角色游戏的指导

1. 引导幼儿开发游戏主题

幼儿园的角色游戏主题应该由教师和幼儿共同确定,中大班的角色游戏更应如此。这样做的目的在于:一是让幼儿通过讨论,明了游戏中的角色、游戏过程、游戏中的一些规则;二是使幼儿明白游戏是可以自己创造和确定的,自己有新的游戏主意就可以向老师和全班小朋友介绍,使幼儿有创编游戏的主动性和积极性。因此,引导幼儿开发游戏主题是角色游戏指导的首要任务。角色游戏主题的开发,就是引导幼儿关注周围的社会生活,相互充实社会生活经验和知识,厘清社会生活中基本的角色关系,明了主要的角色行为和角色准则,使幼儿养成关心周围社会生活的愿望和习惯。通过引导幼儿参与游戏主题的开发,使游戏情节更为丰富、生动,使游戏主题内容多样化,使幼儿对角色游戏有更浓厚的兴趣。

2. 使幼儿学会分配和扮演角色

分配和扮演角色是幼儿在角色游戏中特有的环节,这一环节直接影响游戏的效果。角色分配合理、友好,幼儿扮演角色时就会投入、专心,如角色分配时有较大的矛盾、冲突,就会影响幼儿的情绪,进而影响角色的扮演。小班幼儿往往对角色的行为动作及与角色相关的物品有较大的兴趣,而对于扮演什么角色并不很在意,且往往会在角色身份与真实身份之间徘徊,即一会进入角色,一会又把角色遗忘,尤其会被某些物品、情境、事件吸引,而忘却自己所扮演的角色。鉴于此,教师可向幼儿介绍角色,让幼儿自行选择,当某一角色人员过多时,给一些幼儿更换角色的建议,幼儿一般都会平静地更换角色。到了中、大班,幼儿很在意自己扮演什么角色,角色往往是幼儿首先关心的内容。教师应引导幼儿商量角色分配的办法,可采用报名、轮流、推选、陈述理由等方式分配角色,有时可以让幼儿临时创设合理的角色,应该使幼儿懂得角色分配中的谦让。

在角色扮演过程中,教师应引导幼儿保持角色意识,表现角色行为。对小班的幼儿,重点在使幼儿记得自己所扮演的角色,提醒幼儿表现角色行为。对于中、大班的幼儿,重点在引导幼儿假想角色行为,假想角色间的互动方式,使游戏更为生动、有趣。

有时,教师可利用角色游戏进行个别教育,让幼儿承担某些特定的角色,强化角色行为,以改变幼儿原有的行为习惯,或增加幼儿某方面的品质,但利用角色进行个别教育并非一定有效。苏联的有关专家的研究认为,幼儿知道游戏情境与日常生活情境不同,游戏是假的,因此,有的幼儿在游戏中表现出来的积极行为不能延续到日常生活中去。

3. 提供不同性质的游戏材料

这里所谓不同性质的游戏材料是指与游戏中所需实物相像的模型式的成

品玩具及一些半成品材料和废旧物品。尤其是中、大班的角色游戏,应大量提供半成品及废旧物品,这样可引发幼儿对物品做出充分的假想;半成品和废旧物品的丰富性也可使角色游戏更为生动和丰富。一般说来,成品玩具有助于游戏情节的推进,而半成品和废旧品对于游戏情节的丰富、生动有更重要的作用。

二、结构游戏

结构游戏,也称建筑游戏,是幼儿利用各种建筑结构材料如积木、积塑、沙、土、金属部件等进行建筑、构造的游戏。结构游戏也是一种造型游戏,在这种游戏中,幼儿可以根据自己的想象、意愿进行构思和构造,表现出一定事物的形态。所以,结构游戏也是幼儿创造性地反映现实生活的游戏。

(一)结构游戏的主要特点

结构游戏具有以下三个特征。

1. 与幼儿的智慧发展水平紧密相关

幼儿不同的智慧发展水平会表现出不同的结构游戏水平。如幼儿一开始往往是对单一结构材料的摆弄,然后是对多个结构材料的堆放、排列、叠高,最后是规则拼搭、围合、简单造型,以至复杂造型,而幼儿结构游戏的水平也往往反映了其智慧发展的水平,对幼儿智慧发展水平的测量往往都在一定程度上借助结构游戏这一手段。结构游戏能较好地反映幼儿的手眼协调能力水平,把握物体能力水平,对物体的形状、颜色、大小、功能的认识水平和空间认知水平。而经常性地进行结构游戏,又有利于幼儿各方面能力水平的发展。

2. 结构游戏是以建筑与构造为基本活动的及物活动

一方面,结构游戏必须有物质对象,没有建筑、结构材料也就没有结构游戏。另一方面,建筑、构造是结构游戏的基本活动,也就是造型活动。要达到造型的目的,活动的对象必须具有可造型的特点,并非所有的材料均可成为结构游戏的材料,只有那些具有明显三维空间特征、具有有效接触面或具有可堆叠性的材料才能作为结构游戏材料。

3. 此外,延伸出的一点就是结构游戏场地的多样性

不同的材料决定了不同的场地,可以是桌面、地板,也可以是户外场地,甚至是乡村田野。

(二)结构游戏的结构要素

结构游戏具有一定的结构,这一结构的主要要素有四个方面。

1. 对结构材料的选择

对游戏材料的选择是结构游戏的起始环节。小班幼儿往往首先注重物质材料的选择和分配,在获得游戏材料前往往没有形成游戏的主题。有关研究指出,在小班幼儿选择结构游戏的玩具前,问幼儿想搭(或插)什么？一半以上的幼儿指着玩具说"我想玩这个(或那个)"。中、大班幼儿中,也有部分幼儿在获得游戏材料前没有假想游戏的主题——最后建构物,有些幼儿甚至在获得材料后,尚未假想最后建构物,而是在建构过程中,最后建构物才逐步明确、清晰。有关研究表明,年龄较大的幼儿在选择结构材料前的"思考"过程比年龄较小的幼儿明显,他们的选择似乎更多地与最后建构物的假想联系在一起。此外,游戏材料的丰裕程度也影响幼儿对材料的选择。材料缺乏,幼儿就会不顾甚至还来不及假想最后建构物,匆忙取材料;而在材料充足的情况下,幼儿会表现出明显的选择过程,有时还可以见到幼儿的选择更正,即发现自己的选择不合适时,重新做出选择。有关研究还指出,幼儿对成品玩具和自然材料(泥土、沙、砖块、木块等)的选择倾向性受幼儿生活经验和个性特点的影响。

2. 对游戏主题——最后建构物的假想

如前所述,不同年龄的幼儿对最后建构物的假想的起始时间是不同的,有的在材料选择之前就有假想,有的在材料选择之后,还有的是在建构活动过程中逐渐形成和完善假想的;此外,幼儿对于最后建构物的假想的清晰度不但具有年龄差异,还具有个体差异。让小班幼儿在操作前给予建构物命名往往很难实现,很多幼儿都是在建构成形后才给最后建构物命名的;有的小班幼儿会对正在建筑的物体进行多重命名,不断变更建构着的物体的名称,这也表明幼儿对最后建构物的假想不清晰,表述水平的差异能反映幼儿对最后建构物假想的清晰度和精致度。如"我想搭一座桥"与"我想搭一座上面小朋友可以骑车、中间可以开汽车、下面可以开火车的钢铁大桥",两种假想就能反映幼儿对最后建构物假想的差异性。有的幼儿在命名假想的最后建构物时已有丰富的空间多维想象,能描述最后建构物的概貌,有的幼儿则尚无明确的空间想象,对最后建构物不能做空间描述。

3. 最后建构物的建构

这是一个操作要素。最后建构物的水平往往同材料的性质、空间的大小、活动参与的人数、活动时间的长短、幼儿的生活经验及教师的启发有关。不同的幼儿建构活动的目标意识有差异。同样具有最后建构物假想的两个幼儿,在实际建构过程中受以上因素影响的程度有差异,最后建构物与假想的最后建构物的对应程度也会有差异。幼儿的空间想象力、造型能力、空间美和色彩美的表现力都是在这一过程中加以发挥的。所以,操作要素是幼儿结构游戏中的核心要素。

4. 对最后建构物功能的假想与实现

对最后建构物功能的假想不等于对最后建构物的假想。有的幼儿对最后建构物功能的假想伴随着对最后建构物的假想,有的幼儿是在建构活动的过程中逐步形成对最后建构物功能的假想的,还有的幼儿则在最后建构物建成后才假想其功能。对最后建构物功能的实现往往与角色游戏相关联,一般认为,结构游戏与角色游戏关系较为密切,且结构游戏往往会演变为角色游戏,而演变一般出现在对最后建构物的利用方面。也可以说,只有当幼儿真正利用其最后建构物时,结构游戏才是完整的。最后建构物的利用可分为即时利用和即时－延时利用等多种,有的最后建构物在结构游戏结束后就拆了,但有的可反复多次利用。

(三) 结构游戏的指导

1. 丰富幼儿对最后建构物实体的感性经验

要有意识地引导幼儿观察周围生活中的建筑物、交通工具等幼儿经常在游戏中表现的客观事物;引导幼儿注意观察这些客观事物的外形特征,注意观察客观事物之间的差异,使幼儿对这些客观事物有丰富的、具体的感性认识。此外,也可通过影视、图书等手段开阔幼儿的视野,丰富建构题材。

2. 提供丰富、多样的建构材料

结构游戏是造型游戏,教师应根据幼儿的年龄特点、活动空间特点、幼儿的知识经验等为幼儿提供丰富的、适宜的游戏材料。应注重对建构材料功能的分析,使建构材料尽可能促进幼儿不同方面的动作技能的发展,如抓、握、捏、插、按、拔等;应注重自然材料的提供,如沙、泥、砖等。

3. 注意培养幼儿从事建构活动的基本技能

结构游戏是造型游戏,多维空间造型需要一定的造型技能。因此,教师应在游戏活动中,以适当的方式指导幼儿,使幼儿获得对称、叠加、多维叠加、配色等基本技能,不断获得成功感,并在此基础上不断地进行创造。

第七章
学前儿童体能、体格发展与教育

第一节 体格、体能发展的内涵

体格、体能发展的状况和水平是衡量个体身体发展与健康水平的重要标志,也是影响个体心理发展的一个重要因素。因此,为促进个体体格、体能发展而实施的诸多教育是对个体进行身心全面发展教育的重要组成部分。

在讨论如何实施体格、体能教育前,我们先对体格、体能及其发展的内涵做一简单分析。

一、体格和体格发展

（一）体格的内涵

体格是指人体外表可观察或测量的形态、结构,包括人体生长发育的水平,身体的整体指数和比例(体型),以及身体的姿态等。一般通过测量身体各部分的大小,如身高、体重、胸围、肩宽、骨盆宽度和皮肤与皮下软组织等来评定。

（二）体格发展、发育

体格发展是指体格的生长发育。广义是指个体在其一生中身体的形态、结构和生理机能生长发育的变化过程,其中生长是指由细胞繁殖增大,细胞间质增加而引起的人体由小变大、由矮变高、由轻变重的变化过程,即人体量的渐变过程。发育是指人体细胞、器官和系统结构不断变化,形态逐渐完善,机能逐渐分化和成熟的过程,即人体质的渐变过程。体格发展在狭义上是指身体发展的状况,如身高、体重、胸围、头围、脊柱弯曲的特征和限度、肩胛角的间距、足弓的测量指数、背力、左右手的握力、肺活量、心率指数、心搏量等的发展、变化状况。

(三)衡量体格发展的主要指标

衡量体格发展的主要指标有:
体重比 =(体重 kg/身高 cm)×100
胸围比 =(胸围 cm/身高 cm)×100
坐高比 =(坐高 cm/身高 cm)×100
柯普指数 =(体重 kg/身高 cm)^2 ×10^4(适用于幼儿)

二、体能和体能发展

(一)体能的内涵

体能是指人体各器官、系统的机能在体育活动中表现出来的能力。包括力量、速度、灵敏、协调、平衡、耐力、柔韧等基本的身体素质,以及人体的基本活动技能,如走、跑、跳跃、投掷、平衡、钻爬、攀登等。

(二)体能发展

体能发展是指人体各器官、系统机能能力的不断增强和提高,包括提高身体素质、增强人体基本活动能力等。

实际上,提高身体素质与增强人体基本活动能力(基本动作)之间是相互影响、相互联系的。例如,跑能增强人体的速度、灵敏、协调等素质,跳能增强人体的力量、速度、协调等素质。因此,身体素质的发展通常是在身体的各种基本活动中表现和发展起来的,身体基本活动能力的强弱是身体素质发展水平高低的外部表现。

全面提高身体素质是发展身体基本活动能力的基础。例如,要发展幼儿的快跑动作,如果一味地重视跑的速度,而忽视下肢后蹬力量的训练,则很难使这一活动能力真正得到发展。再如,要发展幼儿的跳跃动作,如果忽视了下肢的力量练习和身体协调能力的培养,也很难使这一活动能力真正得到提高和发展。

因此,要发展体能,必须既重视基本活动能力(基本动作)的培养和提高,又重视身体素质的发展和提高。

三、体格发展和体能发展的关系

体格发展与体能发展是相互联系、相互影响的。

1. 强健的体格是发展体能的物质基础

一个身体生长发育水平较差,身材瘦弱矮小或过于肥硕臃肿和体态有缺陷的人不可能有良好的体能。

2. 身体素质的良好发展也影响着体格的发展

身体素质的发展水平会直接影响身体各主要器官、系统的结构和机能状况,在某种程度上,它反映了人体生理机能能力的完善程度。这是因为身体素质是指人体在肌肉活动中所表现出来的机能能力。如果从运动生理学的角度来分析,身体素质的发展水平,不仅取决于肌肉组织本身的结构和特点,而且与肌肉工作时的能量供给、氧气供应及神经调节过程等方面的状况有直接的联系,这些又与呼吸系统、循环系统、神经系统的功能以及肌肉在运动中所进行的新陈代谢有密切的关系。因此,身体素质的发展状况直接影响人体各器官系统的生长和发育水平。

3. 人体基本活动能力的发展状况直接影响身体的生长发育和身体的体型及姿态

一个拱腰屈背走路的人,不仅影响胸扩的发育和呼吸系统的功能,而且必然导致脊柱生理弯曲、发育不良,严重影响体型和身体姿态的良好发展。

体格和体能是影响人体体质的两个极其重要的因素。造就身体具有良好的体格和发展身体良好的体能是增强体质的两个相互联系的重要方面。也只有具备良好的体格和体能,才能使有机体具有较好的适应环境的条件和变化的能力及对疾病的抵抗能力,才能拥有充沛的体力和良好的精神状态。

第二节 学前儿童的体格发展

研究学前儿童的体格发展教育必须先明确学前儿童体格发展的基本特征。

一、体型特征

婴儿期的儿童,头大、躯干长、腿短,显得头重脚轻。到了幼儿期,腿部生长加快,头部只占身体的六分之一左右,身体各部分比例逐渐接近成人,颈椎、胸椎和腰椎的生理弯曲已变得较为明显。体型的这些变化,保证了幼儿在进行身体活动时能较好地维持身体的平稳,并提高身体活动的协调性和灵活性。脊椎骨形成的生理弯曲为幼儿适应比较剧烈的身体活动和保护内脏起到了如同"弹簧"一样的作用。比如,从高处往下跳时,脚掌受到的冲击会被弹簧似的脊柱吸收而很少波及脑和内脏,从而保证了身体活动的安全。体型的这些特征为幼儿的体格发育提供了良好的生理条件,但由于幼儿的体型可塑性强,因此,加强体格锻炼,提高体格锻炼的科学性显得十分重要。

二、足弓特征

年龄较小的孩子,因皮下脂肪较多,故而脚掌心的内凹不明显,形成生理性平足。到3岁左右,因连接小骨的韧带和肌肉逐渐发达起来,脚掌心明显内凹,足弓的初步形成能避免因运动中震动而可能导致的对幼儿身体的损伤或其他潜在的不良影响。同时,足弓的形成能使幼儿较长时间地走路和开展其他身体活动,这为幼儿开展体格训练也提供了良好的生理基础。

三、运动系统的特征

学前儿童的骨骼与3岁前比较,骨化更为迅速,骨硬度有所增加。随着活动的增多,关节的骨窝在不断的运动刺激下逐渐加深,韧带的发育也有所提高,肌纤维逐渐增长、变粗，一般大肌肉的发展良好。这时，学前儿童已初步掌握各种基本动作，这为他们开展各种体格、体能训练提供了可能性。然而，学前儿童运动系统的发展尚不完善：他们的骨骼软组织丰富，骨组织内水分和有机物较多，无机盐较少，骨骼不够坚硬，在不利的外界因素的影响下容易弯曲变形；脊柱的活动性大，生理弯曲的可塑性强，在外部不利条件的影响下，容易形成不良的骨骼形态和身体姿态，并对血液循环及呼吸系统产生不良的影响；肌腱和韧带的弹性大，关节的活动范围也大，在不良刺激的影响下，容易导致脱臼；肌肉不够发达，其重量只占体重的27%，明显低于成人41.8%的比例，肌纤维的收缩力弱，抗疲劳的能力差，容易发生力量性损伤。学前儿童运动系统的这些特点表明，科学地开展学前儿童的体格训练是十分必要的。

四、循环系统的特征

在幼儿期，该系统的机能已得到较大的发展和不断完善。比如，幼儿的动脉血压随年龄增加而上升，心脏重量从三四岁时的约70.8克逐渐增加到六七岁时的约92.3克，心脏的收缩力增强。这些变化使幼儿的身体对生理负荷的适应力相应得到提高，表现为适应标准肌肉负荷的心血管指数（如脉搏、动脉血压、心搏量和每分钟供血量等）下降，相同负荷条件下，身体的工作期延长，恢复期缩短。但总的来说，幼儿心瓣膜发育不成熟，心肌纤维细，心收缩力较弱，每分钟心搏量远比成人低，心脏血容量小。如果进行剧烈的身体活动，会因忍受负荷较大而导致心脏供血的每分钟搏出量增加，如果持续影响，将使幼儿的心肌增厚，心室永久性变小。学前期幼儿循环系统发育的状况表明，科学地开展幼儿的体格训练不仅是可能的，而且更是必要的。

五、呼吸系统的特征

幼儿期，幼儿呼吸系统的机能变化特征主要表现为每分钟呼吸频率由3岁时的约26次下降到4—7岁时的约22次，呼吸深度逐渐提高，肺换气量增加1—1.5倍，氧消耗量增加将近一倍。这些变化使呼吸机能明显地表现出对肌肉负荷的适应性，即在肌肉负荷的条件下，肺换气量的增加依靠加深呼吸，而不是单纯依靠提高呼吸频率。呼吸系统机能的逐渐提高，为幼儿进行体格训练做了更好的生理机能准备。但是，幼儿的胸腔较小，呼吸肌力还较弱，肺容量和肺活量较小，肺泡发育还不成熟，如果活动中生理负荷过大，容易造成幼儿运动时供氧不足，体内无氧代谢增加，影响幼儿良好的生长发育。因此，科学地开展幼儿的体格训练显得尤为重要。

六、神经系统的特征

幼儿期，儿童神经细胞的数量和体积不断增多、增大，胸重量不断增加。与此同时，大脑皮层进一步分化，神经纤维分支增多，长度加长，纵横交错成网状结构，并建立起广泛的神经联系。神经纤维的髓鞘化过程发展迅速并日趋完善，使幼儿的神经传导由原来的泛化和缓慢变得比较准确和迅速。神经系统的机能变化，增强了它对运动及其他系统的调节控制功能。此外，由于大脑皮层内抑制机能的逐渐发展及第二信号系统的日臻完善，神经系统的调节功能变得更加自如。这不仅提高了幼儿的运动机能，使幼儿运动系统的活动变得比以前更为准确、灵活和协调，而且也为幼儿自觉地参与各种身体活动，提高活动中的自我调节和控制能力提供了有利的生理条件。

然而，幼儿神经的抑制和兴奋过程发展并不均衡，兴奋占优势，易扩散。因为，神经系统对运动系统的调节功能还不完善，幼儿的动作容易泛化，抑制过程的发展，尤其是分化抑制能力的发展有限，易使幼儿表现为过于好动，情绪不稳定，注意力不集中，自控能力不足，活动不能持久等，所以，必须根据幼儿神经系统的特征科学地开展其体格训练。

第三节 学前儿童的体能发展

研究学前儿童的体能发展教育不仅要明确其体格发展的特征，而且也必须明确学前儿童的体能发展特点。

一、身体素质的发展特征

幼儿期是多种身体素质发展十分迅速的时期。比如，躯干肌力（背力），三

四岁时约为 15—17 公斤,而快到 7 岁时已迅速增加到 32—34 公斤。手腕的肌力,三四岁时约为 3.5—4 公斤,而快到 7 岁时已增加至 13—15 公斤。其他身体素质,如耐力素质、调整素质(包括平衡性、柔韧性、速度、灵敏性、协调性等)的发展同样如此。这为幼儿期开展幼儿的身体素质教育提供了良好的契机。

但幼儿生理发展的特点,决定了幼儿身体素质的发展还不完善。

1. 幼儿的力量素质较差

力量素质是指肌肉收缩时所表现出来的一种能力,也可理解为克服内外阻力的一种能力,它是人体进行各种活动的基础。对于幼儿来说,肌肉的力量较弱,肌肉的能量储备不足,如果得不到锻炼,不仅会影响肌肉本身的组织机能,而且还会影响体型和身体姿势的优美及循环和呼吸等系统的正常发育与功能。比如,幼儿处于一定的身体姿势时,支撑脊柱四大生理弯曲,除了脊柱骨本身的作用外,在很大程度上还依靠其周围大肌肉群和韧带的力量来维持,这些大肌肉群包括颈、背、胸、腰部的肌肉等。如果幼儿这些部位的肌力较弱,无法稳固和均衡地支撑脊柱,维持脊柱的正常生理位置,那么持久影响将造成脊柱后凹、侧屈等畸形现象,并影响胸肌发育。因此,利用幼儿期力量素质迅速发展的有利时机,科学地提高幼儿的力量素质显得十分重要。

2. 幼儿的耐力素质较差

耐力素质是指人体在尽可能长的时间内进行肌肉活动的能力,也可看作是抵抗疲劳的能力;就幼儿而言,其肌肉组织的功能、心肺功能及身体其他基础功能的发展还不成熟,因此,无论是有氧耐力还是无氧耐力,它们的发展均不完善。

有氧耐力是指在有氧供应的肌肉活动中呼吸循环机能的持久能力;无氧耐力是指在缺氧供给的状态下,肌肉收缩的持久能力。对幼儿来说,尚不具备进行无氧耐力运动的生理基础,如果在运动中进入无氧代谢阶段,那么,大量还未完全代谢的乳酸将淤积在幼儿肌肉或血液中而得不到及时分解,这会对幼儿的神经末梢产生强烈的刺激,增大幼儿心脏的负荷,引起幼儿身体的不适,影响幼儿有机体的正常生长发育。而有氧耐力的提高有益于幼儿机体良好的生长发育,这是因为,有氧代谢能力的提高有利于增强和完善幼儿的心肺系统功能,同时,还可以使幼儿肌肉的有氧化过程提高效率、改善能量供给状况,并在不利条件下提高氧的利用率。另外,有氧代谢能力又是厌氧代谢能力发展的基础,它能为幼儿今后厌氧代谢能力的培养提供必要的条件。因此,通过适宜的身体活动来提高幼儿的有氧耐力是幼儿身体发展的要求。

3. 幼儿的调整素质较差

调整素质是指力量和耐力素质以外的其他基本的身体素质的总称,主要包括平衡性、柔韧性、速度、灵敏性和协调性的能力。

(1)平衡性能力是指抵抗破坏平衡的外力,以保持全身处于稳定状态的能力。由于幼儿前庭器官的功能、运动器官的功能和中枢神经系统对运动及内脏器官的调节功能较差,因此,幼儿的平衡能力发展也较差。

(2)柔韧性能力是指人体活动时,关节、肌肉、肌腱和韧带的活动范围或伸展的能力。幼儿的柔韧性总的来说由于关节的臼窝浅,肌肉的弹性好,因此其柔韧性比较好,但随着年龄的增大,若得不到经常的锻炼,会逐渐变差。

(3)速度是指人体进行快速运动的一种能力,主要包括反应速度、动作速度和周期性运动中的位移速度。由于幼儿生理各系统的发育还不成熟,加之力量不足等原因(如快跑时由于后蹬力量不足,往往跑不快),各种速度素质的发展水平还较低。

(4)灵敏性能力是指在复杂多变的条件下,对外界刺激做出快速、准确的反应和动作,灵活控制身体和随机应变的能力。它是一种综合能力,需要速度、平衡、柔韧等多种能力的共同协调才能达到较高水平。由于幼儿的其他能力发展还较差,加之幼儿的各种分析器官的敏感性及神经系统的分析、综合能力也较差,因而,幼儿的灵敏性发展水平也不高。

(5)协调性能力是指在进行身体运动过程中,调节与综合身体各部分动作的能力。由于它也是一种综合能力,需要灵敏、速度、平衡、柔韧等多种身体素质的联合协同,其作用才能充分体现出来。因而,对幼儿而言,协调性能力的发展水平也是较低的。

基于幼儿调整素质的特点,在幼儿期有目的、有计划地通过适合幼儿的运动来提高幼儿的调整素质,尤其是平衡、柔韧等素质是提高幼儿整体身体素质、增强幼儿体能的必然要求。

二、基本活动技能的发展特征

学前期的幼儿已初步掌握了多种人体所必需的生活和运动技能,但各种基本活动技能的发展还不成熟。

(1)行走时常出现低头含胸、脚擦地、腿抬得过高、身体左右摇摆、摆臂及迈脚动作不协调等现象。

(2)奔跑时常出现低头、弓腰、挺腰腹、仰头、左右摆臂、张嘴呼吸等问题。

(3)跳跃时常出现双脚不会同时起跳和同时着地、不会运用摆臂助跳、全脚掌着地、落地重、身体不能维持平衡等错误动作。

(4)练习平衡动作时,常出现胆小,害怕,低头望脚,身体摇晃,动作不协调、不均匀、不连贯等现象。

(5)投掷时常出现不会挥臂、肘低、不会以身助力等问题。

(6)钻爬和攀登时,易出现低头、抬头、身体过早触碰障碍物等错误动作。

西方学者克罗韦尔(Crowell)曾说过:动作是智力大厦的砖瓦。这意味着:如果一个儿童还没有身体动作方面的发展,还没有学会怎样行动,还没有学会具体的身体动作,他就无法学会怎样思维,也就无法进行脑力活动。相反,手部运动的发展使儿童有可能以各种各样的方式来摆弄物体,而学会了步行,则能使他们在更大范围内探索和认识环境,从而促进身心的不断发展。

阿伯内西(Ruth Abenathy)与华尔兹(Maryarm Waltz)则提出了人类动作的艺术与科学的概念系统,包括动作活动的心理、生理和社会方面,认为人的动作是目的定向的,起因于学习者力图达到理想的目标,交流观念或概念,表达感情或情趣,以及使自我与周围环境、与同伴团体相联系。因而,动作已不再是简单的人体可观察到的变化了,它涉及人的动作经验、个性结构、个人知觉以及社会文化环境和自然环境。

诸如此类的动作研究和理论虽然已涉及与动作有关的认知层面,但与我们所谈论的旨在提高幼儿的体能、加强幼儿的体质的动作相去甚远。从另一个侧面却表明,动作的发展是非常重要的。因此,在幼儿期,利用幼儿动作还未定型,可塑性强等特点,科学地加强幼儿的基本动作练习,及时地纠正幼儿动作的错误也是非常重要的。

第四节　学前儿童体格、体能发展的教育

学前儿童体格、体能发展的教育是针对幼儿体格、体能发展的特点,以幼儿为活动主体,以身体练习为基本手段,结合阳光、空气和水等自然因素及安全、卫生等措施,促进幼儿体格、体能发展,增强体质,发展智力,培养良好的道德和个性品质的一种教育活动。

一、学前儿童体格、体能发展教育的目标

1. 发展身体的目标

目标包括:促进幼儿身体正常发育和机能的协调发展;培养身体的正确姿势;发展幼儿的基本动作,使他们的动作协调、姿势正确;提高幼儿的身体素质。

2. 发展认知的目标

目标包括:帮助幼儿掌握身体活动最基本的知识和技能,发展有关概念,丰富他们的认知经验;提高幼儿智力活动的技能和品质,促进他们智力的发展。

3. 发展社会性和道德品质的目标

目标包括:发展幼儿团结友爱、互助合作、负责、服务、宽容、热爱集体等良好的社会情感和态度;提高幼儿的社会交往能力;培养幼儿文明礼貌、遵守纪律、爱护公物等良好的道德行为和习惯;发展幼儿勇敢、坚强、不怕困难、刻苦耐劳、持之以恒等良好的意志品质。

4. 发展个性的目标

目标包括:培养幼儿积极参加体育活动的兴趣;初步养成幼儿自觉和独立参与体育锻炼的习惯与能力;培养幼儿活泼开朗的性格。

二、学前儿童体格、体能发展教育的内容

身体练习是体格、体能发展教育最基本也是最重要的手段。而所谓身体练习则是指为锻炼身体、增强体质、增进健康所采取的各种动作过程。幼儿身体练习的动作构成了幼儿体格、体能教育最基本的活动内容，它主要包括基本动作、基本体操、排队和变换队形等。

1. 基本动作

指走、跑、跳跃、投掷、平衡、钻爬、攀登等人体最基本的活动技能。

2. 基本体操

指徒手体操和轻器械操。前者是指手中不拿任何器械的体操，它是根据人体各部位的活动特点，依照头颈、上肢、下肢和躯干的顺序，由一系列体操动作组合，结合动作的方向、路线、幅度、节奏、用力特点等变化构成的身体练习，如模仿操、徒手操、拍手操、韵律操、武术操等等。后者是指手持轻器械，在徒手操动作的基础上，结合器械的特点而进行的身体练习，如花操、筷操、哑铃操、小伞操等等。

3. 排队和变换队形

指由原地动作和行进间动作结合口令等信号构成的身体练习，它包括动作（钻法、移动法、停法、转法、集合、报数、看齐等排队方法）、队形、变换队形的方法和口令，识别方位等内容。

各项活动在幼儿园各年龄班有不同的练习内容和要求。另外，随着体育活动研究的逐渐深入和幼儿园体育活动的不断开展，新的运动器材、新的活动项目、新的体格和体能的训练方法及手段日益增多。随之，体育锻炼的内容也越来越丰富，分类越来越细、越来越科学。比如，有的幼儿园在基本体操中适当增加了专门器械的悬垂和支撑练习，有利于发展幼儿的体能，培养他们顽强坚毅的意志和个性品质。将球类活动从原来的投掷活动中分离出来，并适当增加了小足球、羽毛球等其他球类活动，以更好地利用球类的特点，发展幼儿的身体素质。骑自行车、荡秋千、滑滑梯、爬攀登架等各类器械练习和游泳等也都是幼儿

十分喜欢的体育活动项目。

三、学前儿童体格、体能发展教育的原则

根据幼儿身心发展的特点和幼儿园体育活动自身的特殊性,其原则主要包括身体全面发展、合理的运动负荷、从实际出发、循序渐进、多样化等方面。

1. 身体全面发展原则

指幼儿园的体格、体能训练要使幼儿身体的各个部位,各器官、系统的机能及各种基本活动能力和身体素质,得到全面协调的发展。

人体是在大脑皮层统一调节下的有机整体,人体的各个部位,各器官、系统的机能,各种基本活动能力和身体素质之间,既相互联系,又互相制约。某一方面的发展,都会影响其他方面的发展,如果处理调节得好,就能相互促进,共同提高,使身体均衡发展,体态匀称优美,各器官、系统协同活动,协调发展,提高工作效率。反之,将造成畸形发展,损害身心健康。

2. 合理的运动负荷原则

指在体育活动中,要合理地安排和调节幼儿身体和心理所承受的负荷,有效地增强他们的体质,促进他们身心健康。

人体生理机能适应性规律揭示,在一次体育活动中,人们在参加运动时,体内的物质、能量被消耗,异化作用加强,同时体内也积极进行着恢复过程,同化作用也相应增强。但整个过程中,消耗占优势,因而会引起身体疲劳和机能的暂时下降。运动后,身体机能指标逐渐恢复到运动前的水平,经合理休息后,物质的能量储备超过运动前的水平,从而提高了身体的机能能力。如果体育活动不经常开展,或间隔时间过长,则身体的机能能力又将恢复到运动前的水平,这就失去了体育活动的意义。

研究表明,消耗过大或过小的运动都是不足取的,经常开展有适宜运动负荷的体育活动,才能得到较好的锻炼效果。

3. 从实际出发原则

指体育活动的目标、内容、组织和方法、运动负荷等,要符合幼儿的特点和

具体条件。

幼儿的身心发展有其自身的年龄特征和发展水平,因而学龄儿童和成人进行的活动内容不适合幼儿,即使有类似的活动项目,也不能有同样的活动要求,而且在组织和活动方法上也要采取适合幼儿年龄特点的方式。

幼儿个体之间,在智力和体力等方面的发展水平不尽相同,接受能力也存在个体差异。例如,同样一种动作练习,有些幼儿掌握得又快又好,而有些幼儿则用了较长时间练习还是没有掌握。因此,要根据个体差异,实行因材施教。

4. 循序渐进原则

指体育活动应遵循由易到难、由简到繁、逐步推进、不断提高的规律。

人们对知识和技能的认识、掌握都是由低到高、由未知到已知、由少到多逐步提高的,其接受能力和认识能力也是逐步提高的。因此,体育活动中重视循序渐进的原则是认识发展规律的客观要求。

某一动作和技能的形成一般要经历相互联系的三个阶段:

(1)粗略掌握阶段。这一阶段幼儿的动作泛化,多余动作多,费力而不协调。

(2)改进和提高阶段。此阶段幼儿的动作逐渐开始分化,一些多余、不协调的动作逐渐消除,并初步建立动作的动力定型,但还不巩固,如果遇到不良刺激或较长时间停止练习,动力定型还会破坏,多余或错误的动作还会重现。

(3)巩固和运用自如阶段。这一阶段因动作反复练习和提高,条件反射已经巩固,此时动作准确、完善,甚至某些动作或动作的某些环节已达到无意识控制也能完成的程度。体育活动(包括身体素质练习)在本质上都是由一系列动作构成的活动过程,因此,在活动中重视循序渐进的原则也是动作技能形成规律的具体要求。

另外,在身体素质练习中,贯彻循序渐进的原则,将防止力量性损伤等事故的发生。

5. 多样化原则

即在体育活动中利用多种内容和多种组织形式进行体格、体能教育的原则。

活动内容的多样化是指要利用基本动作练习、基本体操练习、排队和变化队形,利用各类器械练习(包括小型多样的体育游戏)及开展适宜幼儿活动的多种身体素质的专项练习等,积极开展体格、体能训练。

组织形式的多样化是指要利用集体、小组和个别活动,有组织的活动与幼儿的自发活动,如早操、有组织的体育教学活动(体育课)、户外(或室内)体育活动和运动会并结合幼儿"远足"等多种形式积极开展体格、体能训练。

贯彻多样化原则,有利于激发幼儿参加体育活动的积极性、主动性和创造性。

四、学前儿童体格、体能发展教育的途径和方法

学前儿童体格、体能发展教育的途径和方法是指在学前教育机构中为发展幼儿的体格、增强幼儿的体能所采取的一系列具体的体育手段和方式、方法。它主要包括以下几个方面。

1. 利用自然因素积极锻炼幼儿的身体

自然因素是指空气、阳光、水等。利用这些因素进行锻炼,能提高和改善有机体对外界环境的适应能力,增强有机体对疾病的抵抗能力。利用自然因素锻炼主要有两条途径:一是配合日常的生活和活动,坚持户外活动、早锻炼、散步、开窗睡眠,用低温水(以 16—18℃ 为宜)洗脸、洗手、洗脚等;二是开展专门的"三浴"体格锻炼,即组织专门的空气浴、水浴和日光浴。但组织此类活动必须注意循序渐进和持之以恒,例如,开展冷水浴,在一开始应先给幼儿温水,当幼儿适应后,逐步降低水温。另外,在活动中要注意照顾个别幼儿。

2. 以游戏形式,有目的、有计划地开展多种多样的体育活动,积极发展幼儿的基本动作和身体素质

基本动作和身体素质是幼儿体能发展的两大重要组成部分。因此,在幼儿园要充分利用集体教养的优势,采取"以教为保,保教结合"的原则,通过晨间锻炼、户外活动(每日至少保持一小时)、有组织的体育教学活动等多种组织形式积极开展体育锻炼。注意利用多种多样的体育游戏开展各种基本动作练习和身体素质练习,置备多种多样的体育器械为幼儿的身体练习提供和创造有利的活动条件。

3. 利用基本体操全面锻炼幼儿的身体

基本体操是早操(晨间活动)的重要组成部分。基本体操动作的编排结构和特点,决定其在养成幼儿良好的身体姿势和全面锻炼幼儿的身体方面有独特的作用。因此,坚持每天做操,对增强幼儿体质,促进其身心健康有十分重要的意义。坚持冬夏季做操,还能锻炼幼儿的意志,提高机体对外界环境的适应能力。

4. 建立良好的生活和活动环境

生活和活动环境要尽量做到"四化",即净化、绿化、美化和儿童化。尤其是活动室和休息室要做到通风、采光、大小合宜(活动室采光比不小于1:5,人均面积以2.5—3平方米为宜),湿度和温度适宜,并符合安全和卫生要求。为幼儿创造一个优美的生活和活动环境对保护和增进幼儿的健康具有十分重要的意义。

5. 制定和执行合理的作息制度及严格的卫生保健制度

合理的作息制度是指符合科学的生活秩序。制定和执行合理的作息制度可保证幼儿的各器官、系统有节奏地活动,防止神经系统的过度疲劳,保证有机体的良好生长发育。

严格的卫生保健制度是贯彻"预防为主"的卫生工作方针的保证,它能提高幼儿对疾病的抵抗力,对降低发病率、防止病源传染有积极的作用。

6. 培养幼儿良好的生活卫生习惯

良好的生活卫生习惯包括睡眠、饮食以及保持自身身体、服装清洁和环境整洁等习惯,它直接影响幼儿的健康和生长发育,因此,培养幼儿良好的生活卫生习惯,对于保护幼儿的生命和健康有重要的意义。

7. 重视安全教育

幼儿缺乏对安全重要性的自觉认识,因此,重视日常生活中的安全教育、体育锻炼中的安全和自我保护教育对保护幼儿的生命,顺利地实现体育活动的任务至关重要。

8. 重视幼儿的心理健康

心理健康是身体健康的重要组成部分。在体育活动中,要利用多种形式、多种内容的体育游戏激发幼儿对体育活动的持续兴趣,体验参与体育活动的情况,培养幼儿活泼开朗的性格。

9. 重视合理的营养

体育活动后重视合理的休息和营养,有利于有机体得以超量恢复,提高有机体的工作能力。

积极锻炼幼儿的身体和采取有效的措施保护幼儿的健康是"保教结合"原则的具体要求,因此,教师在对幼儿实施体格、体能发展教育时,应同时做好这两方面的工作,只有这样,才能真正实现体格、体能发展的目标。

第八章
学前儿童智能发展与教育

第一节 智能概述

一、智能的含义及智能理论

(一) 智能的含义

1. 智能

智能也称智力或智慧。它是人们在获得知识和运用知识解决实际问题时所必须具备的心理条件或特征,包括在经验中学习或理解的能力、获得和保持知识的能力、迅速而又成功地对新情况做出反应的能力、运用推理有效地解决问题的能力等等。

智能或与此概念相同的智力,不同于测验学中的智力。在测验中,或者说,在智力测验中,把智力看成是在执行某些活动任务时,运用了上述诸能力而获得是否成功的标尺,这等于说"智力就是智力测验所测的那些能力"。这种定义只能看作是操作定义,它对各种能力的核心内容没有做出规定,故很不全面。这也是我们在此采用智能这一名词的原因所在:一方面它有别于智力测验中所测定的智力;另一方面,与众多的智能或智力概念一样,把智能和智力看作是能力,看作是人的一种稳固的心理特征。

2. 智能结构

智能的结构是怎样的?即智能是怎样组织和构成的,它是反映在各种智力作业中的单一完整的能力,还是为数不多的、主要的、相对独立的能力,或是由大量特殊的互不相同的能力所组成的,不同的学者对此有不同的回答。对智能结构的回答和解释,不只是一个具有心理学意义的问题,而且是一个影响教育取向和策略的问题。

(二) 智能理论

1. 普通智能论

主张智能是单一完整的能力,是统一的通用能量;认为虽然智能可能表现为种种不同的形式,或导致各种活动,但基本上它是一种单一的能力。

2. 群因素论

设想智能可以描写为一组数量不多,但比较重要的常见因素。以下因素(具体能力)的出现具有规律性,并为许多研究者所证实:空间,想象空间几何模式的能力;知觉速度,迅速而精确地注意细节的能力;数,简单算术计算的速度和准确度;文字理解,对词的意义以及词与词之间关系的理解能力;词的流畅性,应用字词的能力;记忆,对无意义材料的即时回忆;归纳,引出规则的能力。

3. J.P.吉尔福特的智力结构模型

设想智能活动有三个维度:操作、内容及成果。操作就是智能活动的过程,包括认知、记忆、发散式思维、集中式思维和评价。这些操作的内容可以是图形、符号、语义或行为,成果有单位、门类、关系、系统、转化或涵蕴。所以整个模型包括150种组合(5种操作×5种内容×6种成果),每一组合代表一种独特的因素。例如,语言理解因素(词汇)在吉尔福特的模型中,就成了认识语义单位的能力。

4. P.E.弗农的层次结构说

认为智能结构是有层次的,从较大的一般因素(一般智能),通过群因素到越来越特殊的小因素。在他的模型里,一般能力 G 居层次的顶端。这一一般因素再分为两大群因素:语言－教育因素(V:Ed)和实用－机械因素(K:M)。它们进一步再分为许多次群因素,前者有词、数等,后者有机械知识、空间、动作等,下面还有更细的特殊因素。弗农的层次结构说尝试回答了不同的能力是否都属于同一层次,是不是有些能力包含的内容多一些,因而包括了别的小的能力的问题。

5. R. 卡特尔的智能结构理论

认为智能包括两种一般因素:晶体智能和流体智能。晶体智能具有沉重的文化成分,应该通过词汇、数学技能及一般与特殊知识的测验来测量;流体智能包含较多的知觉与操作技能。由于晶体智能与流体智能对智能作业的相对贡献因人而异,随境而迁,又由于发展水平的不同,智能作业的稳定性将视晶体与流体成分在行为上所起的作用而定。

6. 皮亚杰的智能观

皮亚杰把智能看作是逻辑数学运算能力,也是对外在环境的适应能力,是一种内在的整体的结构系统。智能是由运算结构决定的。

7. 霍华德·加德纳的多元智能理论

霍华德·加德纳在《多元智能理论》《智能的结构》《再论多元智能》等著作中,借鉴当代心理学的研究成果,运用生物学、神经生理学、人类学等方面的研究成果,讨论人类不同智能的表现,提出了关于人类几种基本智能范畴的概念。认为人类发展基本的就是智能的发展,传统的智能测验并不能反映大多数人的智能水平,智能是由相对独立的功能性领域组成的,并提出了八种不同的智能。

(1)言语智能:运用口头语言和书面语言的能力。

(2)音乐智能:对音乐感受与创造的能力。

(3)数理逻辑智能:用逻辑或数学术语来控制、组织和交流经验的能力。

(4)空间智能:对空间准确知觉、再认、想象和改造的能力,以及运用语言、绘画或其他手段表现空间的能力。

(5)身体动作智能:对身体运动的控制能力及熟练的操作对象的能力。

(6)人际关系智能:对别人的情绪、情感、动机以及人们之间的关系做出区分的能力,有效地和他人相处的能力。

(7)内省智能:自我认识和控制的能力,对自己的感受的描述能力。

(8)博物智能:对客观事物进行分类的能力。

加德纳认为,受遗传及早期训练的影响,个人智能发展的侧重点是不一致的。他已经找到了很多证据来支持他的智能理论,包括从对"白痴学者"及孤独儿童的研究到对人类数千年智能进化的研究。他还在神经心理学的文献资料中找到了特别有说服力的论据,即某种形式的大脑损伤会损害人类某一方面的智能,而其他方面的智能并不受影响,而且不同部位的大脑损伤总能产生某种相对的症状。

8. 新皮亚杰主义的儿童智能发展理论

新皮亚杰主义理论在论及儿童智能发展时,在保留鲍德温·皮亚杰的结构主义理论的智能发展假设的同时,也保留了信息加工理论有关智能发展的假设,并提出了自己的假设:在思维中,那些大的转换是通过复杂性相似,但功能和内在形式都各不相同的执行结构的协调而得以发生的;而那些小的转换则是通过复杂性、内在形式和功能都相似的执行结构的协调而得以产生的。在任何一个大的认识转换中,都会出现四种相同的变化:一是一种结构的最高水平的目标将归并到另一种结构之中;二是在问题的表征中增加了要求做出这种归并的情境特征;三是在上位结构的操作中增加了与下位结构有关的那些操作,这样,这些下位结构的操作便作为一种新的环路或子程序而发生作用;四是为了使整个上位结构能顺利地发生作用,各个组成部分的内部结构也发生了一些改变。在发展中,不同阶段之间的平行现象相当确定,在每一个时期内亚阶段的数目与性质也相同。2—5岁这一时期并非是具体运算发展的先兆,它是一个独立的阶段,具有自己的运算顺序和最终的运算系统。智能操作的四个主要类型为感知运动运算、关系运算、维度运算和矢量运算(或称抽象的维度运算)。

在新皮亚杰主义理论中,罗比·凯斯的理论具有较大的影响。罗比·凯斯作为新皮亚杰主义理论的杰出代表,提出了他的智能学说。他认为,智能不只是数理逻辑运算能力,而且还是儿童在日常生活中遇到问题解决问题的能力。智能是解决一般性问题的能力,而一般性问题往往同儿童的日常生活有关联。罗比·凯斯在其《智慧的发展——一种新皮亚杰主义理论》一书中指出:"我对幼儿采取的一个总看法是认为幼儿是这样一种机体:他具有某些天生的愿望,当然,在实现这些愿望时会遇到一些自然出现的障碍,但是,通过对他们具有的先天程式的改进和重新组合,他们也有克服这些障碍的能力。对发展过程采取的看法也与此相似。发展过程被构思为这样一个过程,在此过程中,目标或目的连同追求这些目标或目的的策略,都是将低层次的目标加以改进和协调的产物。"在分析儿童解决问题时,他提出了执行控制结构(Executive control structure)的概念,这是一种内部的心智蓝图,它既代表被试者构思某一特定问题情境所惯用的方式,又代表他处置该问题的惯用步骤。它含有三个组成部分:一是对问题情境的表征,即对准备付诸计划的那部分条件的表征,它们时常由儿童自己发现;二是对儿童在该情境中最通常的目标的表征,即对儿童向往的、他们计划要达到的那些状况的表征;三是对儿童采用的策略的表征,即对儿童在以尽可能有效的方式将问题情境转化为向往的情境时所表现出来的一系列心智步骤的表征。

罗比·凯斯在描述儿童解决需要移去障碍的问题时,揭示了其心智活动的过程。例如,当儿童最初看到有趣的玩具并为自己制定用它来玩的目标时,他们对问题的解决工作便开始了。在他们看到玩具或伸手想拿时,发现有一客体挡住了通道。一旦他注意到这一客体,便为自己制定移去这一客体的子目标,接着便要求注意它同自己手的相对位置,并为自己制定按一定的方向移动自己的手这一目标,即第二个子目标。从心理学角度来看,这时问题已经解决了,也就是说,这时儿童内心已了解了整个解决问题的办法,包括他们想要达到的最终目的和在此过程中采取的必要的第一步。一旦儿童能设想出解决问题的一般方法,他们要做的就只是努力实现这一系列目标:每次提出一个子目标,并通过适当的身体运动来达到这一目标。罗比·凯斯和索尼姬·海沃德设计了一系列非常简单的平衡臂问题,平衡臂的一头正好对着儿童和其母亲,平衡臂上放有一块积木,以研究幼小的婴儿能够组合以执行控制结构。

罗比·凯斯认为智能既是一种一般性能力,与控制结构的量变质变相关,同时又和多种能力有密切联系,他倾向于对智能做更广泛的解释,尤其是肯定外部情境对目标、手段的影响,这同皮亚杰的智能由运算结构决定的观点是不同的。

二、儿童智能的年龄特点和性别特征

儿童智能的发展指的是儿童期内智能发展变化状况及其规律。儿童智能发展的特征考察可以遵循两个视角：一个是年龄；另一个是性别。

（一）儿童智能的年龄特点

（1）随着儿童年龄的增长，智能的稳定性逐渐地加强。婴儿早期的智能尚不稳定，对后期智能很少或缺乏预测价值，而2—6岁儿童智能的发展渐趋稳定，西方有关的研究表明，靠近6岁的儿童的智能测验分数与后期有相当可靠的相关。

（2）智能核心随儿童年龄的不同而产生变化。例如，3岁前，主要是动作；4—5岁，主要是图形知觉；而5—6岁，则主要是语言、数学等。一般的智能测试量表都是根据智能核心的变化而设计的，否则难以真正反映儿童智能发展的状况。随着儿童年龄的增长，智能因素日趋复杂。

（二）儿童智能的性别特征

一些研究表明，男女儿童在智能结构上不存在差异。例如，国内研究者静进和郭迪在《五岁男女幼儿智力结构的比较研究》一文中认为5岁男女幼儿的智能结构无性别上的差异。裴秀芳在《幼儿认知、个性发展的性别差异》的研究中表明，在"观察能力、计算能力、记忆能力、词语理解能力、推理能力"几项中，在4岁幼儿组，除观察力男性幼儿高于女性幼儿外，其他几项都是女性幼儿的得分高于男性幼儿，但各项差异并不显著；在6岁幼儿组，除女性幼儿的推理能力高于男性幼儿（差异不显著）外，其他几项男性幼儿的得分均高于女性幼儿，其中，只有观察力一项差异显著，由此可见，男性幼儿的观察力优于女性幼儿。

也有一些研究表明，男女幼儿在不同的智能因素的发展方面是不同的，或不平衡的，男性幼儿在数的推理与空间判断能力方面有优势，而女性幼儿在言语流畅、机械记忆方面有优势。在这一方面，研究者们提出了不少的见解。事实表明，男女幼儿的智能发展特点或差异（非显著的），并非一生下来就形成。婴儿早期并没有表现差异，到幼儿期不同智能方面的不平衡开始出现，这种不平衡随着儿童年龄的增长而扩大。其原因除了男女性别相应的生理基础差异外,文化影响及与此相关的性别角色社会化也是一个重要的影响因素。在某些文化背景中,女性角色受到许多人为束缚,限制了女性与男性一样自由活动的机会和权利,造成在一定程度上影响女性智慧的发展。也有人认为智能的发展与某些个性特征有联系,如有一个研究报告:IQ升高组的儿童个性多进取心、竞争性等;下降组则多依赖性、被动等。一般认为,进取心、好胜、独立主动性、克服困难的坚韧性,特别是渴望成就的动机等特征,是男性特征。有的研究认为,这也与文化因素的影响有关。

三、智能发展的影响因素

围绕智能的发展,一直有两种不同论点的争论:一是遗传决定论;二是环境决定论。

1. 遗传决定论

认为智能发展主要受遗传因素的影响,高尔顿与高达德分别进行的名人研究和谱系研究是遗传决定论中两个较为典型的研究。此外,西方有关遗传力的研究(主要通过双生子的研究)也从一定程度上支持了遗传决定论。所谓遗传力,也称遗传指数,是指在一定条件下一定群体中某一特性的总变量中归于遗传因素的变异所占的比例。1972年,智能遗传论的积极支持者A. R. 詹森等人从英国、美国、丹麦的四个有代表性的双生子智能相关的研究资料中分析得出结论,认为遗传对智力所起的作用占遗传和环境总作用的80%,或者说,遗传对智力的作用4倍于环境。这是从两类双生子对比研究中推导出来的遗传力的估计值。但值得指出的是,遗传在智能上的作用大小不是一个固定的常数,而是因不同的人群、不同的年龄时期、不同的测验项目(反映不同方面的能力)等而有所不同。

2. 环境决定论

这是一种与遗传决定论相对立的学说,强调环境在智能发展中的决定作用。环境对智能作用的研究中较有说服力的是养子研究,因为这些研究中,养子都来自收养所、孤儿院,环境条件差于领养的家庭的条件,故儿童智能的变化,可归于环境因素。如丹尼斯在黎巴嫩曾做了一次研究。1966年,黎巴嫩政府曾做出一项规定,收养所的儿童可以被家庭收养。此决定生效后,大批儿童被收养。丹尼斯的研究表明,1—7岁儿童被收养前,平均智商为53,而收养七八年后,他们的智商则提高到平均85。研究还发现,2岁前被收养的孩子,无论是收养在黎巴嫩家庭还是美国家庭,他们的智商都提高到95以上,这说明早期环境影响作用更大。

贝利的研究也是很有价值的。他用贝利量表对美国1000多名年龄从1个月到15个月属于美国不同阶层的家庭中的婴儿进行测验,结果发现,智能发展与家庭环境、父母受教育程度没有关系,白人婴儿和黑人婴儿也没有显著差异。但过了一段时间,尤其是到了3岁,差异就出现了,中上层次家庭的幼儿的智商逐渐提高,一般水平家庭的孩子的智商前后没有差异,但是属于下层的工人阶级家庭的孩子的智商下降。尽管在动作发展方面黑人儿童一开始均优于白人儿童,但随后的智能测试表明,黑人儿童在智能上均低于白人儿童。

3. 遗传与环境相互作用说

对于影响幼儿智能发展因素的认识,遗传决定论或环境决定论都是没有太大说服力的,遗传与环境相互作用说是为大多数学者所接受的。R.S.武德沃斯认为,个人的发展是由遗传与环境两种因素决定的,他把一个人智能的发展形象地比作遗传与环境的乘积。如果甲所处的环境与乙相同,但甲的遗传优于乙,那么,必然是甲的智能优于乙;如果丙的遗传条件和乙一样,但所处环境优于乙,则其智能会高于乙。武德沃斯的论断是,遗传和环境对于身心发展是绝对必要的,若无环境,生命就会死亡,若无遗传因素,个体便成了非生物。从这个意义上说,遗传是智能发展的条件,环境是智能发展的决定因素。

第二节　学前儿童智能的发展

一、婴儿期(0—2岁)智能的发展

婴儿期经历了从反射或自发运动阶段到习惯阶段,进而发展到感觉运动或实践智能的阶段。这三个阶段可细分为六个小阶段。

1. 0—6周 反射的运动阶段

例如,最初一个偶然的动作使婴儿把手放进了嘴里,引起了吸吮的反射动作,他们以后就设法重复这个原来是无意识的吮拇指的动作。这种动作,从弗洛伊德的立场看,是"快乐的";从皮亚杰的立场看,是"有益的"。因为智能发源于行动,行动受限制的残疾婴儿智能发育就会受到影响。婴儿会从被动接受而引起反射的刺激因素发展到积极寻求刺激因素。

2. 6周—4(5)个月 婴儿已发展成了协调的"原始循环反应",或称最初的习得适应

皮亚杰认为这一阶段的婴儿还不具有"意图"的能力,即他们不会先想要做什么然后去做,因此,他不认为婴儿的行为是真正"智慧"的。皮亚杰和英海尔德认为"习惯仍不是智能。一个基本的'习惯'是基于一个通常的感觉——运动图式,从主体的角度来说,在这里方法和目的还没有任何区别……智能行为是从一开始就选定目的,然后从各种可行的方法中选出一种来实现这个目的"。

3. 5—8(9)个月 这时显著的特点是婴儿的意向性出现了

婴儿逐渐对动作的结果感兴趣了,标志着他的意向性活动的开始。例如,婴儿注意到踢摇床的一侧会使一个可爱的玩具活动,他们就会不断地踢下去。这时婴儿还不会区分方法和目的,因此,会过分期待某一单一动作的效用。这阶段称第二循环反应。

4. 9—12个月 这阶段称第二图式(习得行为)的协调及其在新的情况中的运用阶段

这一期间,婴儿开始更多地注意到一个特定的动作和一个特定的效果之间的联系。他们开始能在头脑中确定一个目的,当他们寻求这个目的时,不会受到寻求目的的动作的干扰。也就是说,婴儿已经在头脑中形成一个目的的代表物,然后用不同的动作和方法来实现这一目的。例如,皮亚杰举了一个有关其女儿的例子:雅克兰8个月8天的时候,想要她的赛璐珞做的玩具鸭子,当她拿到手的时候,皮亚杰也抓住了这个鸭子,这时她用右手紧抓着这个玩具不放,用左手推开皮亚杰的手。重复这个实验,雅克兰还是产生这种行为。此外,由于实践智能的发展,婴儿还能发明出新的方法来实现自己的目标。当做出有意图

的、新奇的,而且是适宜的反应能力时,表明智能已经出现了。

5. 12—18个月 这阶段称为通过积极试验发现新方法的阶段

这时,婴儿已变成了好奇的、摇摇晃晃的探索者,成了在他自己的环境中所有有用的事物的主动调查者,婴儿已不再完全同样地重复这些偶然发现的动作,而是以新的或改变过了的行为对周围的有生命或无生命的物体发生作用,以造成某种效果。正是这种以引起新的结果为目的的改变了的动作,才可称是智能动作。

6. 18—24个月 这阶段称通过心理组合创造新方法的阶段

这时,婴儿发展了用心理图像表现事件的能力,并能在某种程度上对事件加以追踪,已具有了初步的对因果关系的理解。他已经能思维,他解决问题的过程,即是在脑子里"试验"解决问题的办法。他甚至在所要模仿的事物或人不在眼前时,还能模仿他们的动作,这时,以感知为主体的感觉-运动智能让位给儿童的概念世界。

在婴儿智能发展研究方面,有一些研究者对皮亚杰的理论进行了修改和补充。如鲍沃提出5个月以前的婴儿要比皮亚杰所认为的更有能力。他认为,很重要的一点是要将学习带来的变化同发展带来的变化区分开来,发展被看作是基因和环境相互作用的结果,婴儿的基因并不一定能决定发展,基因的作用要取决于环境,所以发展的途径是各不相同的,环境可以促进或限制本能的发展。认知过程是一个一般变为特殊,抽象得以分化的过程,这与皮亚杰认为发展是由分别的行动到抽象的法则的观点正好相反。

此外,在皮亚杰的所有著作中,人类的婴儿是一个孤独的个体,他通过对于无生命物体的行动来构造人类知识的各个领域。斯特文森认为,人类的婴儿从生下来就是社会化的生物,可以与同种类的其他个体交流。他观察和拍摄了母亲与婴儿的交流行为后指出,"两个月的婴儿和他们的妈妈之间的交流方式表明,意识的共享和你—我关系的过程是人脑天生的产物"。他认为,婴儿在长大一些之后,他们不仅去学习物体的性质,而且设法与其他人共享自己的经历。他的关于人类知识的领域不是由婴儿自己独立创造的,而是在人际交流的过程中建造的论点得到了纽森的支持,他们同意皮亚杰关于知识来源于主体即婴儿与客体相互作用的观点,但补充说"人类婴儿与之相互作用的客体,是更经常、

更有效的,特别是在发展的早期,几乎总是另一个人类"。

在婴儿期的最后阶段,语言开始产生。一般认为,感觉运动智能受感知的支配,而其基础在于行动。皮亚杰认为智能首先是感觉运动阶段行为的有意识的成果,其次是这些行为在思想作用下的内在化。语言只有到了这一阶段的末尾,当内部代表物和可唤记忆都已出现时才有可能发展。维果茨基也相信行动先于语言,他认为词语不是开端——行动是先出现的,语言是发展的目的,是行动之冕。他认为婴儿期具有"前智能"的语言,如咿呀声,还有"前语言"的思想,即由感知支配的实践智能行动。

二、幼儿期(2—6岁)智能的发展

这个时期的幼儿主要形成和发展的是前运算智能。幼儿期开始,就从感觉运动阶段的实践智能转变成为"运算"智能,或者说是早期外部行为的内心化。这一阶段是真正的运算智能赖以发展的基础,在这一阶段中,幼儿的语言起了非常重要的作用。这一阶段幼儿的智能发展主要表现在两个方面。

(一)象征功能的发展

在感知运动阶段的初期,儿童只能应付看到、触到、听到、嗅到或尝到的东西,如果看不到、听不到或嗅不到,那么这些东西对他说来就是不存在的。到了感知运动后期,儿童开始有很原始的表象能力。例如,当他听到母亲的声音时,他就认识到她母亲的象征,一听到母亲亲切的声音,他就很兴奋,如同母亲真的走进他房间时一样。当他看到奶瓶,就会形成食物的象征,就会表现出母亲喂奶时的欢乐。但用皮亚杰的理论分析,这种思维还不是真正的表示性思维,因为这个时期,他还不能自己想起某人或某些特征——没有外部的提示,如声音等,只有当儿童能够自己想起某些词或形象时,他才能真正进行象征思维。当儿童独自躺在小床上,没有真的听到母亲的声音而想到母亲的声音、形象时,他才具备象征思维的能力,即有了一定的人、物的心理表象——信号物。这些表象所代表的物体、事件(母亲、喂奶等)称为表示物。信号物可以有两种:一种是象征,这完全是个人的表象,包括视觉、听觉的形象,甚至动觉形象,这些象征与它们所代表的物体有相似之处(如母亲短短的头发、红红的脸、温柔的声音等);二是符号,如一个词或一个数学符号,符号看上去、听起来不像它所代表的物体,而是社会公认的某种物体或概念的代表,是人为的。如幼儿园数教育中用的"+、-、=、>、<"等符号,语言教育中用的"田、目、日"等符号。幼儿开始是用象征进行思维的,即使在他们能熟练运用语言和其他被社会接受的符号后,还继续用象征进行思维。

心理象征在这个阶段出现了。这个阶段的幼儿不是简单的模仿,而是把模仿内化。内在模仿就是心理象征,只有有了心理象征,才可能出现迟延模仿。皮亚杰认为,这种行为就是智能。例如,一个女孩早晨见妈妈涂口红,上幼儿园后把蜡笔放在自己嘴唇上,做涂的动作,这说明母亲的行为给她形成了心理象征。

(二)思维的发展

这一阶段儿童思维的发展与特征主要表现在以下三个方面。

1. 自我中心的思维特征

当然这并不意味着幼儿的思维完全是自我中心的,也不意味着成人的思维不自我中心。这里,自我中心是指幼儿以自己的观点和看法为中心,并不了解他人还有其他的观点,皮亚杰有一个著名的"三山问题"经常被用以说明这一点。儿童坐在颜色、尺寸、位置各不相同的三座山的模型面前,然后把一个洋娃娃放在对面或模型的一侧,这样,洋娃娃与儿童看模型的角度是不同的。然后让儿童选择一张照片,照片上是从洋娃娃的角度看到的山;或者让儿童重新排列山的模型,使之重现洋娃娃所看到的位置。前运算期的儿童表现出他们不能完成这次任务,"三山任务"过于复杂。那么,在简单一些的任务中,儿童是否能顺利完成呢?如果儿童被要求做一个简单得多的任务,比如,给他们看一个正方体,正方体的一面是一个玩具熊,另一面是一只鸭子,其他几面空着,他们就能说出当自己看见熊时,布娃娃见到了鸭子。钱德勒和博伊斯认为,在简单任务中,幼儿非常清楚能看到什么,也就是说洋娃娃看到的是鸭子,但是他们所想到的是这个正方体的特性就是一面有熊,一面有鸭子,因此,他们根本不曾考虑洋娃娃的看法,也就是说,他们不了解知识可以从主观上被再组织。

如果儿童要摆脱自己的观点是唯一观点的想法,他们首先要学习物体的性质,其次要了解其他人有不同的视图,第三要懂得视图是什么,这种能力被称为进入角色。在这方面有不少研究,内容包括社会、影响、空间、认知等不同方面进入角色的问题。毕特研究了4岁半儿童进入角色的能力,他发现儿童进入角色能力的差别可能和不同家庭的社会交往经历有关,特别是和儿童与母亲之间交流的形式有关。母亲自觉地意识到婴儿的观点是重要的并加以尊重,这对于培养进入角色能力是十分重要的。

例如,这个阶段的幼儿在玩捉迷藏游戏时,有的孩子采用的是把自己藏起来的方法,除了找一个隐蔽的地方外,还用手把自己的眼睛遮起来,他以为自己看不到别人了,别人也看不到他了。在幼儿间的谈话中,也有这种情况,两个幼儿面对面坐着,正在进行"交谈",但仔细一听,他们谁都不太关心别人在说什么,也无法去对别人的讲述好奇地提问,更多的是把别人的描述作为进行自己描述自己的经历、想法的主题,故不是真正意义上的"交流"。

2. 单维注意及思维的不可逆性

前运算期的幼儿容易把注意力集中于情境的一个方面、一种状态,而忽视其他方面的重要性,结果就产生了显然不合逻辑的推理。因此,儿童往往只注意状态,特别是最终状态,而不考虑达到这些状态所要经历的转变。这种不会考虑全面性和转变的特点就是造成前运算期儿童思维的流体性特征的原因。

所谓思维的流体性特征,是指儿童不了解过去的状态与现在的状态之间有必然的联系。例如,当儿童看到10只玩具兔与10棵青菜处于一一对齐的位置时,他们能了解玩具兔的数目与青菜的数目是相等的,但如果把玩具兔的位置或青菜的位置改变,使得一一对齐的情况被打乱,他们就会认为二者的数目不再是相等的了。他们把转变前的状态与转变后的状态分离开来,不理解添加或拿去了什么,玩具兔与青菜的数目在转变前如果是相等的,它们在转变后仍然是相等的。

不会考虑转变,也造成前运算期幼儿思维的不可逆性。假如在5岁的男孩面前放两只相同的玻璃杯,两只杯子一样高、一样宽,装的水也一样多,问他哪只杯子里的水多,他会不加思索地回答"一样多"。实验人员当着他的面把一只杯中的水倒入一只又高又细的杯子里,然后问他"现在哪只杯子里的水多?"他毫不犹豫地指着那只矮而宽的杯子。实验人员重复地来回倒了好几次水,他坚持说那只矮杯子里盛的水多,问他为什么,他用短而粗的手指指着杯子的宽度说"这个宽了以后不就大了吗?"但也有的幼儿认为高杯子里的水多。这是因为对于这个年龄的幼儿来说,要同时考虑高度和容量是做不到的。他们把注意力集中在一个或另一个方面,还不能合乎逻辑地回答问题。在解答这个问题的过程中,杯子的外形把幼儿迷惑住了,根据外形,儿童做出不同的大小判断,然后就是水容量的判断。例如,问 5 岁的女孩,"有没有妹妹?"她会告诉你"有的"。如果问她"妹妹有没有姐姐呢?"她就会说"没有"。这除了反映其自我中心特征外,也表明她思维的不可逆性。根据研究,对这个问题回答的正确率,7 岁儿童是 60%,9 岁儿童是 75%。

一位身材瘦小的女心理学家和一群 4 岁儿童围坐在一起谈论年龄问题。她问彼得:"这个圈里的人都是 4 岁吗?"彼得点点头。这时这位心理学家说:"我可比 4 岁大多了。"彼得看着他,看到她坐在和他们一样的儿童椅子上,就反驳道:"好吧,如果你不是 4 岁,那你长得太小了。"说明彼得是根据身材高矮判断年龄的。有的研究表明,儿童根据照片尺寸的大小判断照片上人物年龄的大小。这都反映了单维注意的特征,当然这其中也存在社会经验的因素。

3. 序列、分类和内涵关系

(1)序列。如果儿童能够按照一个或一个以上的有关因素,把物体依顺序排列,这表明他们掌握了序列关系,如长度关系——从短到长。为了进行序列化,儿童需要学习把不同的物体排成顺序,这个顺序反映了物体某些因素的逐渐变化。皮亚杰著名的一个实验,要求儿童把一些长短不同的小棍排成顺序。他发现了三个发展阶段:在第一阶段中,儿童不会排这个顺序;第二阶段是 5 岁到 6 岁,儿童用凑试方法可能取得成功,但对理解 B 可以既小于 A 又大于 C 感到特别困难,而且,由于没有发展出一个关系的系统,排完顺序之后再要加进一根小棍他们就不会了;最后,他们学会了排这样的顺序,每一根小棍都被放在正确的位置上,他们也明白了长一些的小棍总是在这一侧,而短一些的小棍总是在那一侧。

(2)分类。分类是要求识别物体的有关特征,如颜色、形状、尺寸等。英海尔德和皮亚杰研究了儿童对分类的理解,并根据对儿童所进行的分类形式和他们所使用的方法将其分为不同的发展阶段。幼小儿童不具有分类概念,仅仅是"聚集"不同的物体,由此发展到"连接"物体,儿童可能不顾物体特征摆放物体。此后,出现了"主题分类",儿童此时会根据某种功能上的关系把物体放在一起,如刀子和叉子、椅子和桌子。在一个将颜色、形态都不同的塑料块分类的实验中,2 岁半到 4 岁半的儿童用这些塑料块排出了圆形。他们并不根据塑料块的不同形状进行分类,而是将它们排出自己设计的形状——往往是一条直线或圆圈。4岁半到6—7岁的儿童做的都是半分类,他们往往一会儿根据这个标准分,一会儿根据那个标准分,没有一定的规格。比较典型的情况是:儿童往往将某些塑料块按颜色分类,有些按形状分类,结果是红色的三角形和圆圈为一堆,另一堆是红色、蓝色和黄色的方块。一般儿童到了6—7岁都能一次根据一个方面来进行分类,7—8岁或8岁以上儿童能进行各种分类。

(3)内涵关系。幼儿阶段还搞不清总体和部分的关系。沃伊林的工作使人得出这样一个结论:5岁到10岁的儿童在实验材料摆在面前时,可以根据经验对含有分类的问题做出正确的回答,但他们缺乏对逻辑必然性的感受,因而不能解答抽象的问题。例如,当儿童的面前摆着一束玫瑰和一束水仙时,他们可以正确地回答出玫瑰多还是花多这些与内涵有关的问题;但当问题是森林里雏菊多还是花多时,显然森林并不在面前,需要儿童自己去想,他们就不能做出正确的回答。在11岁以前,能正确回答有关分类问题的儿童不能回答这样的问题:"怎样才能使雏菊和花一样多?"有关的研究表明,7—8岁的儿童已建立起来的逻辑数学结构仍需要经验的支持。另一个实验也证明了这一点,对5—6岁的儿童提问"如果我拿所有的樱草花做一束花,你拿所有的其他花做一束花,哪一束花大?"儿童说"你的大"。实验人员拿出4朵樱草花和4朵其他的花,然后重复这个问题,儿童回答"同样大"。儿童不懂得部分比总体少,不理解种类内涵的原则。7岁到11岁的儿童将逐步理解这个原则。

第三节 学前儿童智能的培养

一、学前儿童智能培养的目标

《幼儿园工作规程》第五条中强调:"发展幼儿智力,培养正确运用感官和运用语言交往的基本能力,增进对环境的认识,培养有益的兴趣和求知欲望,培养初步的动手能力。"这是对幼儿智能培养目标的总体的、概括的描述。幼儿智能培养的目标主要包括以下几个方面:

(1)培养幼儿感知、了解周围环境中的事物、现象及其相互关系的兴趣,激发幼儿发现、探索的愿望；

（2）指导幼儿了解自然、社会及其与人的关系的粗浅知识，引导幼儿获得对科学现象、现代科技成果的初步感性体验，帮助幼儿将经验和知识条理化、概括化；

（3）引导幼儿学习利用多种感官、多种方式去感知和认识事物，发展幼儿的观察力、注意力和思维能力；

（4）培养幼儿多方面的表现力、想象力和创造力。

皮亚杰智能发展理论的忠实实践者凯米曾指出："我们希望儿童机敏、好奇，对自己搞清事物的能力充满自信，说出自己的真实想法。我们也希望他们有独创性，能提出有意思的想法和问题，能把各种事物加以互相联系。"这也反映了凯米对儿童智能发展的目标，其中对培养儿童的"好奇""自信"等的强调是很有启发意义的。

二、学前儿童智能培养应注意的几个方面

（一）处理好知识获得与智能养成的关系

关于知识和智能，历史上就有形式教育派与实质教育派之争。

以赫尔巴特为代表的产生于唯心主义唯理论的形式教育派强调，重要的不是学习科学基本知识，而是通过科学知识的学习促进学习者思维、想象、记忆等方面能力的发展。以斯宾塞为代表的产生于唯心主义经验论的实质教育派主张培养具有实用知识的人，根据实用价值的大小选择教育内容。从辩证的观点来看待这两派之争，我们可以发现，知识和智能不是不可调和的，事实上，两者是相互联系、不可完全分割的，在教育实践中更是如此。

强调培养幼儿的智能，并不意味着可以忽视幼儿知识的获得。事实上，幼儿获得知识的过程与智能发展的过程是紧密相连的。因为幼儿在获得知识的过程中，动用了各种感官、多种心理过程参与其中，现有的智能水平促进了知识的获得，知识获得的过程又锻炼和提高了现有的智能水平。尤其是教师在帮助幼儿对所感知的现象进行概括、分析的过程中，在帮助幼儿整理对有关事物、现象的认识的过程中，在帮助幼儿对相关知识分类和概括化的过程中，智能因素参与其中且自身也获得了发展。

以往，我国的幼儿教育中出现过过多地强调幼儿掌握知识、忽视幼儿智能发展的现象，把知识掌握与智能培养割裂开来，强调"教给幼儿……的知识"，忽视了幼儿主动获取知识的过程，进而影响了幼儿相关智能的发展。因此，我们应注重让幼儿在主动活动的过程中获取具有一定结构的知识，同时，注重幼儿相关智能的发展。

(二)把握幼儿的智能发展水平，有效地促进幼儿智能的发展

可以肯定地说，并不是所有的教育均能促进且有效地促进幼儿智能的发展的。维果茨基在《学前教学与发展》一文中指出："任何教学都存在最佳的，也就是最有利的时期，这是基本原理之一。对这个时期任何向上或向下的偏离，即过早或过迟实施教学，从发展的观点看，总是有害的，会对儿童的智力发展产生不良影响。"维果茨基把教学最佳期的思想理解为：一定时期的教学在智力发展方面给我们带来更大的效果。很早就进行教学，可能对智力发展造成不良影响，同样，很迟开始的教学，或者长时间地缺乏教学也都同样阻碍儿童智力的发展。由此可见，把握幼儿智能发展的水平，确定智能培养的合理时机是很重要的，同时给予适量的教学，对智能发展是有利的。

维果茨基还强调，不能只限于确定发展水平，我们至少应该确定儿童发展的两种水平，如果不了解这两种水平，我们将不可能在每一具体情况下，在儿童发展进程与他受教学可能性之间找到正确的关系。第一个水平称为儿童的现实发展水平，这是指一定的已经完成的儿童发展周期的结果和由它形成的心理机能的发展水平。第二种水平指儿童在成年人指导和帮助下所能完成任务的水平，这一水平与儿童现实发展水平之间存在的差距，就是儿童的最近发展区。最近发展区可帮助我们确定儿童的明天，确定他发展的动态，不但可以查明发展中已经达到的状态，而且能发现他正在成熟中的状态，儿童智能的状态可以据此加以确定。所以，有效的教学是跑到发展前面的教学。

(三)以感知觉的培养为基础，促进幼儿智能的协调发展

感知觉的发展是幼儿智能发展的首要条件。感知觉是幼儿同周围环境发生相互作用的重要途径，幼儿通过感知觉接触、了解周围世界，使记忆、想象、思维等智能活动成为可能。所以，许多幼儿教育研究者都十分重视对幼儿进行感官教育、感觉教育，以发展幼儿的视觉、听觉、触觉、味觉、嗅觉等，这是幼儿从事

进一步的智能活动的基础。

注意力和观察力也是很重要的智能要素。因此,要培养幼儿的有意注意,使幼儿掌握最基本的观察方法;有顺序地观察、比较性观察可以使幼儿乐于观察,会观察,能从观察中尽可能多地获得对事物和现象的了解。

应注重培养幼儿的语言能力,激发幼儿主动地用语言表达自己认识的积极性,培养幼儿语言表达的连贯性、条理性。

应注重培养幼儿的想象力和思维能力,教师应通过多种形式进行启发和引导,鼓励幼儿充分想象,并具有初步的分析和概括能力,适当培养幼儿的创造性思维能力,促进幼儿发散性思维和集中性思维的发展,尤其应注重幼儿求异思维能力的培养。

(四)应注重幼儿各种非智力因素的培养

这里,非智力因素主要是指幼儿的动机、兴趣、求知欲、情感等不直接参与认识过程的心理因素,它们总是与智能因素紧密相关,既是幼儿从事智能活动的动力,也在一定程度上影响幼儿所从事的智能活动的成效。所以,在智能培养过程中,不可忽略非智力因素的作用。

第九章
学前儿童社会性发展与教育

第一节 学前儿童社会性教育概述

一、社会性的含义

社会性是人的一种心理行为特性,它是指人在形成自我意识、进行社会交往、内化社会规范及道德准则、进行自我控制及表现其他社会行为时的心理行为特征。

周宗奎称社会性是除生理和认知以外的一切心理特征,认为"'社会性发展'又可叫作'非智力发展',系指除生理和认知发展以外的一切心理特征的发展""'社会性发展'与'人格发展'是密切相连的,二者常常在很多意义上包含相同的内容"。

在此,有三对概念需要加以区分:

1. 社会性与社会化

社会化是指个体凭借其生理特点(主要是神经系统尤其是脑)在社会实践中通过学习获得符合社会要求的知识、技能、习惯、价值观、态度、理想和行为模式,成为具有独特人格的社会成员并履行其社会职责的过程。因此,社会化指的是个体从一个自然的人成长为一个社会的人的过程,是个体的社会联系、社会义务不断深化、加强的过程。

在社会化过程中,社会性会得到发展,但社会性发展不是社会化的全部目的,社会性发展水平能从一定程度上显示个体的社会化程度。

2.社会性与个性

个性是指个体特有的特质模式及行为倾向的统一体,是个体与其环境交互作用过程中所形成的一种独特的身心组织,而此一变动缓慢的组织使个体适应环境时,在需要、动机、兴趣、态度、价值观念、气质、性格、外形及生理等诸方面,各有其不同于其他个体之处。由此可见,这里说的个性(Personality)等同于人格,而不是人的个别性(Individuality)。当然,个性中包含这种个别性,但个性不等于个别性。

与个性相比,社会性的内涵要小些,且社会性强调的是社会的影响及与社会的联系性。

3.社会性与品德

品德是指个人在遵循其所从属的社会道德规范而行动时表现出来的稳定的心理特征。

由此可见,品德是社会性发展水平的标志,是社会性教育的结果,社会性教育中的道德教育是形成品德的重要途径。社会性不只是品德,品德不等于社会性,品德的形成是社会性发展中的高层次的内容。

二、社会性教育的意义

社会性发展是人的全面发展的组成部分,社会性教育是全面发展教育的重要方面。在我国的学前教育实践中,曾存在过并至今仍不同程度地存在着重认知发展——知识掌握及智能发展,轻社会性发展的倾向;对于社会性发展没有明确的目标,只有品德的要求,而品德是与是否符合道德规范有关的。在幼儿的生活领域中存在大量与道德无关的内容,如"自卑"不是道德问题,也不反映品德;是否会主动地与人交往,也不是道德问题,也不反映品德如何,但这是与社会性有关的,都是社会性教育需要解决的问题。因此,在学前儿童教育中,强调社会性教育,是对幼儿"非智力"心理特征的全面关注,是确保幼儿真正全面、和谐发展的关键。

学前阶段是进行社会性教育的重要时期,幼儿的许多社会认知、社会情感、社会行为要在这一时期形成并发展,为终身的社会性发展打下基础。研究表明,当幼儿2岁左右时,已有最初的道德观念和道德行为。婴儿降生不久便开始了与人交往,在最初的交往中获得怎样的反馈,以后又掌握交往的技能与交往的规则,这对于个体是否能体验到社交成功感及社会性的其他方面都很重要。因此,学前期是幼儿社会性发展的关键期,这一时期如缺乏必要的社会交往,缺乏足够的社会信息,缺乏符合社会要求的规范的引导,幼儿的心理过程就难以得到表现和发展。同时,这个时期又是最容易塑造和施加影响的时期,个体的许多习惯、行为于这一时期形成,所以要充分利用这一有利时机,开展社会性教育。

未来的社会是一个开放的、互动的社会,人与人之间的交往、合作将突破空间、国度的约束,因此,具有良好的交往技能及健康的社会情感对于个体来说极为重要。同时,未来社会是高科技、高信息的社会,也要求其社会成员有更高的道德水准,更为丰富和积极的情感。只有这样,才能真正适应社会。今天的幼儿是下世纪的栋梁,我们不仅要为了幼儿的今天实施教育,更应为了幼儿的将来去设计教育。所以,我们必须从培养21世纪合格人才的高度去考虑幼儿的社会性发展教育。

三、学前儿童社会性教育的目标

学前儿童社会性教育要引导幼儿形成初步的自我意识,培养幼儿的自信心和自尊心,以及诚实、勇敢、守纪律、不怕挫折等品质,使幼儿初步形成自我控制及应变的能力。引导幼儿观察、接触和关心周围的社会生活环境、社会事件及社会成员,培养幼儿与他人交往的愿望,指导幼儿学习人际交往的初步规则,使幼儿初步掌握分享、合作、谦让、互助等基本的社会技能。引导幼儿逐步适应并喜欢集体生活,使幼儿关心集体,逐渐形成集体荣誉感和责任感。引导幼儿养成文明礼貌的习惯,使幼儿习得必要的社会行为规范。激发幼儿热爱劳动,珍惜劳动成果,爱护公共财物,乐于参加力所能及的劳动的情感。培养幼儿爱家乡、爱祖国、爱人民的情感,并初步萌发幼儿热爱世界和平的情感。引导幼儿初步了解民族的和世界的优秀文化,并激发幼儿热爱民族的和世界的文化的情感。

第二节 学前儿童社会认知的发展和教育

学前儿童的社会认知主要包括对自己的认知、对他人的认知、对社会环境和现象的认知以及对社会规范的认知。

一、学前儿童的自我意识

自我意识是指主体对自身特性以及自身与他人及周围事物关系的认识,包括对自己的思想、言行、身体外貌、内部状态、人际关系等方面的认识。自我意识是在同他人及环境的相互作用过程中逐渐发展起来的。

(一)自我意识的主要表现形式

自我意识的主要表现形式有:自我认知、自我概念、自我调节、自我评价、自我控制、独立性等方面。

1. 自我认知

幼儿的自我认知是指幼儿对自身的特点、特征的认识,这种特点和特征涉及生理、心理及社会诸方面,同时也是幼儿把作为主体的自己从客体中区分出来。国内学者陈帼眉、沈德立认为:"认识自己,需要经过一个比认识外界事物更为复杂、更为长久的过程。"

婴儿降生后的数周内,世界对他(她)来说混沌一片,他们不能意识到自己的存在,不能把自己作为一个主体同客体区分开来。一直到 1 岁前,儿童甚至不能意识到自己身体的存在,不知道自己身体的各个部分是属于他自己的,当他吸吮自己的手指时,并不知手指与自己身体以外的东西有什么不同。

与幼儿自我认知相关且作为自我认知发展重要条件的是动作的发展。幼儿自我认知的其他方面也与动作、交往等具体能力的发展紧密相连。1 岁左右的儿童能把自己的动作和动作的对象区分开来,这是一个同皮亚杰所言的"客体永久性图式"相关的问题。当客体(如玩具)在幼儿眼前时,幼儿表现出探索性行为或趋向行为,但把客体一拿走,幼儿的探索性行为就终止,如同根本没存

在过这个客体一样。这说明,幼儿尚没有客体永久性图式。当客体被拿走后,幼儿去寻找,说明幼儿知道客体永久的存在性。此外,在动作中,幼儿知道了自己的动作与客观事物的关系。一个婴儿拿起电话听筒,电话机上的灯就亮了,以后他拿起电话听筒时,眼睛注视的就是灯,他知道了听筒与灯的关系。一个9个月的幼儿在学步车上拖着玩具鸭,鸭子会发出响声,他要想听到响声,就移动步子,他知道了响声与自己行步的关系。儿童从这些具体的动作中,逐渐认识到自己与事物的关系,感受到了自己的存在和自己的力量。以后,儿童逐渐认识自己的脸部特征,能把自己的形象与他人的形象加以区分,则自我认知又有了新的发展。

西方有不少关于儿童自我认知的研究。迪克逊于1975年通过镜像做幼儿的反应的研究,提出了自我认知发展的四个阶段。他通过一个由单面镜和双面镜组成的实验装置,向婴儿提供了三种形象:婴儿本人的形象、婴儿母亲的形象和另一个婴儿的形象。这三种形象有时同时呈现,有时交替呈现。据此观察婴儿是否会对这三种形象做出不同的反应。根据观察结果,迪克逊划分出婴儿自我认知的四个阶段。第一个阶段,称为"妈妈"阶段,大约发生在4个月左右的婴儿身上。他们并不怎么注意自己的形象,对自己形象的兴趣也不大,但一旦镜中出现母亲的形象,婴儿则会立即认知,并会对之发出微笑,注意观看,同时还咿咿呀呀地叫个不停。第二个阶段,称为"游戏伙伴"阶段,从婴儿4个月到6个月左右。婴儿开始对自己的形象发生兴趣,但是他指向自己的行为与指向其他婴儿镜像的行为并没有什么不同。第三个阶段,称为"镜像伴随我行动而行动"阶段,时间从7个月到12个月,婴儿照相时,会通过重复一些简单的动作,把镜像同自己联系起来。如自己摇头,镜像也摇头,自己张嘴,镜像也张嘴,于是把镜像认同为自己,认识到自己就是动作(摇头、张嘴)的发出者。这一阶段婴儿表现出更愿意与其他婴儿的镜像玩耍的趋向,说明婴儿已能把自己的镜像与他人的镜像区分开。第四个阶段,自我认知阶段,婴儿会毫不含糊地区分自己的形象和其他婴儿的形象,会根据语言指令搜索有关的人所在的位置。从以上四个阶段可见,幼儿自我认知的真正发生是从第三个阶段开始的。

阿姆斯特丹于1972年也进行了婴儿自我认知的研究。他借用了盖洛普的研究技术,通过在婴儿毫无觉察的状态下在其鼻尖上涂一个红点来揭示婴儿自我认知的发生发展过程。他认为,如果婴儿表现出意识到自己鼻尖上红点的自我指向行为,那就表明婴儿具有了自我认知的能力,因为如果婴儿特别注意自己鼻尖上的红点或者能够找到自己鼻尖上的红点的话,那么说明婴儿已经对自己的面部特征有了清楚的认识,同时也说明婴儿已经有了把自己当作客体来认识的能力。他研究了88名3个月到24个月大小的婴儿,并对其中2名12个月大的婴儿进行了追踪研究,时间为1年。根据研究,阿姆斯特丹揭示出了婴儿自我认知发展的三个阶段。第一阶段为"游戏伙伴"阶段,时间从6个月到12个月,婴儿只把自己的镜像当作一个玩耍的伙伴来对待;第二阶段为"退缩"阶段,时间从13个月到20个月左右,婴儿开始对镜像表现出一种小心翼翼的行为;第三阶段为20到24个月,婴儿可以明确地表现出意识到自己鼻尖上红点的行为来,伴随这种自我再认,婴儿还会表现出自我欣赏、困窘等行为。阿姆斯特丹指出,到20个月时,婴儿就已经能够认知自己身体方面的某些特征。

此外,刘易斯和布鲁克·冈恩利用镜像、录像、相片开展的一系列研究,也揭示了婴儿自我认知的发展状况。

儿童语言的发展对儿童的自我认知是十分重要的。只有当语言发展了,婴儿掌握了有关词,才开始把自己作为客体来认识。婴儿首先学会意识到身体的各个部分,然后知道自己的名字,在一段时间内(2岁前后),婴儿叫自己的名字和称呼他自己以外的事物一样,别人叫他"宝宝",他也叫自己"宝宝",并会常以"宝宝吃""宝宝要"表示自己的愿望。到了2岁半左右,儿童开始使用代名词"我",这是自我认知的新发展,也是自我意识形成过程中的重要进展,说明儿童已初步具有了一种主体意识,婴儿不再把自己看作一个客体,而是把自己作为一个区别于一切客体的主体来认识。这种认识影响婴儿同别人及客观事物的关系,也影响婴儿对自己的态度。

2. 自我概念

幼儿的自我概念是幼儿自我认知的结果,是幼儿关于自身特点和本质的反映,是幼儿关于自己的比较稳定的看法。幼儿在各种活动中,在与他人的交往中,加深对自己的特征的了解,包括生理的、心理的和社会的特征。在生理方面,如3岁前的幼儿知道自己有两只手;小班幼儿知道自己的小手能做许多事;中班幼儿知道自己的手有更多的作用,知道五个手指不相同,知道五个手指的名称;大班幼儿知道每个人的手指不完全相同,每个人有不同的指纹,除拇指由两个指节构成外,其他手指都由三个指节构成,指甲有很重要的作用。对人的外貌等方面的认识也同样随着幼儿年龄的发展而不断深入,对自己认识的深入

往往是在对别人的认识比较中实现的。

在心理方面,幼儿已能用语言命名自己的情绪状态:"我很高兴""我哭了""真好笑"等等,还能用语言描述自己的态度倾向:"我喜欢看小动物找家的书""我讨厌别人掏我的口袋"等等,而这些也正是幼儿自身的一些较为稳定的特征。对这些特征的了解也可以通过与他人特征的比较,如幼儿会告诉你"小刚一见到护士就害怕,我在真的打针时都不怕"。幼儿有时也表现出对自身能力的认识,如"我们小组只有五个人能爬过这个高架,我也能爬过"。

在社会方面,一般是指人意识到自己所处的地位,所归属的群体,担任的角色,应尽的责任和应得的利益,即在人我关系中形成自我概念。就幼儿而言,主要是指幼儿已知道自己在集体中的地位,知道自己该干什么。社会方面的自我概念是在中大班时逐渐形成的,但还处于社会自我概念的较低水平。如中班幼儿知道自己已是小班小朋友的哥哥或姐姐了,所以做事要做得比小班小朋友好,要关心帮助小班的弟弟、妹妹;知道自己是值日生,所以要抹桌子、分餐具。有的幼儿在幼儿园能与人和睦相处,能听从老师的指令,一到家马上就"指挥"父母,不听劝告,任性,乱发脾气,这是因为他已知道自己在家庭集体中的地位可以和幼儿园中的地位不一样,可以享受的权利也不一样。

在自我概念的区分上,西方还有一些新的角度,把自我概念区分为:①个人自我概念,即个人认为自己具有的属性和行为特点,如我有很密的头发,我很能干;②社会自我概念,即个人认为自己在别人看来具有的属性和行为特点,如我相信妈妈说我怕羞,我相信老师说我个子最高;③理想的个人自我概念,即我认为我应当成为什么样的人,如我希望我有一双大眼睛,我希望我很能干;④理想的社会自我概念,即我认为我在别人眼里应当是什么样的,如我希望妈妈认为我聪明。此外,还有从理想的个人自我概念评价个人自我概念,从理想的社会自我概念评价社会自我概念的。前者如我对我的聪明感到满意,后者如我对别人认为我聪明感到满意。对于幼儿来说,主要是前面两种自我概念的发展,这两种社会自我概念的发展对幼儿的自我评价是很重要的。

总之,幼儿的自我概念在逐步地发展,对自己的特征,尤其是心理、社会特征认识的稳固程度与成人相比是低水平的,而且是有一定的个体差异的。

3. 自我评价

自我评价是个体对自己特性的判断。自我评价或者是积极的,或者是消极的,可能是个人自我概念和社会自我概念联合的产物,反映出个人对自己,对自己的能力、品格、地位的评价。幼儿自我评价的发展趋势是:

(1)从轻信和运用成人的评价到自己独立的评价。幼儿初期,儿童对自己的评价往往只是成人评价的简单再现,而且不加考虑地轻信成人对自己的评价。此后,儿童对成人的评价不轻易顺从,如评价不正确,儿童会申辩或反感。

(2)从带有极大主观情绪性的自我评价到初步比较客观的自我评价。幼儿在自我评价和评价别人时都常常带有主观情绪性,而在自我评价中主观情绪性更大。他们往往不是从具体事物出发进行评价,而是以情感体验作为评价的依据。

(3)从笼统不分化的评价到比较具体细致的评价。较少的幼儿具有分化的评价能力,有些幼儿的自我评价是比较简单、笼统和不分化的;有的幼儿还分不清一般行为规则和评价某项活动的具体标准的区别。比如,有的幼儿认为某一幼儿是"好值日生",因为他一到幼儿园就拿起了抹布,至于抹得如何,往往并不在意,他们不从值日生的具体工作范围、要求、质量上去进行评价。

(4)从对外部行为的评价到对内心品质的评价。幼儿只能评价自己的一些外部行为表现,还不能评价内心状态和道德品质,如认为给别人东西玩的小朋友就是"好孩子"。较大的幼儿则能根据一些比较抽象的品质及其效果来进行评价。

(5)从局部的评价到比较全面的评价。较小的幼儿往往只从一个方面对自己进行评价,如"我自己穿衣服""我自己洗手帕";较大的幼儿能从多方面整体地评价自己,如"我许多地方做得都很好,会穿衣服,会洗手帕,会唱歌……所以我真能干,但是我总是爱哭"。

总之,学前儿童自我评价能力还较差,成人对幼儿的态度、成人帮助幼儿自我评价对自我意识的发展十分重要,因为,一个对自己总是抱消极态度的幼儿不可能有自尊心。自尊心是由自我评价引起的自我肯定,并期望受到他人、集体和社会尊重的情感;相反,只能是自卑的。一个不能正确评价自己,或过高地评价自己的幼儿,虽有自尊,但自尊的基础是不牢靠的,且会导致妄自尊大、专断、固执、妒忌别人等不良品质,也会在以后情感的发展中遇到挫折。所以,成人必须对儿童的自我评价加以指导、帮助。所谓指导、帮助,不是给予幼儿以成人的评价,而是让幼儿学会如何评价自己。一个一直以他律性评价为主要评价方式的幼儿难以形成真正的对自己的评价,如问一个幼儿,"你会画画吗?"幼儿说"妈妈说我画得不好"。可见,他是会画的,但妈妈给了他一个否定的评价,现在他没有告诉你自己的评价,他以妈妈的评价作为对自己画画的评价告诉别人。显然,他对画画的评价是他律性的。

4. 自我控制

自我控制简称自制,指不受外界因素的影响,能够控制自己的情感冲动和行为。它不仅是意志力的标志,而且是使活动符合目的性的前提条件,表现为有忍耐力、坚持性、顽强性。它使人有可能用最合理最正确的方式行动,以有利于自己或者符合社会的需要。一个人事业的成败、道德品质的高低以及其他行为表现与有无自制力及自制力的高低密切相关。

幼儿的自我控制是幼儿自我意识的一种表现形式。影响幼儿自我控制的因素是多方面的:第一个因素是幼儿的神经系统的发展水平。有时,幼儿的反应慢,其与要求不符的行为是"行为惯性"所致,幼儿不能做出迅速的反应,尤其是需要幼儿神经系统抑制的行为产生慢些,而使神经系统兴奋的行为产生容易些。这些特征表现在幼儿的身体运动上较为明显,如要幼儿"快跑",这一指令往往马上会被执行,而要幼儿"立定",这一指令总要被延迟执行。越小的儿童越是难以控制自己的行为,在婴儿阶段,甚至根本无法预计自己行为的后果。这就涉及影响行为控制的第二个因素,幼儿的生活经验和知识水平。由于缺乏生活经验,婴儿的手会往炉子的燃烧口放,对他说来,行为只是行为本身,与行为后果没有联系。幼儿末期,在一般兴奋水平下,幼儿都会自觉避开有害物品或场所。如一个和妈妈在马路上行走的幼儿,听到洒水车的叫声时,会拉着妈妈往人行道离马路较远的内侧躲,甚至会喊"妈妈快跑",这种行为表明,幼儿已能预计行为的结果,即往内侧走可以不被水喷到。

幼儿的自我概念也是影响幼儿行为控制的重要因素。一个幼儿总以为在家里他最重要,别人应该听他的(可能事实上别人的确经常听他的),别人应该满足他的要求,一旦成人要求幼儿的行为符合成人的某些要求时,幼儿便难以控制自己已习惯了的行为。任性、发脾气等行为经常与幼儿的自我概念有关。

幼儿,尤其是婴儿经常地表现出不会控制自己的情感体验,他几乎总是被情绪所支配。苏联学者 B. C. 穆欣娜引用了一个案例,较好地说明了这一点:

4 岁的鲁基拿起槌子努力试图用钉子把用料子做的小旗子钉到木棍上。虽然他尝试了多次,还是不能钉上。这个孩子含着眼泪哭泣,继续去钉,手里拿着钉子,念念有词地说:"这是怎么回事呀?这是怎么回事呀?又掉了!真是岂有此理……"他流泪、哭泣,并停止了工作。"这简直是岂有此理!"——他如泣如诉地高声喊着,又重新开始去钉,可是仍然不成功。这时他带着非常伤心的声调提高嗓门说:"这是不能容忍的!这简直是不能容忍的!"他大哭,然后又重新开始用槌子去敲。

此外,幼儿的许多行为控制与幼儿品德的形成有关。道德水平越高,幼儿越能控制自己的行为。

5. 独立性

独立性也是自我意识的一种表现形式。研究者常常把独立性放在与依赖性处于单一行为连续体的对立的两极上。也就是说,依赖性高,自然独立性就低,反之亦然。也有的研究者认为,应当把独立性与依赖性分别加以考虑,独立性应当指既依靠自己又相信自己的行为。从这点出发,一个儿童只有做到了下述情况,才能说他是有独立性的:他相对地不经常寻求别人的照顾;他表现出首创性和成就欲,似乎独立性的表现更丰富,不只是较少依赖性。

在人的生命早期,完全体现了依赖性,儿童行为往往是对成人给予的刺激的反应,较少地体现主动性。半岁左右的婴儿,用伸出他的双臂和微笑的办法来求得接触和拥抱,或者以表情、声音引起成人的注意,这说明,婴儿已显示出最初的主动性。当婴儿脱离成人而能扶物移位或独立行走时,独立性萌芽了。此后,婴儿不断地掌握一些日常生活动作,如自己用杯子喝水、自己脱帽、自己擦嘴等,并对成人的某些帮助行为表示拒绝。随着婴儿自我认识的发展,随着幼儿把自己当作一个主体来认识,他的独立性也就发展起来了。婴儿越来越渴望和喜欢独立地进行各种活动,行动所获得的成功,又使他的独立性进一步得到巩固和发展。当然,与幼儿后期相比,婴儿期、幼儿早期的独立性水平相对来说是较低的,总是和成人的引导分不开的。可以说,成人的教育在儿童独立性的形成和发展上起着十分重要的作用。如果成人教给婴儿各种动作和有关词汇,经常给他指出这是他自己的行动,告诉他,行动是属于他的,由他发出的,经过反复教育,婴儿就能逐渐意识到这种关系,这有利于进一步的独立行动。西尔斯等人的研究表明,对幼儿的依赖性行为如果不是以爱抚性的肯定反应做回答,则能降低其依赖性行为的频率;有的研究指出,对幼儿的独立性做具体的训练,则会增加幼儿的独立性行为。

幼儿独立性发展进入新的阶段是从3岁左右开始的。幼儿常常表示自己的意愿,并且以自己的意愿进行活动,有时,甚至表现出一定的固执。有时,幼儿行为的模仿性也是独立性的一种表现。幼儿根据成人的、同伴的甚至是各种传播媒体显现的行为行动,有时是消极性的(如影视中反面人物的行动),但有些幼儿会不听劝告,加以模仿。幼儿期,幼儿活动时对成人引导和参与的依赖性减少了,有时幼儿会很恼怒地对成人的帮助予以反抗。

B.C.穆欣娜叙述了一个有关"从众性"的实验。在这个实验中,儿童表现出了从众性,从众性意味着独立性的丧失。比如,实验者事先和几个孩子(4—5岁)商定,桌上放着的是一个黑色的和一个白色的套塔,大家都说是白色的。那个没有参加过商量的孩子(4—5岁)听了两三个小朋友的意见后,回答"两个套塔是什么颜色"的问题时,也回答说"两个都是白色的"。到了6岁,儿童的从众性明显减少,独立判断能力明显提高。当然,儿童的独立性判断发展会有差异,但是如果在个别儿童身上,从众性巩固下来,则可成为其个性的消极品质,也影响自我意识的发展。

(二)学前儿童自我意识的培养和教育应注意的方面

1. 要根据幼儿的心智水平和知识积累水平,设计和组织多种形式的有利于幼儿认识自己身体外形特征的活动

这类活动可以涉及相对稳定的相貌特征,也可涉及发展变化着的身高、体重等特征;既可涉及可视的附属性特征,如衣服、鞋帽等,也可涉及不可视的附属性特征,如年龄、姓名等。组织这类教育活动应注意:随着幼儿年龄的增长,其认识的目标逐步具体,要求逐步提高;要通过比较、对照进行认识,加深幼儿对自身特征的了解。可以是幼儿之间的比较,如两个幼儿比较小手有什么不一样;也可以将幼儿不同时期的特征做比较,通过对各个年龄的照片、各个年龄曾穿过的衣服、鞋子进行比较,从而知道自己的现实状况及发展过程;还可以让幼儿把自己同不同民族的小朋友做比较。

2. 引导幼儿形成自我概念,尤其是心理和社会层面的自我概念

要给幼儿提供描述自己特征的机会,允许幼儿表达自己的情感、态度和愿望,要让幼儿了解自己在集体中的地位,了解合理的行为方式,对于一些明显不正确的行为方式要及时予以纠正,并使幼儿知道不正确的原因。

3. 帮助幼儿形成正确自我评价的态度和方法

幼儿的自我评价较多地受他人评价的影响,具有自我评价的他律性特点,所以要使幼儿正确地评价自己,成人首先应该正确评价儿童。一方面,不能过高地评价儿童也不能过低地评价儿童,对儿童的评价必须恰如其分;另一方面,尽可能少地把幼儿与同伴做比较性评价,而应更多地注重将幼儿当前的行为或水平与过去的行为或水平做比较。成人的评价应避免儿童产生骄傲自满的情绪,也应避免伤及幼儿的自尊,致使幼儿认为自己无能,没有希望,因而失去进一步学习的信心。要引导幼儿尤其是大班幼儿学会分析自己行为的原因,使评价更为深入和有效。

4. 培养幼儿的自我控制能力

培养幼儿的控制能力,制定合理的行为规则,使幼儿内化这些规则,自觉地按规则行动;让幼儿处于有规律的较为稳定的生活环境之中;避免使幼儿经常处于极度兴奋的状态,对于长时间情绪极度低落的幼儿要及时给予疏导;让幼儿掌握一些解决问题、冲突的方法和技能,以使儿童及时找到行为策略,避免进入无序和混乱状态。当然,道德认知、道德情感和道德行为的培养与培养自我控制能力的发展是一致的、协调统一的。

5. 注重培养幼儿的独立性

要正确看待儿童及儿童的发展,把幼儿的独立性看成是幼儿主体性的表现;尊重幼儿独立性的萌芽,不要过多地包办代替,给予儿童独立活动的机会和条件;鼓励儿童的独立行为,鼓励儿童发表自己的见解。

二、学前儿童对他人的认知

(一)学前儿童对他人认知的内容

学前儿童对他人的认知,主要是指对同伴以及与自己有较多交往或较多出现在自己生活环境中的个体的认知,如父母、老师等。包括外形特征的认知、心理状态的认知及群体中地位的认知三个方面。

1. 外形特征的认知

有的研究指出,与儿童关心、注意自己的外形特征相比,儿童关注更多的是他人的外形特征。在儿童能通过镜像、照片分辨自己之前,他已能"认生",即对熟悉的人报以积极的反应,如微笑、想抱的趋向等,对熟悉的父母声音尤其是母亲的声音已能加以识别;对陌生的人报以消极的反应,或无积极的反应,没有要抱的趋向,无积极的表情,甚至有害怕或躲避的情绪或行为。两岁前与同龄或较大或较小年龄的幼儿有较为热切的共同活动的愿望,能对别的幼儿表示积极的情感,如微笑、抚摸等。但是还不能真正辨别同伴的外形特征,对于2岁前的幼儿来说,只要是同年龄的幼儿均以微笑相报。2岁以后,幼儿逐步发现自己和别的幼儿在装束、行为等方面的差异,幼儿会表现出对他人装束的兴趣,对他人行为的兴趣,且试图仿效。当儿童能将他人的名字或称呼对照起来了,说明他已意识到他人和自己的不同;当幼儿能准确地使用"你""他"这两个人称代词时,则表明幼儿已把他人当作一个独立的人。幼儿对同伴的认识,较多的是通过与自己的比较来进行的,如"李兵总喜欢穿黄衣服"(他自己不常穿)、"宋杰比我胖多了"。以后,在进一步认识与同伴有关的其他人时,也常用比较的方法,如"宋杰的爸爸有黑胡子,我爸爸不留胡子"等等。

2. 心理状态的认知

真正了解他人的心理状态,如伤心、高兴、想什么等,要到幼儿期。婴儿期对他人的情绪等虽有所感知,但那是朦胧的、粗略的,有时甚至是有偏差的。对他人心理状态的认知主要有两个方面:

(1)对他人情绪的认知。心理学中的一个术语——移情(Empathy)不只是对他人情绪的认知,还包含对他人情绪的理解。美国《心理学百科辞典》中的移情定义为:移情是对另一个人在某一特殊情景中的情绪体验的理解和分享。由此可见,幼儿的移情包含了幼儿对他人情绪的认知,因为要理解他人的情绪体验,首先必须明了他人的情绪性质,是喜?是悲?一般研究较多的是痛苦的移情。辛纳于1972年报告说:刚出生两天多的婴儿听到另一个婴儿的哭声时会使劲剧烈地哭,他还说这不是对有害刺激的反应,婴儿对同样响的非人类声音包括电脑模拟的婴儿哭声会以较低的方式做出反应,被试的哭声也不是由于模仿,因为他们显得真正难过,为哭声所焦虑,这是痛苦移情的最早形式,即所谓的"原始移情"。这也就意味着认知他人的哭声——一种痛苦的情感是由一种先天的机制发生的。

尽管移情的情感成分发生较早,但儿童移情反应的性质是随认知的发展而发展的。霍夫曼(Hoffman)描述了在社会认知过程中痛苦移情发展变化的三个阶段:

第一阶段(1—2岁),新生婴儿听到别人的哭声可能有"不安"感,并开始意识到别人是一个需要减轻痛苦的人,这就成为关心别人的感情基础。如一个13个月的婴儿会将自己的妈妈带来安慰自己哭着的伙伴,而认识不到若找伙伴的妈妈来,他会得到更好的安慰。

第二阶段(2—6岁),到了两岁以后,儿童逐步理解别人有他们自己的内部状态,有时与自己相同,有时与自己不同。当两岁儿童获得角色承担能力的最初形式时,他能更积极、更适当地试图减轻别人的痛苦。首先,他能将自己放在别人的位置上去发现痛苦的真正来源;其次,他能对别人的需要做出真切的估计,在感受和解决朋友的不安方面变得较为有效。

第三阶段(6—9岁),儿童逐渐认识到自己和别人是超越具体情景的带有连续同一性的人。他不仅关心情景引起的即时痛苦,还能考虑别人的"一般困境",具有对生活的长期受害者,如穷人、残疾人、被社会遗弃的人的痛苦的移情能力。

在霍夫曼描述的三个阶段中,前两个阶段及第三阶段的一部分正是反映了学前儿童对他人痛苦的认知的发展。

(2)对他人想法的了解。如果说对他人情绪状况的了解是认知他人所感,那么这里便是认知他人所想,也就是他人会怎么想,想什么? 在儿童之间交往的早期,当一个儿童看到另一个儿童对他做出微笑的反应,这意味着自己已被接纳,他便会做出趋近和合作的反应。当一个幼儿在地上坐着,以扭动身子的形式试图获得某种要求的满足时,不时地注意着成人的表情和言语,当他发现成人一改以往无可奈何的神情,而是板起了脸,或根本不理睬他,他就会意识到成人之所想——你这样做我很生气,别想得逞! 那他就会停止这种行为,或改变方式。儿童能否认知别人的想法,一方面与其认知发展水平有关,与其生活经验有关;另一方面,与其自我中心的心理特点有关。有的儿童只知道、只注意到自己的想法,根本不注意他人会怎么想,较小的孩子甚至把自己的想法也当作他人的想法,认识他人的想法较认识他人的外形特征要迟些。在认识发展中所谈及的"三山任务",事实上也就是看儿童能否克服自我中心主义,能否从他人的角度看问题。

3. 群体中地位的认知

儿童对自己在集体中地位的认知,经常是同对他人在集体中地位的认知联系在一起的。当一个幼儿告诉他妈妈"郭方已经得了6朵红花了!"这说明了郭方在他心目中的地位;如果他说"郭方是全班得红花最多的小朋友!"这更显示出他对郭方在全班地位的感知。地位的感知和评价是分不开的,B. C. 穆欣娜有这样一段叙述:"儿童最初对小朋友的评价是单纯重复教养员的评价。如果问3岁的孩子:'谁是你们班上最好的孩子?'他们的回答一般是这种类型:'莲娜,因为她吃饭吃得快。'或'维维,因为他总听话。'儿童的评价逐渐变得比较充实。评价好的孩子是:会玩,能和别人分享玩具,能保护弱小儿童,等等。"

儿童对于他人在集体中地位的认知,首先是对他人的行为特征及其结果的认知。如"他最会骂人了",这是儿童对一个行为引起消极后果的小朋友的地位认知,即在他的集体里那个小朋友骂人的次数最多。有时,对他人地位的认知是与角色的承担联系在一起的。如"我爸爸是车间的领导""李艳芳是我们的组长""我们都愿意听张涛的话",这表明了幼儿对各种角色及其相应地位的认知。

庞丽娟将社会测量学中的同伴提名法运用于研究幼儿的同伴交往。这种方法的实施过程是:让被试对象根据某种心理品质或行为特征的描述,从同伴团体中找出最符合这些描述特征的人来。例如,根据研究目的,确定提名的性质标准。如正向的标准,"你最喜欢……""你最愿意……""你最喜欢谁""你最喜欢与谁一起玩"等;如负向的标准,"你最不喜欢……""你最不愿意……"。很显然,同伴提名就是同伴之间的相互选择,反映他们心理上的联系,而这种选择的前提是对被选择的他人(同伴)的提名标准的认知,也是对同伴与提名标准相关的行为特征、心理品质的认知。当然,这种方法本身并非专门用于测量同伴认知,而是为揭示同伴交往的状况、结构等等。

(二)对他人认知的教育应注重的方面

1. 教育幼儿尤其是中班以上的幼儿,认识各种情景下别人的情绪和情感,使幼儿知道别人什么情况下产生高兴等积极感情,什么情况下产生伤心等消极感情;教育幼儿了解别人产生某种情感的原因,让幼儿理解和感受自己的行为对别人感情的影响,知道别人产生积极感情或消极感情与自己行为的联系;在幼儿充分体验自己的积极和消极感情的基础上,让幼儿感受别人的积极和消极感情;培养幼儿与别人情感保持一致的共鸣倾向,为别人的快乐而快乐,为别人的伤心而伤心;促进幼儿将移情动机转化为外部行为。

2. 培养幼儿独立的判断能力;培养幼儿积极向优秀的榜样学习的习惯,并努力表现榜样的行为,努力使自己成为榜样;提高自我评价水平,同时,提高社会评价水平(他人对自己的评价水平),增强自信心。

三、学前儿童对社会环境、现象的认知

(一)学前儿童对社会环境、现象认知的内容

学前儿童对社会环境、社会现象的认知主要包括对家庭、幼儿园、社区机构、交通设施、国家民族、主要邻近国家、重大节日及重大社会事件等方面。

1. 家庭认知

家庭是幼儿最早来到的生活环境,也是最为重要的生活环境;父母是幼儿最早的交往者,也是幼儿最重要的交往者。幼儿参与集体生活的基础,是在家庭中,在父母的引导下奠定的。家庭是幼儿学习认识的社会生活环境,也是幼儿最早了解并实践社会行为规范的环境,家庭的认知对幼儿来说十分重要。

家庭认知的主要内容是:

知道家庭的主要成员、称呼、姓名,家庭成员与自己的关系、与邻里的关系及与社会的关系。例如,知道父母的劳动,知道父母劳动的作用;知道爷爷、奶奶的工作及对人们生活的作用。激发幼儿爱父母、爱长辈及爱劳动的情感,并鼓励幼儿从事一些力所能及的自我服务劳动。

知道家庭的主要设施及作用,能说出一些常见生活用具的名称,懂得爱惜财物。

知道家庭的地址、电话,学会自我保护。

幼儿对于家庭的认知是逐步发展的,从对父母的认知到感兴趣的物品的认知,再到一些基本的日常生活规范的认知,父母应有意识地对幼儿加以引导;而幼儿园组织一些以家庭为内容的教育活动也是十分必要的,如"我的家""爸爸

当上了劳模"等等。

2. 幼儿园的认知

幼儿园是幼儿的集体教育机构,也是幼儿的认知对象。

幼儿园认知的主要内容是:

知道幼儿园的园址、名称。

知道幼儿园中的工作人员及他们与自己的关系。例如,知道教师及其他工作人员的劳动及他们对自己的关心、热爱等,激发爱老师等的情感。

知道幼儿园的环境和设施,知道幼儿园的一般行为规范。例如,感受幼儿园的美,知道不能摘园内的花,等等。

知道自己所在的班级、小组,形成初步的集体意识,养成初步的角色行为。

3. 社区机构的认知

幼儿的生活离不开一定的社会机构,幼儿对主要的社会机构都有感性经验,幼儿的许多游戏都是对这些机构活动的再现。

社区机构认知的主要内容是:

认识医院、商店、邮局、理发店、政府、银行、消防站、体育馆、敬老院等社会机构,知道它们的名称、工作人员及主要工作,知道这些机构与人们生活的关系及主要的设施。以上内容主要培养幼儿文明礼貌的习惯,使幼儿尊敬、同情他人,会主动帮助他人,养成卫生习惯,等等。

4. 交通工具和设施的认知

交通工具和设施是幼儿日常生活中经常接触和观察到的,也是幼儿非常感兴趣的内容。

交通工具和设施认知的主要内容是:

水、陆、空交通工具及辅助设施。例如,天空、机场及各种飞机;江、河、湖、海、码头及各种船只;公路、铁路、地下铁路及各种车辆;等等。知道各种交通与人们生活的关系。

5. 国家及民族的认知

国家和民族离幼儿的生活远些,但行政区划的认知对于幼儿来说是可以初步掌握的。

行政区划认知的主要内容是：

知道自己所在的国家和省（市）、区（县）、路（乡、镇）、街（村）的名称及幼儿园、家庭门牌号；知道全国除港、澳、台外有31个省区市。

知道国旗、国徽，会唱或知道国歌。

知道首都及所在省省会城市。

知道主要的民族名称、分布、风俗及文化特征。

知道人口及人种特征。

知道主要的风景名胜及特产。

知道中国人民解放军三军军种及主要的作用、装备。

以上内容主要激发幼儿热爱祖国、热爱人民解放军的情感。

6. 主要邻近国家的认知

我国与许多国家都有友好交往和经济、文化合作，让幼儿了解一些主要国家的主要特征是必要的。

主要邻近国家的认知的主要内容是：

知道几个主要的邻近国家及与我国的交通联系方式。

知道美、英、埃及、澳大利亚等国的名称、人种及文化特征。

知道联合国，热爱世界和平。

7. 重大节日认知

重大节日认知是社会认知尤其是社会文化认知的重要方面，也是社会性教育的重要途径。

重大节日认知的主要内容是：

知道春节、元旦、"三八"国际劳动妇女节、"五一"国际劳动节、"六一"国际儿童节、"八一"建军节、九月十日教师节、"十一"国庆节以及植树节、人口节等节日的名称、含义及庆祝方式。

8. 重大社会事件认知

重大社会事件认知是幼儿了解社会、关心社会的一个重要途径。

重大社会事件认知的主要内容是：

了解战争及其他重大灾难对人、对环境、对动植物造成的危害。

了解国家和社区中的重大活动,如运动会等。

(二) 对学前儿童实施社会环境和社会现象的教育应注意的方面

1. 要从幼儿身心发展水平出发,组织和安排教育活动

因为社会环境和事件中的很多内容并非幼儿生活中经常可见的,尤其是难以让幼儿真实直观地感知,所以,必须借助录像、幻灯片、照片等手段,尽可能地给幼儿提供感性材料,以加深幼儿的认识。

2. 在教育中应注重幼儿情感的激发

社会环境和事件的认知必须充分渗透情感的教育,没有情感的参与,认知就不会深入。因此,要注重幼儿的情感体验,在教育活动设计时,注重运用一些与幼儿生活较为贴近的儿童文学作品。

3. 要注重环境的配合

社会环境和事件的认知不是靠几个活动就能完成的,必须营造一种与教育内容相关的环境气氛,一方面,使教育内容更为生动、具体;另一方面,环境可以成为一种经常的信息刺激源,也可成为儿童探索的对象。所以,教师应充分设计有关的教育环境。

四、学前儿童对社会规范的认知

(一) 社会规范认知的内容

社会规范在这里是一个广泛的概念,包括文明礼貌的知识和习惯、公共规则、集体规则(群体规则)、基本道德准则、交往规则等等。

1. 文明礼貌的知识和习惯的认知

主要是指对人要热情,注意倾听他人的话,会使用礼貌用语(如请、谢谢、对不起、你好、你早、再见等等)。

2. 公共规则的认知

这里的公共规则是指全社会都应共同遵守的规则。主要包括：公共卫生规则、公共交通规则、公共财物规则（如爱护公共财物、保护绿化等等）。

3. 集体规则的认知

集体规则是指幼儿所在的群体的规则。有两类：一是日常活动规则，如轮流规则、集体服务规则等等；二是学习和娱乐活动规则，如游戏规则等。

4. 基本道德准则的认知

这是一些涉及道德问题的公共规则，涉及是与非、爱与憎等方面。

5. 交往规则认知

这是在与人交往过程中使用的规则，也是日常所称的待人接物的规则。

对于学前儿童遵守、执行社会规范的研究主要涉及集体规则及基本道德准则，也涉及生活卫生习惯等方面的规则。

苏联在这方面有不少研究，B.C.穆欣娜曾指出：成人教给儿童以行为规则，在整个学前期，规则不断复杂化，它们组织儿童的日常行为，并保证儿童练习良好的行为；成人向儿童提出要求，并评价其行为，同时力求使儿童遵守规则。儿童渐渐形成了关于周围的人们期待他做出何种行为的表象，并且据此评价自己的行为，事实上，就是儿童内化规则。B.C.穆欣娜还引用了一个由 B.A.戈尔巴乔娃记录的案例来说明有时儿童对别人的告状行为往往是为了弄清楚新的、不熟悉的规则，以便决定自己的行为是否应去遵循这种规则：

儿童坐在小椅子上，椅子在房间中围成半圆形。教养员也坐在小椅子上，面对他们拿着一本书，开始讲故事。儿童已经知道可以坐在任何空椅子上，也清楚地知道不能移动椅子。但是，大家都想靠近教养员，有美丽图画的小书吸引着每个孩子。一个孩子忍耐不住了，他用双手抓住小椅子，没有抬起身子，拉着椅子凑近教养员。立即有几个声音："老师！老师！他到您身边了。他到您身边了。"罗立克和柳沙也像那个破坏规则的孩子一样，抓起自己的小椅子，但是没有移动位置。他们喊叫得比别人都厉害，整个身体都往前倾向教养员。我们从姿势和面部表情可以看出，他们两人付出了多大努力才使自己原地不动。

教养员平静地对那个破坏秩序的孩子说:"那不行,大家都要坐在自己的位子上。"打发破坏规则的孩子回到座位上,于是都平静下来了。

D. R. 韦斯顿和 E. 特立尔研究了儿童社会性规则的观念,研究对象为 5 岁到 11 岁的儿童,主要方法是"行动-规则关联"访问,要求这些儿童对故事中的问题做出判断。共有四个故事,分别涉及"打人"(当一个儿童发现游戏场地上所有的翅膀都被拿走后,打另一个儿童,并把他推出队伍)、"丢下玩具"(一个儿童外出游戏,把玩过的一些玩具丢在场地上)、"拒绝分享"(一个儿童拒绝与参观者分享脆饼,还有一个儿童拒绝来学校,因为他想要一些脆饼,但盒子里没有了)、"脱衣服"[一个儿童在场地上玩热了,他(她)把衣服全部脱光了]。对于以上四种行为,学校有两种态度,一种是允许,一种是禁止。将四种行为编成类似的故事,呈现的先后顺序是儿童的行为(脱衣)、教师的做法(态度)及学校的规定,由此设计标准化的四个问题,对幼儿和小学生进行评估访谈。

结果显示:在分析被试对每一个行为的积极、消极评价的比率时发现,具有显著差异的仅在打人和其他行为之间(打人对脱衣 $P<0.01$;打人对丢玩具 $P<0.02$;打人对拒绝分享 $P<0.01$)。年龄的显著差异是在对脱衣行为($P<0.05$)和丢玩具行为($P<0.05$)的评价中发现的,5 岁幼儿对于这两个行为的积极或消极评价是均等的,而 11 岁儿童几乎全部给予这两个行为以否定性的评价。

多数儿童对学校(幼儿园)允许脱衣服、丢玩具、拒绝分享的行为给予积极的评价,这三种行为之间没有显著差异。与此相比,大多数儿童都给予学校(幼儿园)允许打人以消极的评价,认为学校(幼儿园)允许打人是不合适的。对于学校(幼儿园)允许打人的规定的评价和允许其他三种行为的评价之间存在显著差异。对学校(幼儿园)规定的评价无年龄上的显著差异。

五六岁的幼儿倾向于拒绝学校(幼儿园)允许打人的规定,但接受与规定一致的行为(即打人行为),而其他年龄组的儿童不仅倾向于拒绝允许打人的规定而且拒绝与此规定一致的行为。

在呈现儿童正在从事规定禁止的活动的故事后,几乎所有的儿童对每个故事都预言教师将会做训斥的反应,紧接着,几乎所有的被试都给予教师的反应以肯定的评价。

对于规定允许的除"打人"以外的三种行为,大多数被试认为教师不会做出反应。而对于规定允许的"打人"行为,预言教师不会有反应(与规定相符)和教师会训斥(与规定不符)两者之间大致相同,而对实际的"打人"行为的反应大致如此。

这一研究表明,所有的儿童,包括五六岁的儿童对于规则的评价基于他们对于规则所控制的行为的判断,儿童把有些行为看成是常规行为(如禁止打人),所以与常规行为不符的规定,儿童会予以拒绝。儿童也不相信权威(教师)会一味地执行规则而放任有违常规的行为(有打人的行为),规则并不能改变儿童对权威的期待,他们期待教师去评价行为结果而不是行为的合规则性。儿童对于社会行为的判断有助于他们形成固有规则可变性的观念;儿童对于打人行为的判断(认为是错的)导致他们对允许打人的规则的抵制。儿童把"会损坏""社会赞成"分别作为给"丢玩具"和"裸体"的消极评价的理由,而给"拒绝分享"的肯定评价的理由是"符合公平的规则"(事实上并没有涉及分配、数量及公平问题)。如何解释行为方面的差异也涉及儿童对于规则和行为的评价。如五六岁幼儿之所以认为允许打人的规则是不对的,但行为是可以接受的,是因为打人的儿童忠诚于规则,而其他年龄的儿童不会做这种考虑。

这一研究的结果同皮亚杰的有关研究是不一致的。皮亚杰试图从儿童游戏规则的概念中概括出儿童道德规则的概念,但在对有关儿童的不同类型规则的系统分析中,可以发现大多数从6岁到7岁的儿童对待游戏规则同对待道德规则是不同的,游戏规则从一个情境到另一个情境被看作是合理的、可变化的,相反,道德规则是不可变的。

(二)社会规范的教育应注重的方面

(1)建立一个合理、科学的规则体系对于学前儿童的生活、学习都是十分重要的。教师应在科学的教育观、儿童观的指导下,在充分分析幼儿园和班级现实条件的基础上,和儿童一起制定规则,让儿童参与规则的讨论,以便使儿童知道规则制定的目的、原因,这有利于幼儿理解规则,从而自觉地遵守规则。

(2)应使家长了解幼儿园的主要规则,以便协调幼儿园与家庭对幼儿的要求,避免儿童在同一行为上遵循不同的要求,避免幼儿形成双重人格,造成心理矛盾。

(3)确定了的规则必须坚决加以执行,教师应避免以临时的指令代替规则,尤其是避免以与规则要求相悖的指令代替规则。如在特定情况下必须以与规则相悖的指令代替规则,则必须告诉幼儿原因。

(4)对各种公共规则,尤其是道德规则,成人必须以身作则地遵守,要给幼儿树立遵守规则的榜样。

（5）对于一些儿童执行起来有困难的规则，一方面应审视规则本身的合理性，另一方面，应设计一些游戏化的、生动多样的活动，帮助幼儿理解规则，使幼儿乐意执行规则；对于一些日常规则，要进行经常性的监督，使执行规则变成幼儿的自觉行动。

第三节　学前儿童情感的发展和教育

情感发展是个体社会性发展的重要内容，也同自我认知、自我评价、自我调节等自我意识的表现形式有着密切的关系。学前期是情感发展的重要时期，情感教育应是学前教育中的一个重要课题。

一、学前儿童的情绪社会化

初生婴儿的情绪基本都是生理性的，是一种原始、本能的反应，但一个情绪社会化的过程也从其降生之时就开始了。婴儿进入人类社会环境，成人与之接触、交往，这样一个互动过程也就是婴儿情绪社会化的过程。所谓情绪社会化，就是指在原始情绪产生的基础上，在人际交往和社会行为反馈中，那些蕴含着社会意义的情绪的产生过程。

（一）婴幼儿情绪社会化阶段

英国精神病学家鲍尔毕将婴幼儿情绪的社会化分为四个阶段：

1. 无分化的社会性反应阶段(0—2个月)

新生儿期，与亲人沟通的第一个通信手段是哭，以哭声反映他的饥饿、疼痛、寒冷等状态；第二个月，开始以微笑来反映他的饱足、温暖、舒适状态。婴儿正是通过哭与笑来呼唤亲人对他的注意与照料，这是最初的社会性通信手段。此时的这种社会性通信信号不具有任何选择与倾向，无论谁接近他，他都乐意用这种通信信号与之交流。

2. 分化的社会能力发展阶段(2—7个月)

婴儿在探索环境中,逐渐开始区分熟悉的人与生人,对熟悉的人表现出更多的偏爱。当熟悉的人经常逗弄他、安抚他、与他交谈时,婴儿会微笑或喃喃自语;每当母亲出现时,婴儿会主动报以微笑——社会性微笑,而且会用视线追随母亲离去并表现出不安,这是愉快情绪社会化的反应。婴儿逐渐知道了自己的某种行为会引起母亲的反应,从中学会了有效预测能影响母亲的行为,同时也建立了自己对母亲行为的预测与信赖,这是婴儿建立依恋安全感的基础。

3. 形成依恋阶段(7—24个月)

也是"运用运动和信号同已识别的对象保持亲近"的阶段。婴儿已能积极主动寻求、获得所依恋对象的亲近与接触,更加仔细调整自己的行为以适应亲人的行为。由于婴儿已获得"客体永久性"的概念,每当亲人离去后会产生反抗与焦虑,同时,母亲或亲人已经成为婴幼儿探索环境的"安全基地"。

4. 伙伴关系发展时期(2岁以后)

这时,幼儿的自我中心减少,开始学会预测什么样的感情与动机、什么样的行为能影响母亲。随着幼儿语言的形成,交往范围的扩大,绝大部分幼儿能离开母亲到托儿所或幼儿园,能忍受与母亲的短暂分离。在新环境中,幼儿学会了与同伴或陌生人接触,开始建立起同伴关系与师生关系,他们共同体验游戏的快乐,分享成功的喜悦,对同伴的痛苦也能产生移情和同情。

(二)婴儿情绪社会化的主要内容

1. 社会性微笑

社会性微笑是婴儿情绪社会化的开端。当婴儿对人脸、声音开始有特别的选择时,就会对特定的对象(社会性对象——人脸及人声,而较少对非社会性对象做出反应)报以社会性微笑。2—3个月时,社会性微笑的主动性增加了。此后,随着婴儿能区分不同个体,其社会性微笑主要指向母亲和熟悉的人。

2. 母婴依恋

母婴依恋的形成是婴儿情绪社会化的一个重要标志。婴儿与母亲在频繁

的交往中逐渐建立特殊的感情联结,即对母亲产生依恋关系,这种关系建立于6—7个月时。母婴间依恋关系的形成,使婴儿更多地将行为指向母亲,且感到愉快、安全而少哭闹。因此,这有助于婴儿形成积极、健康的情绪情感,养成自信、勇敢、敢于探索的人格个性,有利于培养幼儿乐于与人相处、信任人的基本交往态度。

3. 陌生人焦虑

由于母婴依恋的建立,婴儿能把母亲和陌生人分开来,陌生人的出现会引起婴儿的恐惧、焦虑,而陌生人离去,婴儿就会平静下来。这种反应就是"陌生人焦虑",一般发生在婴儿6—8个月时。

4. 分离焦虑

当母婴依恋建立后,婴儿又要同母亲分离,那他就会表现出伤心、痛苦,拒绝分离,研究表明,这种分离反应与母婴依恋的建立同时发生。

(三)情绪的社会性参照

情绪的社会性参照是婴儿情绪社会化的一种重要现象和过程,充分显示了情绪的信号作用和人际通信交往功能,是情绪社会化的重要方面。当婴儿处于陌生的、不能肯定的情绪时,往往从成人的脸上搜寻表情信息,以决定自己的行动,这便是"情绪的社会性参照"。例如,当婴儿遇到陌生人递过的一个玩具时,会抬起头来看母亲,试图从母亲脸上搜索到是接玩具还是不接玩具的信息,以便明确他接还是不接。情绪的社会性参照发生于7—8个月时,其对于婴儿发展极为重要,尤其是对于半岁到1岁半的儿童,在其语言尚未发展时,情绪的社会性参照起着核心的作用,这是婴儿与成人主动的情绪交流,参照成人的情绪信息,使婴儿避免、摆脱了许多险境和危险物体,并有利于婴儿行为的阻止与调整。同时,婴儿经常与成人分享情绪体验,共享同样的情感,有助于丰富婴儿的感情世界。

婴幼儿情绪的社会化,为进一步的情感发展奠定了基础。

二、学前儿童的自尊心

自尊心是指由自我评价引起的自我肯定,并期望受到他人、集体和社会尊重的情感。它可以产生积极的动机,是健康人格所不能缺少的,它使人富有独立性、自强不息、不甘落后、注意维持人格的尊严。自尊心过强,会导致妄自尊大、专断、固执、妒忌别人等不良品质;丧失自尊,又使人自卑自弃。所以,英国心理学家麦独孤说,自尊情操是理解意志活动的钥匙,是培养品德的基础。

学前儿童自尊心的培养,对于其进一步的人格、道德情操的发展极为重要。对幼儿自尊心的研究往往是同自尊心的另一极——自卑感联系在一起的。国内学者李长岷、刘邦惠的研究表明:

(1)幼儿从3岁到6岁,自尊心和自卑感是在中等程度上诞生并发展着的,自尊心一直居中上水平,自卑感始终处于中下水平。

(2)两个发展过程的总态势表现为三个阶段:初期(3—4岁),两者均无明显进展;中期(4—5岁),自尊心直达顶点,自卑感降至低谷;后期(5—6岁),两者向中间靠拢复原。中期是幼儿这两种情感协调发展的最佳时期。

(3)发展的性别差异表现为,女孩在顾全体面以维持自尊心方面表现得比男孩更为突出;男孩会因技能方面不如女孩而感到自卑。

(4)城市幼儿强烈希望从得到别人尊重来维护其自尊心;农村幼儿更易因自己体能不如同伴而深感自卑。

与自尊心相关的是他人的评价,如果自己的善行没有得到充分肯定,那幼儿就没有满足自尊心,如果数次善行均没有得到肯定,则会影响幼儿类似行为的产生。当然,自尊心与自己的评价也是相关的,且和自信联系在一起。一个儿童缺乏自信,就难以产生成功的行为,难以得到他人和他自己积极的、肯定的评价,也影响进一步良好行为的产生。

三、学前儿童的同情心

同情心是对于他人的不幸或困难所持的关心、爱护的态度,是人道主义的一种表现。这种态度的基础是承认他人的需要和利益的合法性,表现为对他人的思想感情能够理解,对他人的愿望能给予支持。这种社会感情可限制利己动机,使人将自己摆到他人的位置上去思考与行动。幼儿的同情主要产生于对幼者、弱者、伤者等的关心和爱护,对象可以是人,也可以是动植物。

有时,幼儿的同情心指向现实生活中的幼者、弱者。如苏联学者 B.C.穆欣娜有一段日记:

安德留什(1岁11月25天)被罚,面对墙角站立,他委屈地大哭起来。基里尔走到他跟前,抚摸着他的头,劝他"不哭,久卡(安德留什),不哭!"安德留什哭得更厉害。基里尔搂着弟弟的肩,说"别这样,不哭,久卡",自己也马上就要哭了。

有时,幼儿的同情心是指向成人的。如,妈妈小声地对幼儿说:"别吵,爸爸工作得很辛苦,他累了,他在睡觉,别吵醒他。"幼儿仿效妈妈的样子,也轻手轻脚地走动,如果有某个大人偶然忘记了,他就会提醒说:"别吵,爸爸很累了,在睡觉。"

有时,幼儿的同情心是指向小动物的,甚至可能指向无生命的玩具。在大班和小班的混合活动中,小班的一位小朋友把大班娃娃家游戏角里的一个玩具娃娃的眼睛安歪了,在整理玩具时小朋友 A 发现了,他焦虑地说:"这可怎么办,娃娃会看不见的。"他去找游戏角里正在整理玩具的小朋友 B,说:"娃娃的眼睛坏了。"B 说:"那你明天到医院来做学徒吧。"A 不高兴地走了,他一直抱着娃娃,直到集合了,他还坐在位置上回头看着娃娃。爷爷来接他,他第一句话便是:"娃娃没有了眼睛会很难过的。"

有时,幼儿会对儿童文学作品中的人物表示同情和关心。

由此可见,同情心(感)是一种指向自身以外的他人(或动植物)的一种道德情感。

四、学前儿童的羞愧感

羞愧感是一种个体意识到自己的言行对他人(身体、情感)或规范造成了伤害或违背后所产生的负罪感,这是一种以自己的行为、观点、人格为对象的道德情感活动。如果没有对他人情感状态的理解能力,就很难有羞愧感的产生;羞愧感也同个体的是非判断能力有关,当一个儿童分不清自己行为的好坏、对错时,就难以产生羞愧感。

学前儿童羞愧感的发展,对他的学习和掌握行为规则有重大意义。它迫使儿童把自己的行为同他人的评价相对照,或与规则相对照。羞愧感在早期童年一般是由成人直接干预而产生的。当学前儿童自己明白自己的行为不符合人们期望的时候,即违反了规则,偏离了优秀榜样的时候,儿童会由于出现胆怯、粗暴、吝啬、不礼貌等等而感到羞愧。在某种情况下,羞愧感可能强烈地压倒其他动机,并迫使儿童拒绝诱人的物品,或做出难度很大的举动。

我国学者刘守旗根据库尔奇茨卡娅的实验方案,对3—6岁中国儿童进行的验证性研究发现:学前阶段已产生羞愧感;羞愧感的产生与幼儿的气质类型有关,多血质幼儿最易产生羞愧感,胆汁质幼儿羞愧感反应强度大;羞愧感的产生与道德认识、道德评价能力有密切关系,大班幼儿已表现出初步的自律道德。

除以上情感教育外,责任感、集体荣誉感、爱国感等也都是重要的社会性情感。对学前儿童实施社会性情感的教育和培养应注意以下几个方面:

(1)在婴儿情绪社会化过程中,要给予婴儿一个安定、稳定、舒适的生存环境,使婴儿有安全感、依恋感,以愉快的情绪与他人交往;要给予婴儿以各种方式表达情绪的机会;给予幼儿独立活动和探索的机会;理解婴儿的各种心理需要,并尽可能满足其合理的需要,为幼儿进一步的情感发展奠定基础。

(2)培养幼儿健康的自尊心。要无条件地接纳儿童,真诚地认可、夸奖儿童;尊重儿童的独立性、权利和人格;帮助儿童获得能力和经验;为儿童提供自由表现的机会,提供力所能及的迎接挑战和克服困难的机会。

(3)鼓励幼儿的同情表现,引导幼儿了解和理解同情对象的痛苦与困难,使幼儿在以后类似的情况中能更主动地表现同情心,并通过儿童文学作品培养幼儿的同情心。

(4)使幼儿产生适当的羞愧感,会自觉以他人的评价和规则对照自己的行动,懂得对他人身体、情感伤害的坏处,逐步向自律的道德行为过渡。

第四节 学前儿童社会行为、技能的发展和教育

社会行为是指依社会情境而转移的个体行为,其基本表现形式有表情、姿态、言语、活动等。社会行为可分为亲社会行为和反社会行为,其区别在于行为对别人、对社会是否有利。有些社会行为受一定的规则约束,有时甚至受多种规则约束,所以,从事这种行为的能力便是相应的行为技能。

一、社会性交往

社会性交往是指两人或两人以上为了交流认识经验和情绪评价性的信息而相互作用的过程。其包括三个基本要素：信息发送者、信息通道和信息接收者。社会性交往也是一种社会性行为技能，它涉及选择什么信息通道，如何组织信息，如何传播信息及如何对信息做出反应等方面的能力。

幼儿的交往在促进幼儿社会性发展上有着重要的作用；幼儿社会性交往是幼儿生长发育与个性发育的基本需要，是实现个体社会化发展过程所必需的。交往使幼儿了解和认识人与人之间、人与社会之间的正常关系，掌握社会道德规范和处理人们之间的关系，帮助幼儿克服任性、自我中心等不利于交往的行为。在交往中，幼儿发展了行为调节能力和社会交往能力。

(一) 学前儿童社会性交往的类型

在学前儿童社会性交往的发展过程中，存在几种典型的交往类型：

1. 婴儿与母亲的交往

母亲被称为婴儿生存和发展的"第一重要他人"，这意味着，母亲不但是婴儿的主要抚养者、照料者、保护者，而且是婴儿游戏的重要伙伴，母亲在婴儿早期的社会性交往中占据了最重要的地位。许多研究表明，母亲在与婴儿的交往中，对婴儿的行为、交往要求最多，提供最多的言语指导、具体示范，给以最多的观察、模仿的行为榜样，提供最多的反馈、评价，为其创造最多的练习、实践机会，并在具体实践中给以最多的具体帮助、鼓励、纠正和指导。正是在母亲的指导下，婴儿习得了大量的社会行为规范，形成了许多良好的社会行为，如分享、谦让、合作等；同时，婴儿学会了参与交往，主动发起、邀请交往，并学会如何维持交往，解决交往中的矛盾、冲突，使交往顺利进行，习得了最初的社会技能，积累了初步的交往经验。母婴依恋是母亲和婴儿交往的特质。

2. 婴儿和父亲的交往

父亲参与婴儿教养、与婴儿接触在量上相对母亲来说不多，但是父亲却起着与母亲明显不同的重要角色，父子交往起着相当重要的、母婴交往所不可替代的独特作用。如父亲对于婴儿积极个性品质的形成、对于婴儿社会需要的满足和社会交往技能的提高、对于婴儿的认知发展等方面所起的作用远远超过人们以前的估计,父亲与婴儿相互作用的性质比作用时间的多少更为重要。

3. 婴幼儿与同伴的交往

许多研究表明,幼儿在婴儿阶段已开始了与同伴的交往,且在与同伴的交往中得到许多益处。婴儿对社会行为及如何与他人相处的许多知识,不是由父母传递的,而是通过与同伴的交往习得的。婴儿与同伴交往的主要意义在于:促进婴幼儿社交技能及策略的获得;促进婴幼儿社交行为向友好积极的方向发展;促进婴幼儿情绪情感的发展;促进婴幼儿认识能力的发展。

(二)学前儿童社会性交往的阶段

缪勒和范德综合他人及自己对婴儿早期同伴交往的观察、实验研究,从社会技能发展的角度,把婴儿早期的同伴交往划分为简单社交行为、社会性相互影响、同伴游戏及早期友谊四个阶段。

大量的研究证实,婴儿早期交往的发展以一种固定的程序展开。

1. 以客体为中心阶段

婴儿交往更多地集中在玩具、物品上,而不是婴儿本身。

2. 简单交往阶段

婴儿已能对同伴的行为做出反应,经常企图去控制另一个幼儿的行为。

3. 互补性交往阶段

婴儿同伴间的交往趋于互补,出现了更多更复杂的社交行为,相互间模仿已较普遍;婴儿不仅能较好地控制自己的行动,而且还可以与同伴开展需要合作的游戏。

到幼儿阶段,同伴交往有了进一步的发展,尤其是交往中语言成分的参与,语言交际成为重要的交往形式。交往行为比婴儿期显得成熟,由于幼儿期幼儿掌握了更多的规则,所以交往更为复杂、深入。幼儿之间经常展开讨论,且有合作和互助的成分,幼儿间的情感也较为密切。游戏是幼儿交往的主要形式。

(三)社会性交往的培养

社会性交往的培养应注意以下几个方面：

(1)注重婴儿早期的交往需要和交往实践，充分发挥父母、同伴在婴儿交往中的不同作用，使幼儿从小就有参与交往的兴趣，掌握初步的交往规则，以及初步的交往技能，为进一步的幼儿社会性发展奠定基础。

(2)注重幼儿社会交往技能的培养。随着幼儿交往范围的扩大、交往活动的深入，不断地给予幼儿交往方面以及其他社会性规则，使幼儿学会自己解决交往过程中的矛盾和冲突，提高交往质量，更好地促进幼儿社会性的发展。

(3)注重一些社会交往技能缺乏，或在人际关系中受忽视的孤独儿童的交往。不少研究表明，孤独的儿童在社会性交往中的获益少于非孤独的儿童，国外有关"幼儿园中同伴交往中的孤独者"的研究中描述了这样一类儿童，这是教师有必要去关注的。较少与他人交往的儿童中有一种特殊的行为形式，这个形式不是单独的词，诸如"害羞的""冷漠的"所能概括的。这些儿童有不同于交往较频繁的儿童之处：一是花费较少的时间游戏，而花费较多的时间看同伴；二是即使与同伴互动时，也较少发生影响和组织同伴的行为；三是花较少的时间(在班上的时间)从事想象性的戏剧表演游戏；四是在较结构化的集体中或小组中更有可能和同伴交往。因此，注意这些特点，对于我们组织教育活动，引导幼儿间的交往是很重要的。

二、助人

(一)助人行为

助人行为是一种利他行为。对于助人行为的发生者来说，其会有某些方面的牺牲或损失，但也能从助人行为中得到情绪上的愉快。助人就是对有困难者或急需帮助者提供各种形式的帮助，因此，对于有困难者和急需帮助者的认知是很重要的，有助人的意识，就会对处于困难中的人有反应，有的人明知别人需要帮助，但不提供帮助，即有认知，无行为。所以，助人往往是同人的道德水平联系在一起的。一个人有内化了的道德规范，有强烈的道德情感，就会产生自觉的助人行为。

学前儿童是否有助人行为呢？有的学者认为幼儿由于受自我中心倾向的影响，基本上没有利他观念和利他行为，从而也就否定了幼儿助人行为的存在；而有的学者通过实验证明幼儿有利他行为。国内研究者满晶、马欣川的"幼儿互助行为发展"的实验研究表明：幼儿期儿童存在以利他为目的的互助行为，虽然在这方面幼儿个体间存在较大的差异，但事实上，互助行为已较普遍地存在于幼儿的社会行为之中了；随着年龄的增长，各年龄组之间幼儿互助行为发展水平的差异不显著，但在互助行为发生的频率上，各年龄组却有一个下降的趋势。

此外，张其龙、李百珍的研究都分别证实了移情能力的培养对于幼儿亲社会行为的产生是十分重要的，也就是说像助人、分享等行为一样是可以通过感情移入的培养和训练使幼儿掌握的。如李百珍的研究表明：在实施移情能力培养以前和实验初，中班30名幼儿中的许多幼儿有一定的助人能力，但仅是个别幼儿的偶然行为，还往往需要教师的提示、指导，不够主动、积极和经常。经过移情能力培养，助人行为已成为实验班大多数幼儿的经常的行为。

西方有关学者的研究也表明了助人行为的培养对于幼儿掌握助人行为是有益的。如有的研究人员在幼儿园班上设计了一定的情境，如"一个正走过马路的老人""一个正在艰难地搬东西的人"等，让幼儿分别充当需要帮助者和帮助者，经过这类训练的幼儿的助人行为多于未经过训练的幼儿。

(二) 培养幼儿的助人行为

(1) 要求幼儿提供帮助的是幼儿力所能及的事，且应通过具体的活动而非口头进行教育和训练。

(2) 要及时鼓励幼儿的助人行为，使幼儿的行为得到正确的、积极的强化。在这方面，家、园的一致要求是很重要的。

三、分享

(一) 分享与分享行为

分享是一种与他人共同活动过程中经常出现的利他行为，也是与人相处过程中一种很重要的技能。分享行为的发出者总是伴有一定的牺牲，分享是两人或两人以上的人共同占有,而占有"物"的流向是从行为者到分享受益者。

分享的对象"物"可以是物质,如食品、玩具、图书等,也可以是情感,情感的分享总是和人联系在一起,如老师、父母等。分享不只存在于幼儿之间,幼儿与成人之间也可产生分享。同伴分享主要存在于幼儿园,因为在独生子女的情况下,家庭中同伴分享的机会微乎其微。

分享与助人不同,分享行为可以是具有利他性质的,也可以是不具有利他性质的。如一个幼儿把食品分给同伴是由于同伴没有这种食品,虽然自己很想全部占有这种食品,但还是给同伴一部分,这可以说是利他的。如果是因为他自己对这种食品根本不感兴趣,扔掉的话又怕别人指责,所以给了同伴,这表明,他的"分享"行为没有利他意义,只是自己解决问题的一种途径。因此,不能根据有无付出、牺牲来判断利他性分享行为是否发生,还应考察其动机。因此,一般分享行为测验中,都有动机调查项目。

分享行为虽具有利他性,但行为的自觉性、主动性程度有时也会有不同。如有的是完全自愿的,有的是启发下发生的。

有关研究表明,3—6岁的幼儿存在着不同程度的分享行为,分享的技能随着幼儿年龄的增长而加强,李百珍的研究表明,分享行为是可以培养和训练的,经过培养,幼儿能减少自私行为,而较多地表现分享行为。

(二)分享行为的培养

(1)必须使幼儿理解分享行为的意义,不能只要求幼儿做出分享行为而不对行为的好处做解释;必须让幼儿逐步了解为什么要这样做,也可让幼儿在他人的分享行为中得益时,强化幼儿的分享意识。

(2)创设让幼儿开展分享活动的机会。分享作为一种行为,同其他利他行为一样,需要锻炼、实践。

(3)应通过一些具体行为规则的内化,使分享变成幼儿自觉的行为,使幼儿自己能意识到在什么时候该怎么做。如"如何分配玩具""如何分享图书"等可以有相应的规定,无须每次都商量。

四、合作

(一)合作与合作行为

合作是一种集体行为,是两人或两人以上共同活动、协同实现活动目标的行为,也是一种基本的社会技能。人在社会中生存依赖多种技能,合作就是其中一项很重要的技能。研究表明,合作行为是随幼儿年龄的增长而逐步增加的。

西方学者海(Hay)于1979年研究了儿童与父母的合作游戏,发现12个月的儿童很少表现合作性游戏,而绝大多数18—24个月的儿童产生了合作性游戏,这种游戏的频率也迅速增加。艾克曼(Ecrerman)等人于1989年发现18—24个月的儿童比年幼儿童表现出更多的与同伴或成人交往的游戏。布朗纳尔(Brovnell)也于1989年发现,24个月的同龄伙伴间能够相互协调行动以达到目标,而18个月的儿童则还比较困难,2岁以后儿童更能有效地进行社会性交往,更经常地进行合作游戏。

布朗纳尔和卡立奇(Carriger)1990年研究了64名12—15个月、18—21个月、21—27个月、30—33个月儿童的合作、自我与他人区分的关系,其结果同样发现,儿童的合作性有显著的年龄差异。12个月的儿童基本上不能解决合作性问题,半数左右18个月的儿童能偶然地解决问题,大多数24—30个月的儿童能重复性地解决问题。

我国有关研究也指出,在对3—6岁幼儿的自然条件下观察可见,合作行为随幼儿年龄增长而增加。有的研究指出,4岁幼儿的合作行为明显多于3岁儿童,且合作的时间较长,相互协调性也发展得较好。

(二)合作行为的培养

幼儿合作行为是可以通过培养而得到发展的,培养幼儿的合作行为应注意:

(1)要在幼儿教育活动中创设让幼儿活动的机会,且对不同年龄的幼儿提出不同的合作要求,尤其是在游戏活动中,要较多地倡导合作。

(2)要教给幼儿必要的合作技能,使幼儿学会处理合作过程中出现的问题。

如有的幼儿园让大班幼儿画合作画,两到三人为一个合作小组,这类活动对于培养合作性是有益的,但是怎么开展,教师应加以指导。所谓合作,是协调完成共同的目标,目标是什么,必须明确。这就要讨论怎么画,先画什么,后画什么,谁画什么,必须协商、分工,然后开始作画。这里有轮流和协调因素,所以,合作画中的讨论、协商、分工、轮流就是合作画的合作技能。没有这一点,就与一般画画没有区别,只不过是在同一空间(画纸)内各人做自己的事而已。

(3)对于集体中缺乏合作技能,尤其是行为经常具有破坏性的儿童要特别加以引导,而对一些不太愿意交往的幼儿要通过诱导其与他人的合作进而促进交往。

五、攻击性行为

(一)攻击性行为与成因

攻击性行为是指以直接的或间接的方式有意损害他人身心的行为。攻击性行为不是亲社会行为。

攻击性行为的前期行为表现为婴儿的冲突行为。1977年,美国心理学家霍姆伯格(M. S. Holmberg)在一项12—42个月儿童社会交流模式发展的研究中发现,他所观察的12—16个月的婴儿,其相互之间的行为大约有一半可被看作是破坏性的、冲突性的;他还发现,随着儿童年龄的增长,儿童之间的冲突行为呈下降的趋势,到2岁半,儿童之间的冲突往往只有交往最初的20%。

美国心理学家威拉德·W.哈特普(Willard W. Hartup)1974年把侵犯行为区分为敌意性侵犯和工具性侵犯(又称操作性侵犯)两种。根据这一分类,他对4—6岁和6—7岁两个年龄阶段儿童侵犯形式的发展做了观察研究,结果表明:年龄较小的儿童的侵犯性要高于年龄较大一些的儿童。哈特普认为,这种现象产生的主要原因在于前者工具性侵犯的比率高于后者。相反,年龄大些的儿童与年龄较小的儿童相比,他们更多地使用敌意性侵犯或以人为指向的侵犯。另一个与此相联系的原因是,随着儿童年龄的增长,诱发其侵犯行为的刺激也发生了变化。在整个学前期,儿童的工具性侵犯呈减少趋势,敌意性、报复性侵犯呈增多趋势。

有的学者对攻击性行为的成因进行了研究,认为儿童生理因素(激素水平、气质类型)与环境因素(家庭、同伴、传媒、活动空间)都在不同程度上对幼儿的攻击性行为的发生起作用。如:父母经常以暴力对付幼儿,幼儿就可能以暴力对付同伴;影视节目中暴力场面过多,导致幼儿的模仿行为;活动环境中活动材料过多,会引起攻击,如果活动缺乏规则,也可能导致攻击性行为。

(二)减少幼儿攻击性行为应注意的方面

1. 要进行环境控制

使幼儿处于有规则有秩序的环境之中,且环境中有足够的满足幼儿活动的材料;合理安排幼儿的活动空间;避免暴力影视,父母、教师以身作则,不以攻击性行为对待他人。

2. 帮助幼儿掌握解决相互之间矛盾和冲突的技能

鼓励幼儿友好交往,在交往中发展礼貌习惯,学会谦让、自制,以商量的方式处理矛盾和冲突。

3. 设计一些使儿童专心致志、充满兴趣的活动

一方面,减少等待和无所事事,减少不必要的摩擦和冲突;另一方面,在专心的活动中,幼儿可充分表达自己的情感,包括自己的烦躁和不满。

第十章 学前儿童的美感发展与教育

第一节 美、美感和美育

一、美

（一）美的含义

美是人类社会实践的产物。正如马克思指出的："劳动创造了美。"作为社会实践结果的美，是在人类的物质与精神的劳动过程中，逐渐客观地形成和发展起来的。著名美学家李泽厚在《美的历程》的结语中指出："美作为理性与感性、形式与内容、真与善、合规律性与合目的性的统一，与人性一样，是人类历史的伟大成果。"美是人类的一种永恒的追求，马克思说："社会的进步就是人类对美的追求的结晶。"爱美、追求美、创造美是人类本质力量的显现和发挥。爱美是人的天性，人类从幼小时期就表现出了对美的趋从和渴望。别林斯基曾断言："没有对美的热爱就谈不上正义和人类幸福。"美，也是人类衡量自身行为及事物的尺度，正像伟大的教育家苏霍姆林斯基所说的，"美是一面镜子，你在这面镜子里可以照见你自己，从而对自己采取这样或那样的态度"，对于文明的人类而言，美应该是精神世界的丰满、充实和文化生活的高度发展的标志之一。

美，作为美学中的一个核心概念，是指能引起人们美感的客观事物的共同本质属性的抽象概括。

(二)美的表现形式

美可以分为现实美与艺术美两种表现形式。

1. 现实美包括自然美和社会美两个方面

(1)自然美是自然事物表现出来的美。它又分为两类:一类是指自然界原来就有的、未经人类加工改造过的自然美,如温暖的阳光、灿烂的群星、皎洁的月色、澎湃的海潮、陡峻的山岭、翱翔的海鸥、茂密的森林等等;另一类是经过人类加工改造过的自然美,如层层梯田、金黄的麦浪、整齐的林带、百花争艳的花园等等。不过,在现实世界中,经过人类加工改造过的自然美和未经人类加工改造过的自然美也不是绝对分开、毫无联系的,而是经常相互结合、相互依托、相映成趣的。

自然美又包括自然形式美和自然内容美。

①自然形式美是指自然界中美的事物一般都有突出鲜明的形式,这些形式都以色彩、线条、形体、音响等因素,按照整齐一律、均衡对称、对比调和等法则组成一种天然的完美和谐。例如,当我们看到高悬的彩虹,听到林间百鸟鸣啭,顿时就会感到心旷神怡。由此可见,自然形式美的欣赏更多地表现为感性直觉。

②自然内容美,是指人们在欣赏自然美时所产生的联想和情感活动。比如,自然界中的竹子,除了具有清润、淡雅、挺拔等形式美外,还具有自然的内容美:挺拔犹如性格的刚直,竹节喻为气节的坚贞,清润淡雅好比品德的高尚。又如海鸥,飞翔于水天之间,身姿健美、爽洁,它的鸣叫给沉寂的海面以活力和灵气,其搏击长空给人以勇敢、奋进的感悟。此外,人们对花卉的欣赏,不仅是由于它具有迷人的天姿玉色可供观赏,而且它能从积极的方面陶冶人的性情,可以使人借花明志、修身自勉。例如,荷花隐喻洁身自好,菊花象征隐逸超脱,梅花勇于傲霜斗雪,牡丹象征雍容华贵,等等。所以,形式美中往往蕴含着内容美。

自然美作为物质的属性与美联系在一起是离不开或必须有美的感受者的。在人类社会产生以前,自然属性对于自然本身来说不具有美的意义,因为自然不能感知美,美是人对客观事物特性的抽象概括。有了人类社会,才会有被人所感的美,并且,随着人类社会的发展,自然美的领域不断地扩大,自然美也越来越丰富。

(2)社会美是社会中的人们在长期的社会实践中形成的相互关系以及由这种关系构成的社会生活的美。

社会美指的是社会生活中事物和现象的美。社会美表现在许许多多的社会生活领域之中,因此,社会美的具体形态是多种多样的。社会美是指人为的社会事物的美,包括人的行为美、性格美以及社会的环境美等等,还包括人类制造的物质产品的美和生活环境的美。

虽然社会美的形态不同、表现多样,但概括起来主要包括以下两个方面:

①社会美是社会关系的美。人是自然存在,又是社会存在,且总是介于各种社会关系之中。在各种各样的人与人的关系之间,依然存在着自然性的血缘关系,如民族关系,家庭关系,还有人们相互之间在社会共同体中所发生的其他许多关系,如同事关系、师生关系、朋友关系、政治关系、党派关系等等。因此,在社会生活领域中,人与人之间应该保持平等的、和谐的、友善的、宽容的、道德的、守信的关系,只有全社会共同维护这种良好的人际关系,才能真正实现社会美的理想。

②社会美是社会生活的美,包括劳动产品的美和社会环境的美。劳动产品的美具有广泛的内容,它渗透在社会生活的各个方面。劳动产品的花色品种、外部造型、商品设计、包装装潢等都与人们的社会生活密切相关,它能体现出一定时代、民族、阶段、个人的审美趣味,从而对人的精神产生广泛的影响。社会环境是构成社会生活的重要因素,它体现了人的生活情趣和精神状态;优美、舒适、整洁的环境能促进人的健康,延长人的寿命,陶冶人的情操。因此,社会生活美是社会美的重要组成部分。

无论是社会关系的美,还是社会生活的美,都是同作为社会主体的人的美联系在一起的,可以说,人的美是社会美的集中体现。社会的美以人的美为核心,人的美是在一定的社会生活中形成和表现的。人的外在美,如长相美等是人的形式美的一种表现,人的内在的美好品质是要通过一定的外在形式表现的,即通过人的表情、动作、体态、语言等形式自然地流露。人的内在品质对人的形象美起决定作用,所以社会美侧重于人的内在精神品质层面。当人的外部特征体现了一定的美好品质的时候,即内在美和外在美达到了和谐统一,便形成了人的完全的美。一般说的心灵美,主要指的是人的内在品质的美,人的精神世界的美,包括人的思想品质、道德情操、理想志趣、性格意志等方面的美;与此相应的是仪表美,是指人的形体、容貌、肤色、服饰、发式的美。仪表美同心灵美相比,心灵美更重要。奥斯特洛夫斯基说过,人的美并不在于外貌、衣服和发式,而在于他的本身,在于他的心,要是没有内心的美,我们常常会厌恶他的外表。

2. 除了由自然美和社会美所构成的现实美外,还有艺术美

艺术美是人类精神生活中不可缺少的内容。艺术美作为美的表现形态之一,是指文艺作品的美。具体地说,就是经过人们的艺术创造活动,把现实生活中的自然美和社会美加以概括和提炼,集中地表现在艺术作品中的美。艺术美是现实美的反映,是具有观念特性的东西,包括工艺、建筑、音乐、舞蹈、雕塑、绘画、戏剧、电影、电视、文学、书法等一切艺术中的美。艺术美是审美主体按照美的规律所创造的精神产品的美,它比现实美更集中、更强烈、更带有普遍性。

艺术美,首先是指作品思想内容和生活内容的美。这里面既包括作品所反映的客观现实的美,也包含着审美主体对这种客观现实的审美评价和审美理想。没有现实的美作为源泉和基础,艺术家是创造不出真正的艺术美的;没有艺术家创造性的、渗透着审美评价和审美理想的反映,也同样创造不出真正的艺术美。

艺术美还包括艺术形式的美。艺术形式的美虽然受艺术作品思想内容和生活内容美的制约,但它毕竟还具有一定的相对独立性。艺术形式是艺术内容的物质外壳,包括艺术的语言、色彩、线条、声音、动作、结构、体裁、韵律以及表现手法等。艺术家在所反映的生活素材中倾注、灌输自己的审美体验、审美评价和审美理想,通过艰苦的艺术构思,提炼、概括、加工、改造这些素材,最后熔铸成有完美艺术形式的艺术形象,从而使艺术作品具有艺术的形象性、典型性和感染力。

美应是真、善、美三个方面的统一。真、善、美三个概念分别表示哲学、伦理学和美学中最基本的范畴,它们的存在是客观的,它们既有联系又有区别。真、善、美作为价值范畴,是在人的实践过程中形成,又在实践的基础上统一起来的。

马克思主义美学认为,真是从客观世界的运动、变化、发展中所表现出来的客观事物自身的规律性;美与真有着不可分割的联系;真是美的基础,虚伪的、虚假的东西,不可能成为美的形象。但真并不就是美,真实的秽垢,真实的歹念,实在的恶行就不美。因为,美不是客观规律本身,而是运用客观规律以改造世界的人在能动创造的实践活动中的实现。真作为客观世界的规律性,作为科学认识的对象,它自身无所谓美丑。只有当客观规律为人所认识,而且被运用于人改造世界的实践活动,感性的、具体的存在形式成为人的能动创造的活动所必须掌握的东西,并成为对这种活动的肯定,这时真才具有美的意义。因此,美必须以真作为基础,没有真就没有美,但真并不就是美。

一般认为,在实践上符合人的目的的东西就是善。也就是说,善是对人类有用、有益的,符合一定时代的集体或个人需要的一种功利价值。美以善为前提,并且应符合和服从于善,但美并不就是善,善的东西并不一定就是美的;反之,美的东西也并不一定是善的。善是人的实践活动或客观对象、事物与一定社会阶级的目的相一致,即实践活动的合目的性;美则是在这种合目的的实践活动的过程中或结果上表现出来的对人改造世界的能动的创造性以及智慧才能的肯定。

人通过实践活动能够认识客观世界的规律,掌握真,利用客观规律去实现有利于自己的主观目的,实现自己的社会理想,从而实现善。如果这个目的和理想不仅善,而且又完美地体现在优美的形式中,那么人类就创造了事物的美。

因此,美是对能引起人们美感的客观事物的共同本质属性的抽象概括。真、善是美的条件,美中蕴含着真和善。正是从这个意义上说,真正的美是真善美的统一体。

二、美感

美感是一种由审美对象引起的认识感受和反应,是一种能引起人们感情上愉悦的心理活动和心理过程,它涉及感知、联想、想象、思维、情感等多方面。美感的发生是由于事物的美和美的观念、思想相适合、相一致所引起的,由于引起美感的对象属性不同,美感可分为优美感、壮美感、喜剧感、悲剧感、滑稽感等不同的类型。虽然美感的类型不同,但其基本特征是相同的。

(一)美感的主要特征

1. 美感的直觉性

美感的直觉性是指感受的直接性、直观性和形象性。人们在感受美的事物的具体形象时,这种美的形象直接作用于人的视觉、听觉感官,引起神经系统的兴奋,然后经过想象、思维等心理活动,得到审美对象的完整形象,从而获得美感。当我们远眺湛蓝的大海,耳听优美的舞曲,鼻闻清幽的花香,就感受到了美的信息,这些美的信息就是通过人的感官直接感受到的,是人和审美对象相互作用的结果。只有对美的信息——现实审美对象的信息向往、渴求,或能引起共鸣时,才可能产生美感。同样的音乐,有的人能为之陶醉,有的人却充耳不闻。正如费尔巴哈所指出的:"如果你对于音乐没有欣赏力,没有感情,那么你听到最美的音乐,也只是像听到耳边吹过的风,或者脚下流过的水一样。那么,当音调抓住了你的时候,是什么东西抓住了你呢?你在音调里面听到了什么呢?难道听到的不是你自己心的声音吗?因此,感情只是向感情说话,感情只能为感情所了解,也就是只能为自己所了解——因为感情的对象本身只是感情。"其实,美感的直觉性中包含着理性认识的内容,这些理性内容不是通过自觉的思维判断表现出来的,而是人类在长期的社会生活实践中形成的理性的心理沉淀,作为感知、想象、情感等的基础在起作用。因此,违背人的道德标准和生活理想的客观对象,是不会引起人们美感享受的。

2. 美感的情感性

美感是一种复杂的心理现象,它虽然包含感觉、知觉、情感、想象、理解、思维等各种心理因素,但其中最重要的心理因素还是情感。美感最鲜明、最突出的特征就是它自始至终都充满着浓郁、强烈的情感色彩。美感与各种心理因素相互关系的特点就在于:以情感为核心、感知诱发情感、想象激化情感、理解梳理情感,而情感又使感知更敏锐,想象更丰富。情感因素在美感中起着重要的作用,因此,可以说,美感是一种特殊的情感、高级的情感,没有情感就没有审美活动。

3. 美感的功利性

美感的功利性是美的功利性的必然延伸。美感的功利性是内在的,而不是外在的,主要表现为一种精神的功利性。功利性就是蕴含在或沉淀在个体直觉中的理性内容或社会内容的核心的东西。一般而言,美感既有非功利、超功利的一面,又有社会功利性的一面,这就是说,美感具有"双重性"。从个体美感的瞬间的心理特点来看是非功利的,但从美感所包含的内容来看又具有功利性,只不过这种功利性的特点由于常常是隐蔽的、曲折的,往往不易被审美的个人所觉察。但是个人的审美感受通过层层中介,总是在一定程度上反映一定时代的民族的或阶级的内容,从而显示出社会功利性。从根本上说,审美主体的美感是构成其精神世界的重要组成部分,又可能转化为审美主体的利社会行为,因此,功利性是美感的重要特征。

(二)审美与审美过程

美感是一种特殊的情感,是人类所独有的一种特殊的精神活动。与美感相连相关的是审美,审美是主体对客观事物能引起人们美感的某些性质、特征的审辨、感受、体验、判断、评价和能动创造。

审美过程就是美的感受的过程,这个过程有三个最核心的要素。

1. 审美主体

审美主体是审美过程中与审美客体相对的一方,即欣赏美、创造美的人。人作为实践性主体,不是消极地反映客观世界,而是通过实践能动地认识和改造世界。正是由于这种能动地认识和改造世界的实践,人类才逐步有欣赏美和创造美的需要以及相应的能力,实践性主体才有可能同时是审美主体。审美主体的本质特征是实践性和社会性:由于实践性,审美主体的审美需要会提高层次,审美能力也会不断提高;由于社会性,不同时代的审美主体的美感要求和审美评价会有差异性。主体——人并非天生就是审美的主体,原始初民以及新生婴儿就不是审美主体,因为他们同自然、社会和艺术之间没有构成审美的关系,这些对象对他们没有审美的意义。经过长期的审美实践,审美主体有可能形成审美意识。

2. 审美客体

审美客体是审美活动中与审美主体相对的一方,是指具有审美属性的客观事物。自然界、社会生活、艺术和科学领域的大量事物都具有审美属性,它们在人对客观世界的审美关系中成为审美客体。任何审美客体都存在于它和与之相适应的主体的审美能力所形成的审美关系中。正如我国学者邱明正在其《审美心理学》中所言:宇宙间的客体千千万万,是种无限的存在,并非任何客体对象都无条件地成为人的审美客体、审美对象,只有当客体具备了美、丑等特性或潜能,并且在人的实践中同人确立特定的审美关系,被人审美地感知和改造,它才成为人的审美客体、审美对象。贝多芬的音乐、罗丹的雕塑、齐白石的绘画能否成为审美的客体,取决于审美主体是否具有健全的眼睛或耳朵。只有当一个人具有健全的听觉和视觉,也就是马克思所说的"理论家"的感觉的时候,音乐、雕塑、绘画等客观事物才可能成为审美客体。审美客体产生于人类认识和改造客观世界的实践活动中,因此,它随着人类实践的发展而发展、变化而变化,并且因审美主体所处的时代、阶级、民族的不同而不同。但是,由于人类凭着自己的聪明才智,创造出了诸如巴尔扎克的小说、莎士比亚的戏剧等至今仍闪耀着美的光辉的作品,又由于不同民族、不同文化之间的相互影响、互相渗透,所以,也不排除超越于时代、民族、文化界限的共同的乃至永恒的审美客体存在的可能性。

3. 审美活动

审美活动是指欣赏美的事物和创造美的作品的活动。审美活动直接诉诸感性的对象,和形象思维不可分割。它通过生动的形象,带有感情地认识或揭示事物的美学特征和本质。如阅读文学作品,就是通过具体、生动、可感的人物形象的思想方式、行为方式和各种关系来把握作品中所呈现的美。审美活动既表现在精神生产中,也表现在物质生产中,而且都按照美的规律来进行。主体不仅能掌握事物的客观规律,还能在这个基础上发挥主观能动作用,赋予事物以符合人的目的和需要的有审美价值的形象与形式。

三、美育

美育,也称审美教育或美感教育。审美教育是通过审美活动和审美实践,有意识地培养人的审美能力,使人全面发展的教育。具体地说,审美教育是施教者按照一定时代的审美意识(审美观念、审美趣味、审美理想),借助各种审美媒介(美的事物、艺术作品),向受教育者施加审美影响,愉悦他们的性情,从而达到性情和心灵的陶冶、塑造的目的。

美育的实质是陶冶、塑造性情。性情,是人所固有的感性欲望和情绪。我国古代思想家王夫之曾言"性者,天之安也""情者,性之依也";席勒称性情是"感性冲动"。性情本具有较强的动物性,但是经过长期的历史发展,在人类征服改造自然的过程中,人自身的自然的一面(动物性的一面)也"人"化了,即社会化、理性化了。所以,人的性情,就人类群体而言,已是社会化、理性化了的。但是就个体而言,需要不断地陶冶,要经历塑造的过程,因此,美育是个人在走向社会化、理性化道路上所必需的。只有通过美育,才能使个体与社会、感情与理性真正统一起来。

审美教育的实质是形成和完善受教育者的审美心理结构。在以往的美育理论和实践中,已经注意到了审美心理结构的存在及其重要性,并认为美育最终求得的"不是逻辑思维模式的建立,不是道德规范的形成,而是审美心理结构的完善、提高"。审美心理结构的形成和完善是美育的实质。邱明正认为审美心理结构是人在审美创造时能动反映事物审美特征及其相互联系的内部知、意、情系统和各种心理形式组合、运动的结构系统。它是人的生命结构的组成部分,同认识结构、伦理结构交织成人的总体心理结构或文化心理结构,并沉淀、凝结、交融于总体心理结构、文化心理结构之中,成为沟通、联结审美主客体,构成特定审美关系的中介、桥梁或中间环节。审美心理结构具有感知对象、定向选择、能动创造、情感转移、指导行为、调节生理运动以及自控、自调心理运动本身的功能,一切外在事物的审美特征只有经过审美心理结构的中介,同审美心理结构相互作用,才能被人感知和接纳,也只有发挥审美心理结构的调节、加工、创造的机能,人才会能动地改造对象、创造美。由此可见,审美心理结构的形成和完善是人成为真正的审美主体的前提,进而可以说,人要真正成为一个完整的人,一个能不断投入审美活动的人,一个真正占有人的本质的人,必须形成和完善审美心理结构。

性情的陶冶和塑造,审美心理结构的形成和完善都是动态的过程。其中,审美心理结构的形成和完善是机能层次的,对于性情的陶冶而言是前提性的。意即,审美心理结构越完善,越有利于人的性情的陶冶。相对而言,性情的陶冶和塑造是终极性的。

第二节 学前儿童美感的发展和美育的目标

一、学前儿童美感发展的特点

（一）学前儿童美感发展的基础

学前儿童美感的发展是以一定的生理和心理发展为前提的。婴儿降生以后，大脑的重量就达到了900克，这为心理发展提供了生活基础，神经系统先于其他系统逐渐成熟，感知觉、想象、思维、情感等心理过程也逐步发展，已逐步能区分不同的声音、气味、味道，能凝视和寻找物体，开始识别颜色，甚至可以有意或无意地摆动物体。

西方有关研究指出，人类婴儿在出生之时，就已准备好开始认知成长的历程。他们不仅可以通过看、听、尝、闻、摸来接受外部刺激，而且可以有选择地只注意周围事物中与新生人类有关系的侧面。

1979年，西方学者特拉文森曾特别提出，婴儿还具有一种雏形的关于意图的感觉。卡冈等人的研究表明，婴儿的视觉感受力是很强的，能分辨不同形状，辨认圆和直线，并能分辨蓝、绿、黄、红等颜色。芬茨在一个实验中，使用了成对比较的技术，以了解婴儿的视觉能力。他给婴儿看两种不同形状或颜色的图案，把婴儿在看一个特定物体的时间称为"偏爱"。他发现，婴儿在两个月以下时偏爱一种条状的图案，而两个月后则偏爱靶状图案。芬茨后来的研究表明，婴儿在头6个月里的图案辨认能力就非常强，而刺激的条件如明亮程度会影响敏感性。新生儿的视觉距离大约是20厘米，成人常常把一件玩具放在婴儿的视觉距离之外，然后做出婴儿不会集中视线的结论。萨拉帕蒂克在对婴儿图像感知的研究中指出，人类及其他一些生物有一种对物体轮廓的某些特性高度敏感的皮质组织，因此，婴儿的辨认物体轮廓的行为是可以预料的。他认为，婴儿对于几何扩大的物体或对于深度的防御反应，以及对脸的视觉选择，可能只是天生的、反射性的，不需要解码过程。

由此可见，早期婴儿的视觉发展已为其学前及日后对美的感知提供了基础和准备。

有关研究表明,婴儿的听觉也很敏锐,并且有选择性。沃瑟默于1961年发现,新生儿会向一个声音望去。斯坦施奈德等人于1966年发现,新生儿的心率会随着声音强度的增加而改变。有的研究指出,婴儿在三个星期大的时候,会因为母亲的声音不是从嘴里发出而感到不安,这表明婴儿对不同频率的声音有不同的反应。较低的频率更容易引起反应和不安,而高频率可能造成婴儿僵滞。具有特殊意义的一些发现表明,婴儿在各种不同声音的包围中,能对语言信号表示出特别的注意。康顿和桑德试验了一批出生只有几个小时的美国婴儿,让他们听英文和中文的录音带,并拍手制造噪音、发单元音的声音,还有一个成年人对他们说话。婴儿的反应是,对所有连续的说话移动,但不理会拍手和单元音的声音。

我国的一些研究也表明,两个月婴儿的视觉已能集中于物体;三四个月的婴儿开始对颜色有分化反应,偏爱红色,红色能吸引幼儿的注意,且能引发幼儿的四肢活动;两三个月的婴儿能听音乐声和说话声,对有节奏的声音表现愉快情绪;一岁左右的儿童已具有对声音、颜色、形状的初步分辨能力,并开始理解语言,学习语言。比如,喜欢色彩鲜艳的事物,听到悦耳的声音会产生一种愉快感、安全感,并开始将美的客观事物同"美"或"漂亮"这类词联系在一起。如让一个十个月的婴儿指指"漂亮的衣服",婴儿会拉起自己的衣服,并因成人赞赏的愉快的笑容,而在拉衣服时伴有愉快的笑容。两三岁的幼儿已能在成人美感的直接影响下产生模仿性的美感,即将一些从不同感知渠道获得的被成人冠以"美的""好看的""漂亮的"事物的信息结合起来,模仿性地表现出与成人相似的愉悦的情感体验,这时,儿童还没有形成真正独立的美感反应。以后,将表达美感的词汇与儿童对美的事物的感知逐一联系起来,在此基础上,将美的和不美的事物、现象加以对比,这会有助于发展幼儿的美感。

幼儿晚期,由于感知系统的不断完善,经验积累日益丰富,有关的知识也日益增长,幼儿已把握了一些美的基本规律,如"对称""有序""鲜明"等等,因此,在审美活动中,更能自发地产生美的感受,引发美的情感。

值得指出的是,在幼儿阶段,幼儿有一种审美偏爱倾向,即有一定的审美活动的指向性和选择性,也就是主体对某类审美客体或某种形态、风格、题材的艺术品优先注意或优先审视的心理倾向。审美偏爱是主体审美心理结构的重要组成部分,支配着主体的审美欣赏、审美评价和审美创作等活动。西方有关的研究指出,幼儿对他们所熟悉的色彩鲜艳的图画比较喜爱;幼儿还易于去注意图画中那些不愉快的部分,把它们称作是"丑的"或"难看的"。

我国辽宁师范大学的张奇对"幼儿对美术作品审美的偏爱特点"进行了实验研究,从美术作品的表现内容、表现风格和表现形式三个方面系统地探讨幼儿对美术作品的审美偏爱特点。该研究随机选取 3.5—6.5 周岁的城市幼儿 120 名,分 4、5、6 三个年龄组,每个年龄组 40 人,男女各半。有三套实验材料,第一套材料由 6 组 36 幅用写实手法绘制的水粉画组成,每组有 6 幅画,内容分别是:动物、人物、植物、自然景观、交通工具和生活用品。6 幅画的表现形式及表现风格相同,画幅面积相同。这套材料的目的是考察幼儿在美术作品内容上的审美偏爱特点。第二套材料由 2 幅美术作品组成,2 幅作品表现的内容相同(同一姿势、同样大小的"猫"的图画),表现形式相同(水粉画),但作品表现风格不同(一幅为写实,一幅为夸张)。这套材料的目的是考察幼儿对美术作品表现风格的审美偏爱特点。第三套材料由 6 幅表现内容、风格相同但表现形式不同的作品组成,表现形式有水墨画、剪纸、白描画、素描画和线描重影。这套材料的目的是考察幼儿对美术作品表现形式的审美偏爱特点。

研究结果表明:

在第一套材料上,幼儿对 6 种不同内容美术作品的选择概率之间存在显著差异($F=22,P<0.01$),三个年龄组间没有差异。幼儿(三个年龄组)都偏爱表现动物的美术作品,尤其是 6 岁组,选择表现动物的美术作品的人数占总人数的 50%,三个年龄组平均选择表现动物的美术作品的人数占总人数的 45%。其次是偏爱表现交通工具的美术作品,三个年龄组中选择这类作品的幼儿占幼儿总人数的 28%。表现人物的美术作品很少有幼儿选择,5、6 岁两组没有幼儿选择这类作品,4 岁组也只有 5% 的幼儿选择这类作品。

在第二套材料上,幼儿对两种不同表现风格的美术作品的选择概率间存在显著差异($F=54,P<0.05$),三个年龄组间没有差异。6 岁组幼儿选择夸张、拟人风格作品的人数占总人数的 90%,三个年龄组选择写实风格作品的人数只有总人数的 20%。

在第三套材料上,幼儿对不同表现形式的作品的选择概率没有显著差异,不同的年龄组之间也没有显著差异,即幼儿对美术作品的表现形式没有明显的偏爱倾向。

这个实验从一定程度上反映了幼儿对于美术作品的审美偏爱特点。

(二)幼儿美感表现的特点

1. 幼儿的美感表现具有模仿性

受幼儿的知识基础、经验积累的影响,以及审美活动技能的影响,幼儿的美感表现一开始较多地是对成人的模仿,对一些事物的审美态度与成人对这些事物的态度往往是联系在一起的。而且,幼儿还往往模仿成人在审美活动中的表情、动作、语态,这一点在幼儿的游戏活动中经常可见。对一个玩具或别的事物喜欢,幼儿会表达出父母常说的词或话,如"多漂亮呀""真好看",并做出父母曾做的抚摸这一玩具或物品的动作。有时,幼儿为了表示喜欢,也可能模仿一些艺术作品中的人物,即审美对象影响幼儿进一步的更为广泛的审美。

2. 幼儿的美感表现具有活动性

幼儿的美感表现总是同游戏、歌舞、绘画、手工、观察等一系列具体的活动联系在一起的。没有由幼儿通过动作传递的、产生的体验,就不可能产生真正的美感,这是由幼儿的身心发展水平决定的。

3. 幼儿的美感表现具有表面性

对幼儿来说,形式的、外表的美容易感知,幼儿表现和反映的也主要是形式的、外表的美,对于内在的美幼儿较难感知和表现,且幼儿对美的感知和表现较为肤浅。

二、学前儿童美育的目标

审美教育是学前儿童全面发展的重要组成部分。在幼儿体、智、德、美诸方面全面和谐发展中,美育具有不可推卸的任务和不可替代的目标。美育的目标主要有以下三个层次。

1. 幼儿美育为幼儿将来成为一个完整的、理性的人打基础,即幼儿美育以奠定一个完整的人、理性的人的基础为目的。

认知、伦理、审美是人的生命结构中不可或缺的三个组成部分,审美教育是一种使人成为完整的人的教育,是使人渐趋理性化和社会化的教育。现代社会是高科技、频交往、重合作、求正义的社会,更应是重情感的社会。如果社会缺少了情感、削弱了情感,就不会有生气。作为这个社会中的个体,缺少了情感,就难以展现生命的真正本质和活力,就不能高扬人的主体性。因为人的主体性是在主体活动中实现的,而主体活动中缺少了审美活动,就缺少了人的情感升华的基础。因此,审美教育的目标是为了造就适应不断发展的未来社会的新人。

2. 幼儿美育是为了促进幼儿逐步形成初步的审美心理结构,这是由审美心理结构的特征及其功能决定的。

审美心理结构是多因素、多维度复合而成的网状结构,它由审美的认识结构、情感结构、意志结构整合而成,其中既包括审美感知、审美情感、审美意志这三种相互关系、相互作用、相互渗透的审美心理内容或意识内容,构成人的具有特定社会内容的审美意识,如审美观念、审美趣味、审美理想等等,又包括审美直觉活动、想象活动、理解活动、情感活动、意志活动、潜意识活动、下意识活动等基本的审美心理形式。这些心理内容和形式又以相应的生理结构系统为其生理机制,形成了审美的生理-心理运动系统。审美心理活动既是对客体审美特性的反射、反应,又有自控、自调的内部调节机制,发挥着感知对象、定向选择、情感转移、想象创造和调节生理运动、外部行为的功能,使人既成为审美的接受主体,又成为创造主体。

审美心理结构是诸心理要素多层次组合而成的整体性结构系统,包含着意识与潜意识、直觉与思维、理智与情感等心理内容和心理形式。在审美心理内容、意识内容中,审美的知、意、情是有序的多层次结构,在知、意、情内容中,既有个体的与群体的、现实的与历史的不同层次,又有政治、经济、伦理、文化等不同层次,因而构成审美意识内容的多层次序列。

审美心理结构是动态的动力结构。一方面,无论是个体的还是群体的,全人类的审美心理结构都处于历史的发展之中,都随着特定社会历史条件和特定机遇、环境、对象以及自身实践的变化、发展而常新恒异,都是既有相对稳定性,又有历史发展性,并处于不断完善的过程之中;另一方面,每个个体在面对特定审美对象时,他的审美心理活动也经历了由审美直觉到思维,由接受到创造的过程,在这复杂的运动过程中,审美心理结构便随之得以改组和重构。

因此,审美心理结构是种多因素、多维度、多层次整合的动力结构系统,正是通过这种心理结构的中介,才使对象的诸要素、诸维度、诸层次互相结合,以

整体性系统结构的方式作用于人的大脑,成为人的审美对象,才使人有可能全面地、发展地、创造性地把握对象、改造对象,从而成为审美、创造美的人。培养幼儿的审美心理结构,可以使幼儿的审美活动成为现实,为幼儿真正成为审美、创造美的人创造条件。

3. 幼儿审美教育的目标是培养幼儿对美的兴趣和爱好;培养幼儿感受美、表现美以及初步创造美的能力。这一层次的可操作目标,是以上两个层次目标的深入。

(1)培养幼儿对美的兴趣和爱好。幼儿还没有真正成为美的主动的探索者和发现者,没有真正成为美的表现者和创造者,还不善于去发现周围环境中各种形态的美。因此,必须引导幼儿感知周围生活中的美。如以一些形象生动有趣、色彩明亮鲜艳、声音悦耳动听、情节充满童趣的外界事物、图片、音乐、故事等审美对象吸引幼儿,使幼儿从审美活动中得到愉快和乐趣,获得轻松和自在,从而激发幼儿对这些具有美的特性的客体的向往,使幼儿喜欢看、喜欢听、喜欢唱、喜欢说、喜欢画,喜欢其他审美形式。审美爱好、兴趣的激发和引导是各种审美活动有效开展的重要前提。

(2)培养幼儿感受美的能力。感受美的能力即审美感受力,是感知、想象、理解、情感等多种心理功能协调活动的能力。这种能力表现为对审美对象形成整体的直接把握和领悟,从而产生一种审美愉悦。就个体而言,无论是成人还是儿童,都需要不断地培养、锻炼和提高,对于缺乏审美经验的幼儿来说更是如此。所以,要积极引导幼儿去亲身体验和感受现实世界,并使幼儿的感受活动逐渐与对象世界中对称、均衡、节奏、有机统一的美的活动模式取得一致和适应,使幼儿形成对这样一些美的活动模式的敏锐选择能力和同情能力,使幼儿领会和体验特有的模式,并逐渐将其特有的活动模式,内化为他们的感性知识、自身的倾向和习惯。此外,审美感受能力的培养还包括想象力的培养,审美想象力的培养在于使幼儿在丰富的情感的驱动下会将储存于心灵中的无数图式重新组合成全新的形象。审美感受能力的培养还包括审美理解力的培养。审美理解力就是在感受美的基础上,把握自然事物的意味、艺术作品的意义和内容的能力,它是有意识地教育和文化熏陶的结果。

(3)培养幼儿表现美及初步创造美的能力。幼儿表现美的能力的发展是以幼儿的语言和动作能力的发展,知识经验的丰富,各种表达技能的获得为前提的。对美的表达或创造总是要通过一定的途径或方式,对于幼儿来说,表达美、创造美的途径主要是语言、绘画、唱歌、舞蹈、制作、游戏及其他一些形式。要培养幼儿的美的表现力和创造力,意味着要鼓励幼儿大胆地、不受拘束地、有感情地表现自己对于美好事物的认识和理解,不受太多的人为规则的制约,使幼儿充分地发挥想象力,允许幼儿用自己的方式表达对事物的情感。还应让幼儿掌握一些基本的表达技能,使幼儿的表达更为符合其自身的愿望,在表达中得到更多的满足,更好地激发其进一步表达的愿望。

第三节　学前儿童美感的培养

一、审美教育的过程

(一)审美教育过程的内涵和特点

审美教育是在审美目标的引导下,借助一定的审美媒介,陶冶、培养受教育者的审美心理结构的过程。

审美教育过程具有两个特点。

1. 审美教育过程是按一定的审美理想对儿童的审美感受加以引导、定向控制,使之符合审美规律。

幼儿在活动中被告知从别人手上抢东西不是美的行为,而把跌倒的小朋友从地上扶起来是美的行为,这就是一种美的理想的引导,就是一种行为调控。在幼儿美育中,这种引导是十分必要的,因为幼儿还缺乏对审美规律的把握能力。当一群小朋友在一起观赏一簇鲜花,五彩争艳的鲜花让幼儿流连忘返,幼儿被鲜花打动了,如果这时有的幼儿情不自禁地伸手去摘花,对这个幼儿来说,摘花是心理渴求的外显,而这种行为是不符合道德规范的,必须以行为美的目标加以调控。审美并非意味着可容纳不加选择和控制的任何"审美"行为。

2. 审美教育过程是借助各种各样的审美媒介展开的,必须充分发挥审美媒介的影响作用。

一方面,要充分引导幼儿感受现实环境中的各种审美媒介,采用适合幼儿身心发展的感受方式,尤其是对于一些具有很高审美价值又难以成为幼儿自觉的审美对象的客体,更应加以审美引导。幼儿的身心发展特点,尤其是其审美特点决定了环境中的许多含有美的意义的东西不可能都成为审美对象,所以教师的引导非常重要。另一方面,许多审美对象是幼儿熟悉的,已经成了幼儿的审美对象,经过一段时间后,逐渐失去了其审美意义,这就意味着审美媒介的更新和充实。除了不断充实新的审美媒介外,对现实的审美媒介的组合和再加工也是十分重要的,而且有利于幼儿唤起审美联想。一只憨态可掬的小熊(图片)是幼儿喜欢的,但一段时间后,很少有幼儿再长时间地去注视它,如果把这只小熊的图片放到室内已有的墙饰中,放到森林中,和其他小动物在一起,会产生什么情况呢?它们会如何相处?我们可以为它们做些什么?一连串的问题便会使幼儿产生新的审美兴趣。

(二)审美教育的创造性

审美教育过程又是一个需要创造性的过程。作为全面发展教育的组成部分,审美教育必须贯彻和落实审美教育的目的,使审美教育过程向着培养社会所需要的人的方向前进。所以,作为教师要在审美目的的指导下,利用审美媒介去影响、控制幼儿的审美感受,这里的审美媒介的利用,意味着选择和运用两方面的意义,但审美媒介往往又有自身的审美价值、特点,不一定完全与审美目的及教师的意图吻合,有时必须加以改造、控制。幼儿并不是美感的真空,他们在一定程度上也有自己的审美需要、期望,且有特定的具有个别差异的审美能力。因此,审美活动在幼儿身上产生的审美效应并非教师能完全控制的。教师必须根据实际情况来变化、调整审美教育活动,不能强求规范、一律要求,必须充分发挥创造性。

二、审美教育的途径

审美教育是以培养幼儿的审美心理结构为核心的教育。由于审美心理结构的形成是一个渐进的、缓慢的、受多种因素制约的过程。因此,审美教育同道德教育、智能教育不同,它需要通过广泛的生活领域、众多的环境因素、多样的活动方式、各种活动的渠道加以展开。幼儿园审美教育的主要途径有以下四个方面。

1. 通过园所环境开展审美教育

园所环境是幼儿长时间生活、学习于其间的场所,对幼儿有着重要的审美价值,也对幼儿产生着重要的、潜移默化的影响。因此,园所环境应该以美的原则(此外还有其他原则,如教育性原则等)加以设计和布置,使园所环境中充满美、富含美的内容,使幼儿能容易发现审美对象。这样,园所环境就起到了美育的作用。

园所环境主要包括园所物质环境、园所精神环境两个方面。这两个方面都对幼儿美育起着重要的影响,所谓美的园风,就是指美的物质环境和美的精神环境的统一。因此,园所环境美化的总体目标是形成一个美的园风,使园容、园貌及所有人员的精神面貌都展现出时代的美、儿童乐园的美、祖国花朵的美。

(1)园所物质环境主要包括三个方面:

①场院环境。主要指建筑物以外的场地、院落。一个四季花香、绿树成荫、碧草铺地、曲径通幽、亭台成趣、格局有序的场院环境能给人以美的感受。场院环境不能统一要求,一致布局,因为场院的形状、面积及园长、教职工在美的意识上有差异;但是,场院环境的绿化是十分重要的,它可以使环境活化,在环境中加入让人感知生命存在的色调;此外,围墙色调要和谐,既能反映幼儿园的风貌,又能适合儿童的趣味。

②廊道环境。廊道环境是指建筑物内及建筑物与建筑物之间的通道、走廊。廊道环境只做到"洁"是不够的,它必须充分发挥其美育作用,必须是美的,当然是适合儿童审美情趣的美。它可以通过有童趣的装饰、布置,有的还可以通过灯光,使廊道环境生动有趣,如同美妙的童话世界;也可以用植物点缀,如吊兰等,使廊道环境展现生命力。

③室内环境。室内环境是幼儿的主要生活和活动环境,其井然有序就是一种美。当然,还应该根据幼儿的年龄特点,加以美化。室顶装饰、墙面设计和布置、室内设备安置均应以美的原则加以整体考虑。总之,室内环境应是一个能吸引幼儿并使幼儿产生愉悦的环境,是一个整洁合理的环境。杂乱无章、色调混杂的环境很难起到美育的作用。室内环境应给予幼儿适度的美的刺激,这就要求教师要不断地对室内环境进行调整和充实。让幼儿参与室内环境的布置是美育的重要组成部分,室内环境应该是一个由幼儿参与布置的环境,布置过程是幼儿审美的过程。

(2) 心理环境是园所精神环境之一方面。良好的园所能展现人际美的精神环境,园所所有的人员要精神焕发,朝气蓬勃,主动热情,礼貌诚恳,相互合作,真诚友善。在这样的气氛中,幼儿能感受到人与人之间关系的融洽,并在自己的活动中展现这种美。

2. 通过大自然开展审美教育

大自然是美的宝库,是重要的审美教育资源,幼儿美育应充分利用周围的自然环境。清秀的山峦、幽静的松林、微波荡漾的湖泊、湍急的溪流、细浪轻拍的海滩、麦浪滚滚的农田等都可以成为幼儿审美活动的对象。幼儿天真好奇,对于自然环境会特别向往,一棵断枝能让幼儿怜悯,一片黄叶能让幼儿翻转细察,一只蚂蚁能让幼儿驻足静观,一声鸟鸣能让幼儿寻寻觅觅。大自然总能把幼儿吸引住,幼儿总是那么主动、自愿又深情地投入大自然的怀抱。教师应充分利用这一有利条件,对幼儿进行审美引导,即有意识地引导幼儿初步了解、体验自然美的特有方式,将对自然美的审美活动内化为他们的感情知识、自身的倾向和习惯,同时,发展幼儿的审美想象力,净化、美化幼儿的性情。有的幼儿园开展的"乘凉相云""树叶动物""树皮寻宝"等活动,就是以培养幼儿的审美想象为目的的。试想,一群幼儿或躺,或坐,或趴在树荫下的草地上,遥望空中片片飘浮的白云,想象的翅膀展开了:"看!一匹奔马来了""那是一条龙!""这朵云多像一只小山羊""那是一座我在深山小村见过的房子,上面还有个烟囱呢!"……这便是"乘凉相云"。此外,树叶的形状、树干表皮的纹路都能激发幼儿的想象。

3. 通过社会生活进行审美教育

社会生活是幼儿生活于其中的大环境,其通过各种线索、渠道在影响着幼儿的美的感知。社会生活中充满着美,美的景象、美的人、美的行为是幼儿审美的对象。如今的社会正加速现代化进程,一幢幢高楼拔地而起,一座座桥梁横跨江河,马路上车水马龙,夜幕下彩灯闪烁,这是社会设施的美。在社会的人与人的相互关系中,也有许多美的源泉,如尊老携幼、助人为乐、拾金不昧、慷慨解囊、救死扶伤等都是美的行为。对于教师来说,把社会生活作为审美对象,必须注重对幼儿审美兴趣的激发,并且注意审美引导。社会生活是复杂的,有高尚的行为,也有低劣的行为和自私的行为,有富丽堂皇的宏伟建筑,也有脏不可睹的丑陋角落。必须让幼儿知道什么才是美的,怎样的表现是美的表现,培养幼儿的审美判断力,鼓励幼儿积极表现美好的行为。

4. 通过艺术作品进行审美教育

通过艺术作品进行的审美教育也是艺术教育。艺术教育作为一种重要的审美途径,一直为我国乃至世界许多国家的幼教界广泛采用。这种审美教育的具体形式主要包括音乐舞蹈的、美术的及文学的教育。借以进行审美教育的作品可以是教师有意选择和提供的作品,也可以是幼儿自己的作品,任何忽略了幼儿自己作品的审美教育都不可能是完美的。

①音乐舞蹈是听觉艺术和伴随听觉艺术的身体造型艺术。幼儿从妈妈那儿听到了温柔、甜美、催人入睡的摇篮曲,从此,音乐将伴随着他的生命成长,幼儿从音乐中找到了快乐,激发了想象。通过音乐,幼儿表达了自己的情感;有时,音乐还可以帮助幼儿进行情绪的宣泄。很小的幼儿就能在成人的启示下闻乐而动,到了幼儿期,幼儿能实现听觉艺术和身体形态艺术的结合与统一。舞蹈使幼儿对听觉艺术所蕴含的美以身体的动作表现出来。音乐、舞蹈作为幼儿美育的手段,重在引导幼儿感受,尤其让幼儿在多感官的活动中去感受,让音乐中的美通过各种感觉渠道融入幼儿的心田,汇成幼儿愉快的、积极向上的生命动力。

②美术是视觉艺术,它通过线条、色彩在空间直观地向幼儿展示美,因而极具感染力。绘画、纸工、泥工及其他手工作品都可以成为幼儿的审美对象。通过教师的引导,幼儿初步了解了美术作品的美的形式,初步了解了线条、色彩、布局等在展示美的过程中的作用;通过美术作品的美育,让幼儿从对美术作品包括自己作品的鉴赏中感受到美,让幼儿从线条、色彩、形象中体验、感知其中蕴含的情感;同时,使幼儿掌握适当的美术表达技能,通过美的表现和创作的活动,使幼儿把自己的情感表现出来。一个幼儿画了一幅群楼耸立、烈日高照的画,画中的两个幼儿在楼下场地上玩,地上有一件衣服,一个幼儿上身没有衣服,楼是绿色的。老师在这幅画背后的记录是"没有树,没有草,就是大楼房",这寥寥数言使我们一下子明白了画中幼儿的情感。

③文学作品以形象生动的语言表现美,所以是语言艺术。通过语言塑造人物形象或情景,绘声绘色地把他们表现出来,能对幼儿产生极大的感染力。故事、童话、诗歌等都是重要的儿童文学作品形式。有些文学作品通过绘画、图

书、幻灯片、录像等形式表现,使语言艺术与形象艺术结合起来,更能引发幼儿的审美兴趣。在感受文学作品的美的同时,幼儿也会通过语言表达自己对美的理解,发挥自己的语言创造力,把心灵中的美传播在语言——文学作品之中。何磊有关幼儿文学活动的美育心理的实验研究表明了文学的美育作用是不可低估的。他在实验中通过对儿童进行童话、故事、诗歌、谜语、散文等不同体裁作品的教育活动,注重审美心理培养,探索幼儿对不同内容、体裁作品的审美心理效应,探索促进幼儿审美感知、理解、情感、想象等审美心理素质发展的途径与方法,探索培养幼儿审美表现力、评价力、创造力的途径与方法。其研究结果表明:

在审美感知的发展方面:实验前,大、中、小三个实验组和对照组无显著差异;实验后,实验组和对照组都存在显著差异。实验组幼儿已初步萌发了对文学作品的审美的兴趣,幼儿已能初步感受作品的语言美,幼儿喜爱文学作品的艺术形象,能初步感受作品的意境美。

在审美理解和审美情感两个方面都表现为:实验前,实验组与对照组之间,除小班外,中大班均无显著差异;实验后,三个年龄班的对照组和实验组之间均存在显著差异。

在幼儿审美表现力和审美想象力、创造力两个方面均表现为:实验前,三个年龄组的实验组和对照组之间均无显著差异;实验后均有显著差异。

在审美评价方面:实验前,中、大班的实验组和对照组都无显著差异;实验后,实验组和对照组都有显著差异。

这个研究表明,能否通过文学作品发展幼儿的美感(审美能力),文学活动的设计和组织极为重要。要使文学活动真正成为幼儿美育的重要途径,必须在活动设计、组织上下功夫。

此外,在幼儿园中,日常生活、节日活动以及幼儿游戏等均是幼儿美育的重要途径。

第十一章
生态环境与学前教育

第一节 生态环境与教育的生态环境

一、生态环境和生态系统

从生态学的角度看,环境就是生物栖息地,是由自然界的光、热、空气、水分以及各种有机和无机元素相互作用所构成的空间,泛指生物有机体生存空间内各种状况和条件的总和。环境是人类生存和发展的摇篮与襁褓,人类和一切生物都不可能脱离环境而生存,必须从环境中获得其赖以生存的一切,同时,也以一定的方式作用于环境。

(一)生态环境

生态环境是指由各种生态因子综合而成的影响某种生物(包括人类)的个体、种群或某个群落的环境。对不同的生物产生影响的生态环境之间是有差异的,这种差异之形成是因为环境中生态主导因子有所不同,也就是说,不同的生态环境都有其特定的生态主导因子。从宏观上讲,最大的生态环境是生物圈(Biosphere)和智能圈(Noosphere);从微观上看,最小的生态环境是栖所(Habitat)、小生境(Micro habitat)或局部生境(Local habitat)。

(二)生态系统

生态系统(Ecosystem)是指生命系统与环境系统在特定空间的组合、联系。

所谓生命系统,是指自然界具有一定结构和调节功能的生命单元。这里的环境系统是指自然界的光、热、空气、水分以及各种有机和无机元素相互作用所共同构成的空间。自然界中各种环境因素与生物之间以及各种环境因素本身之间处于互相依赖、互相制约之中,并进行着物质、能量和信息的交换,这种生物和环境的矛盾统一体即生态系统。由此可见,生态系统更多地注重环境中各种要素之间的错综复杂的相互联系。

二、教育的生态环境

教育作为一种人类社会的现象和活动,也有与其发生和发展密切相关的生态环境,且彼此间存在着协同进化的关系。教育的生态环境,是一种以教育为中心且对教育的产生、存在和发展起着制约和调控作用的多层次、多方位、多特性的环境系统。在以教育为中心的这一教育生态系统中,包含了自然环境和社会环境两大环境系统,而自然环境和社会环境中又包含了许多更为具体的环境,这些环境又形成了各种错综复杂的联系。作为教育的生态环境之中心的教育也因其结构、功能特征,形成了一些次中心,如各级各类的幼儿园、小学、中学等教育机构。除此以外,教育中心还可以更深入地转移,直至以某一受教育者为中心,因为受教育者的发展是教育活动的真正目的和本质指向。由此可见,多层次的环境与多层面的中心构成了包括教育及其构成要素在内的自然的、社会的及精神的多方面的联系和协调,这便是教育的生态环境。

三、生态环境是研究幼儿教育与发展的新视角

重视环境因素的影响是近年来学前教育研究和实践的一个重要特点。有的学者从潜课程的角度探讨影响幼儿发展的环境因素;有的学者从社会学的角度研究对幼儿产生影响的各种外在因素,尤其是社会文化因素;也有的学者提出了幼儿园环境教育的构建及其功能之利用和开发的思想。近年来,随着社会生态学、教育生态学、人类发展生态学等领域的国外研究成果的引入,对影响幼儿发展的环境研究的视野也在不断地扩展,生态学给我们提供了一个新的研究视角,使我们不再局限于幼儿周围的物质环境和精神环境的二维交叉,而是从生态环境更广泛的、多层次的、多维度的联系中去把握影响幼儿发展的众多环

境因素和组合性的影响及其作用。

第二节 自然生态环境与幼儿发展

一、生物圈

人类的生存和发展首先依赖于自然生态环境。人类的自然生态环境也即生态学上所称的生物圈,生物圈是由生活在大气圈、岩石圈、水圈和土壤圈中的生物构成的一个有生命的圈层,是地球的表层、外套,呈不规则形状。根据生物分布的幅度,生物圈的上限可达海平面以上10公里,下限可达海平面以下11公里多。这一广阔的生态空间又可以分为三个圈层:上层为大气圈的一部分。地球表面的大气厚度达1000公里以上,但对生物来说,直接构成气体环境的是下部的对流层。大气圈的生态作用在于为生物和人类提供其生命必需的碳、氢、氧、氮等物质,保护生物和人类不受外层空间宇宙射线的伤害,并防止地球表面湿度的剧烈变化和水分的散失。生物圈的中层是水圈,水是生物维持生命的重要因素。水圈中溶有各种化学物质,各种溶盐、矿物质营养及其他有机营养物质都是生物及人类所必需的。由于各个地区的水质不同,构成了生物环境的生态差异。生物圈的下层是土壤圈(岩土圈),它是指地球表面40—50公里厚的地壳,是水圈的基础。土壤圈中有各种矿物元素。

生物圈是人类赖以生存和发展的生命圈,也是教育的最基本的生态环境。生物圈中大气圈、水圈及土壤圈的生态条件直接影响幼儿的发展,如在某些局部区域中空气湿度偏大,高寒地区气温低,空气稀薄,会对幼儿的生长及健康带来一定的影响;有的地区饮用水缺乏,有的地区饮用水中缺乏人体生长必需的微量元素或含有对人的生长发育不利的元素;有的地方土壤中含有一些有毒物质,会通过水、空气及食物影响到人体。我国有些地区曾发生过土壤中的铊使某些村庄的男女老少中毒的事情,中毒后人的头发脱光;有的地方还出现过砷中毒现象,这是由于人们滥采某些有毒矿藏,使毒素进入空气和水中,造成了人员伤亡;有的地方,由于饮用水中有有害物质,使不少人患大关节病,行动缓慢,丧失劳动能力;还有的地方因多种污染,先天痴呆型幼儿比例较大。有关文献表明,全球至今还有100万吨农药残留在土壤里,它们会通过各种渠道在一定程度上影响人的健康。因此,给人类以生命的生物圈,应由人类来科学地、理智地加以利用和改造,使生物圈有益于人类。对幼儿来说,空气、水及土壤中的有害物质会影响其一生,会影响其受教育、获发展的物质、智能基础。

二、自然生态环境的结构、作用与幼儿的发展

自然生态环境包括非生物环境和生物环境。非生物环境是指高山、丘陵、平原、极地、沙漠、江河、湖泊、海洋等;生物环境是指森林、草原、苔原、微生物群、动物种群、植物群落等。每一种自然环境,又是各种生态因子的复合,甚至某一种生态因子还综合着若干因子。例如,太阳光不仅有可见光,而且还有紫外线、红外线、γ射线、X射线等。自然生态环境是人类生存和发展的基本条件,又是人类认识、利用和开发的对象。

近几年来,幼儿教育主张充分利用自然环境中的教育资源,这是人们对自然环境教育功能的认识的体现。一方面,应该让幼儿生活在一个良好的自然生态环境中,尽可能减少水源、空气、土壤等的污染,绿化、美化生活空间。确保社区绿化面积及区域生态平衡,使幼儿能享受大自然的恩赐。另一方面,从微观的、具体的教育环境来看,应注重自然环境的规划、设计和营造。要从幼儿身心发展的特点出发,规划幼儿的生活、学习及游戏空间,绿化、美化教育环境,确保空气新鲜,采光充足。

对于幼儿来说,自然生态环境不只是影响其发展的重要因素,还是重要的教育内容。一些幼儿园为幼儿设立了饲养角,开辟了种植园地,除了美化、"活化"环境外,还有助于幼儿观察、了解植物的生长发展过程,培养幼儿简单的劳动技能及劳动习惯;还有的幼儿园利用自身的空间条件,不仅开辟了"生态区",种植各类树木和花草,使之四季有花香,夏秋有果实,还吸引或饲养了一些小动物,如鸟、兔、鸡、鸭等;此外,幼儿园还应充分利用周围的自然生态环境组织教育活动,如山丘、河流、湖泊、森林等均可成为儿童欣赏、感知的对象,公园、植物园、动物园、自然博物馆等可以成为幼儿的活动天地,幼儿园教育活动的设计和组织均应考虑自然生态环境中的各种有利条件。

总之,自然生态环境有利于净化、美化幼儿的生活和学习环境,有利于陶冶幼儿的性情,有利于丰富幼儿的感性经验,有利于激发幼儿对自然的热爱。

第三节　社会生态环境与幼儿发展

一、社会圈、智慧圈、技术圈

1944年，苏联学者维尔纳茨提出了"智慧圈"的概念，认为人类是改变生物圈的一个重要因素，自从人类出现以后，生物圈进入了一个新的状态叫智慧圈。苏联另一位学者基尔谢克指出，智慧圈是地球生物圈的"思维外壳"，是生物圈发展的更高阶段。智慧圈概念的优越之处在于把社会和自然看作是在统一完整的系统中不可分割的部分。社会与自然界有本质的区别，两者不是"等值"的因素。智慧圈的特征是人对自然界的有计划、有组织的作用。

苏联的学者还提出了"技术圈"和"社会圈"的概念。费尔斯曼提出了"技术圈"的概念，认为它是人类社会的技术子系统。马宁提出的"社会圈"概念指出，社会圈是物质世界发展的高级阶段，是物质、能量与信息交换的新的特殊形式，而人类的生产与社会活动是这一阶段的特征。人类物质生产创造了与原生自然界融为一体的"次生自然界"，但是，"次生自然界"并不意味着人类不再依赖于生物圈了。人类社会产生的技术圈也不是可以代替生物圈的，而是在统一的动态系统——社会圈的范围内对生物圈作用的补充。生物圈发展为社会圈，从而，自然过程与社会过程特别是生物圈与人所创造的技术圈，联合成一个动态的统一体。且技术圈不应当毁坏生物圈，应作为统一的动态系统的部分与生物圈相互作用，两者应是"共生"的。如果说生物圈给人提供的主要是物质流、能量流的话，那么社会圈、智慧圈、技术圈给人提供的则主要是知识流、信息流。正是这些知识流、信息流，为教育作为一种特定的现象和活动的存在奠定了基础，创造了条件，因为知识流、信息流是教育的最重要的媒介。

二、社会生态环境的结构及作用

除了能源、粮食等社会生态要素外，学前教育更关注社会生态环境中的社会政治、经济环境，聚落环境，规范环境及社会心理环境。

1. 社会政治、经济环境是一种从一定程度上影响学前教育性质、发展水平的环境。

我国的社会主义政治制度决定了学前教育面向全体劳动群众,学前教育是社会主义教育事业的组成部分,具有教育性和福利性双重性质,并强调保教并重;我国的经济发展水平又决定了我国的学前教育必须是全社会参与办园,因地制宜,多种形式,使学龄前儿童在入学前尽可能多地受到一定的学前教育;我国的政治、经济制度还决定了我国特有的学前教育机构的举办、管理、监督体制。

2. 聚落环境影响学前教育机构的布局、教育形式和组织等方面。

聚落环境涉及家庭聚落、村落环境、城市环境等方面,房舍的结构、住宅的疏密、人口的分布等均与聚落有关。比如,我国新颖的城市小区是人口高度密集区,要求有专门的学前教育机构,且这类学前教育机构可充分利用社区中的相关教育资源,离退休干部、知识分子等人力资源,社区中的文化、娱乐设施等。再如,边远的农村社区,人口稀少,村落规模较小,学龄前儿童数量少、不集中,所以游戏小组、大篷车等送教上门的学前教育形式是适合当地实际的。

3. 规范环境是指人类社会生活中形成的特有的态度、风气、观念等。

规范环境一方面受社会、政治环境的影响,另一方面又有特定区域文化的烙印。规范环境主要表现在一定的文化、艺术、哲学、伦理、科学、技术、法制、宗教、社会风气、民族传统、民风民俗等方面。规范环境影响学前教育的价值取向,影响学前教育的目标和内容。比如,让幼儿懂得尊敬长辈、自己的事情自己做、不乱扔杂物等都是受到特定的规范环境的影响而确定的教育内容。

4. 社会心理环境主要是指直接影响到对幼儿进行教育的人际环境,包括家庭环境、幼儿园环境、家庭与幼儿园之间的环境及社会成员与幼儿园之间的环境等。

和睦的家庭与破碎的家庭会给幼儿带来不同的心理环境。幼儿园工作人员之间,尤其是同班教师之间的协作、友好也是幼儿愉快生活和积极活动的重要促进因素。幼儿园作为一个既开放,又相对封闭的系统,同其他社会机构中的社会成员具有广泛的联系,这些联系应该是积极的、有利于幼儿的身心发展的。

上述几种社会生态环境并不是割裂的,它们之间存在着多种多样的联系,从而构成一个对幼儿产生影响的社会生态环境系统。因此,分析、设计这些环境时,必须做全面的、综合的考虑。

第四节 人类发展生态与幼儿发展

布朗芬·勃伦纳的《人类发展生态学》为我们分析人类生活、工作、学习的环境提供了新的视角。人类发展生态学是研究主动成长的个人与其生活的直接环境中的各种变化着的因素之间的渐进双向适应(accommodation)。这些直接环境之间的关系以及嵌入了这些直接环境的更大的联系网络会影响这一双向适应过程。由此可见,在人类发展生态学的视野里,环境是一个复杂的系统,可分为四个层次。

一、微观系统

微观系统(Microsystem)是发展中的个体在特定的环境中对活动、角色及人际关系的体验范型。这里的环境,是指人们可以有准备地参与其中面对面地发生相互作用的地方,如家庭、幼儿园、游戏场地等。活动、角色和人际关系的诸因素构成了微观系统的要素或建筑模块。有关微观系统定义的关键术语是"体验",这一术语常常用来表明任何环境的有关特征,不仅包括目标特征,也包括在这种环境中人们知觉到这些特征的途径。

微观系统的要素有:活动、角色、人际关系。微观系统对人的发展的影响就是通过这三个要素发生作用的。

(一)活动

它是一种处于不断发展中的行为,具有自己的动量,且为环境中的参与者所意识到。"不断发展中的"术语常用以强调诸如运动、表达等活动,而非瞬间事件,更确切地说,活动是一个连续的过程,这个过程比起始和结束更为重要。

有利于促进发展的活动具有如下特征:它是一个延续的过程,不是一个单独的动作,如搭积木、挖泥沟等;它具有一种"劲"量,表现在能排除干扰,坚持到底,直到活动完成;在时间上,跨越当前行动的边界,延伸到过去或将来;有预定的目标和达到目标的行动;能联系不在眼前直接环境中的人、事、物;有一定的人际交往，能与别人共同活动。

活动的要素有：活动内容；个体参与这种活动的心理要素（是否有主动性，投入水平程度，不受干扰刺激影响的程度，受干扰后恢复投入的能力等）；活动的目标结构的复杂程度，主要指同时参与活动的数量及这些活动目标的数量。因此，个体在不受他人激励和指导下的主动发起、主动维持的活动对儿童发展来说非常重要。

（二）角色

角色是指在社会中处于一定地位的个体及与之相关的其他成员所期望的一系列活动和联系。辨别不同的角色通常是通过某一文化中对各种社会地位的人所赋予的特定标签；角色也与社会意识形态，社会的政治、文化等要素有关。人类发展生态学关于角色的一些假设对于学前教育是很有启发意义的。如：

假设　把个体安排在一个角色地位，以唤起与这一角色期望相联系的观念、活动及人际关系范型，它们既与承担一定角色的个体行为有关，也与他人对这一个体的期望行为有关。

假设　当一个角色很好地建立在社会制度及文化结构或亚文化结构中，这种文化对这个个体的角色行为及他人关于这个个体的行为满怀期望，那么符合这个角色期望的观念、活动及人际关系就会得到促进。

假设　个体通过与承担多种角色的人们的相互作用及通过承担具有多种特征的角色而获得发展。

（三）人际关系，或人际结构（Interpersonal structures）

它是指当一个人在某一环境中对他人的活动加以注意或参与其中时所获得的与他人的关系。这种关系的存在为双人关系（dyad）的存在确定了最起码的条件和界定性的条件。双人关系对于发展的重要性表现在两个方面：一是它构成了个体发展的关键背景；二是微观系统中更大的人际结构——三人关系（triads）、四人关系（tetrads）等的基础。双人关系有三种作用形式：

1. 观察性双人关系（Observational dyad）

这种关系发生在这样的情景中，即一个人对另一个人的活动予以密切的和持续的注意,相对地,另一个人则至少意识到这个人对他表现出的兴趣。例如,一个儿童仔细地注视正在准备食物的一位家长,而家长又在不时地为儿童做出解释或评论。这种类型的双人关系显然适合观察学习需要的最低条件,但规定了一个另外的人际关系要求:不但必须实际地关注他人的活动,而且被观察的个体必须对观察者给予的关注予以公开的反应。观察性双人关系的存在为新的更为积极主动的双人关系的发展做好了准备。

2. 共同活动双人关系(Joint activity dyad)

它是指两位参与者在一起做某事时能意识到他们自己。这并不意味着他们在干同一件事,相反地,他们每人从事的活动通常是有所不同的,但它属于一个整体活动类型的一部分。例如,母亲可能和儿童在一起看图画书,母亲讲故事,儿童给一些事物命名,并对母亲的提问做出反应。共同活动双人关系不仅为一般活动的课程学习,也为增进当参与者不在一起时的进一步的活动动机创造了有利的条件。共同活动的双人关系还包含了互动、力量平衡及情感联系三方面的要素。

3. 主要双人关系(Primary dyad)

它是指两位活动参与者之间持续存在的关系,即使他们不在一起,但这种关系也存在。两位成员即使分离了,也会在对方的脑海中浮现,双方互为强烈情感指向的目标,且会持续地影响对方的行为。例如,一位家长和其孩子,或两位朋友,当他们分离后相互思念,想象对方可能在干什么呢?其他人会说些什么呢?等等。这样,儿童可能从已同其具有主要双人关系的人那儿学习到更多的技能、知识及价值,而仅从现实地与其处于同一环境中的人那儿则学不到那么多。

虽然这三种双人关系具有一些区别性特征,但三者之间并不是相互排斥的,它们可能同时发生,也可能分别发生。一个母亲同她的学龄前孩子共读一本书显然是一种发生在主要双人关系背景下的共同活动双人关系。但如果当母亲大声朗读故事时,孩子只是或主要是注意地倾听,那这种双人关系很明显只是观察性双人关系。这三种双人关系的联合对个体发展的影响比某一关系单一地对个体发展的影响要大得多。

人类发展生态学对人际关系也有一些假设。如:

假设 一旦两个人开始注意对方的活动,很可能他们会共同从事这一活动,促进观察性双人关系向共同活动双人关系转化。

假设 当两个人参与了共同的活动,他们可能对对方产生可以分化的和持久的情感,促进共同活动双人关系转化为主要双人关系。

假设 当观察者和被观察者在一起从事活动时注重他们自己,观察学习就容易发生。当观察性双人关系发生在共同活动双人关系的背景下,那么它对发展更为有效。

微观系统对于学前教育来说,主要包括家庭和幼儿园。从微观系统的活动、角色和人际关系三个要素可对家庭和幼儿园做深入的分析。

家庭环境——家庭是由婚姻关系、血缘关系所建立的社会生活基本单位,是社会的细胞。家庭环境中影响幼儿发展的主要有两个方面:一是家庭的生活空间特征;二是家庭成员的结构、素质。从家庭空间特征来看,如果家庭空间宽裕,幼儿在家庭中能自由地从事各种活动,能充分利用家庭生态环境中的有利要素,如花卉、树木、昆虫、鸟等,则有利于孩子的发展和成长;如果家庭空间具有开放性,如住在四合院中,与同伴有必然的联系和交往,则有利于孩子的成长;如果住在独门的单元房内,或楼层较高,则幼儿之间相互联系和交往的机会相对减少。因此,社区文化、邻里关系、室内外物质条件等对幼儿有很大的影响。从家庭成员的结构和素质看,由于之前实行独生子女政策,绝大多数的家庭都只有一个子女,使孩子失去了与哥哥、弟弟、姐姐、妹妹交往的机会。不少家庭出现了四个成人,一个孩子的现象,使孩子成为家庭的核心,这种现象本身是可以理解的,并不会在多大程度上影响幼儿的发展。因孩子少,造成了孩子缺少同伴交往,但同时,也正因为孩子少,家庭经济状况相对富裕,孩子能获得更多的照料和关心。造成"独生子女问题"的主要原因并不在独生子女现象,而在家长的素质、教育方式、教育态度、职业、兴趣爱好等。从教育生态学的角度来分析,影响幼儿活动内容及方式的有物质因素,如空间、设施、邻里关系等,也有精神因素,如受父母的教育态度、方式及兴趣爱好的影响。有的儿童被剥夺了从事自己感兴趣的活动的自由,是因为父母按自己的意愿强迫幼儿从事幼儿不愿意从事的活动,如星期天父母带孩子学琴、学画等。儿童角色往往受周围同伴关系、父母与孩子关系的影响,受父母的儿童观和教育观的影响。

幼儿园——它是幼儿进入的第一个专门教育机构,也是幼儿第一次接受正规机构教育。考察作为微观环境的幼儿园可以从以下几方面着手:

活动。在家庭中,幼儿的活动虽有父母指导,但绝大部分家庭计划性不够,目的性不明,方式方法不一定得当,幼儿更多的是自发探索或游戏。而在幼儿园中,教师对幼儿进行有目的、有计划的组织和引导,活动内容更为丰富,并且与内容相结合创设了特定的环境,配备了特定的材料,活动的目的性非常明确。幼儿园活动的内容、方式会影响家庭的活动内容和方式,有的还实现反向社会化。

角色。在家庭中,由于家庭结构、关系及父母素质的不同,幼儿的角色状况各异,有的处于绝对中心地位,是小皇帝,有的则处于被严格控制的状态。在幼儿园中,倡导良好的相互尊重的师生关系,除了师生关系外,幼儿还享有同其他儿童平等相处的权利,并且大部分的时间是在与其他儿童平等相处的过程中渡过的,在这种相处的过程中,儿童学会尊重、服从同伴,这是建立良好人际关系的基础。在幼儿园里,幼儿可以多层面地体验人际关系,多层面地了解自己的角色。与教师的关系,自己是学生,是集体中的一员;与别人的关系,相处的角色是朋友、伙伴,正是在这种多重关系的体验中,形成了儿童的自我意识和自我概念,进而形成了儿童的责任感、荣誉感及集体意识。因此,在幼儿园中,儿童担任、体验的角色内涵更加丰富、多样化。

人际关系(结构)。3岁前与同伴相处对于儿童来说并不十分迫切,更多的是一种对成人的依恋感。3岁后,同伴关系变得越来越重要,并逐步取代了与父母关系的重要性,儿童有建立密切同伴关系的愿望。幼儿园中的同伴关系对于儿童社会性的发展,对于儿童的心理成长十分重要。衡量一所幼儿园在发展幼儿社会性、人际交往方面做得如何,可从以下三方面来衡量:①是否安排与幼儿能力相适应的活动,并在活动中建立人际关系;②是否让幼儿在充分发挥主动性的活动中建立人际关系;③是否让幼儿在循序渐进、逐步复杂的活动中建立人际关系。

由此看来,托幼机构的教育对人一生的发展是十分重要的。以美国有关方面的调查为例:对贫困家庭103人跟踪调查,比较他们受教育的程度(是否完成高中学业),没有上过幼儿园的那部分未完成高中学业的占51%,而上过两年幼儿园的未完成高中学业的占37%。

二、中间系统、外系统和宏观系统

(一) 中间系统(Mesosystem)

中间系统是指两个或更多的直接环境之间的相互联系,它是随着人进入新的生活环境而形成和扩展的。例如,对幼儿来说,家庭与幼儿园及邻里、同伴、群体之间的联系便属此类。中间系统是一个由直接环境(微观系统)形成的系统。除了外在的联系,一些内在的联系可能导致产生一些其他的关系形式:积极参与两个微观系统之中的其他人员;社会网络中的各种媒介联系线索;环境中正式的和非正式的交往以及存在于直接环境中的知识和态度的内容与本质,显然这是从现象学的维度而言的。

(二) 外系统(Exosystem)

外系统是指本人并没有参与其中的一个或更多的环境,这些环境中所发生的事件同影响发展中的个体的直接环境中发生的事件产生相互影响。例如,对于一个幼儿来说,对其有影响的环境外系统包括父母的工作场所、自己的兄姐上学的班级、父母的朋友群(网络)、当地学校董事会的活动等等。

(三) 宏观系统(Macrosystem)

宏观系统是指微观系统、中间系统和外系统中的一些共同的因素,表现所在社会的信念和思想体系。如某一社会、某一文化区域、某一国家的思想观念体系等。

中间系统、外系统及宏观系统在不同程度上影响幼儿的发展,具有深入研究和探讨的价值。

第五节　学前教育机构环境的特性

一、生态学意义上的学前教育机构

这里,学前教育机构主要指托儿所、幼儿园,本节重点讨论幼儿园教育环境。

幼儿园作为学前教育的主要执行机构,其环境的创设是十分重要的。从本章前面几个部分的论述中可见,幼儿园环境并不只是简单的房舍加人员,而是整个生态环境的有机组成部分。幼儿园作为一个物质的存在,总是处于一定的自然生态系统之中,它或靠山而立,或依水而居,或在四季如春的区域,或在寒冬漫长的区域。自然环境的差异性,使得幼儿园的建筑构架也各不相同,有的以石垒砌,有的以砖瓦构筑,有的则竹木为室。幼儿园既然取之于自然,也就割不断与周围自然的联系。从这个意义上说,处于一定自然生态中的幼儿园本身也是一定的自然生态的印证,而作为儿童乐园的幼儿园又给自然以更多的美丽、和谐。

作为一种社会机构,幼儿园又是社会生态环境的有机组成部分。一个社会的政治、意识形态总会反映在幼儿园的教育思想、教育目的之中,社会经济水平会更现实地影响幼儿园的水准乃至教育过程。此外,社区的聚落特征、民俗民风、社会成员的观念和意识等也会从一定程度上影响幼儿园的教育。而且上述影响因素还从一定程度上影响作为人类生态系统微观环境之一的幼儿园中的活动、角色及人际结构,整个社会生态系统中的各种因子几乎都在不同程度上影响着幼儿园,而幼儿园作为社会生态中一个因子的存在,是整个社会生态系统协调、完善的保证之一,幼儿园的教育性和福利性两大功能充分说明了这一点。

幼儿园作为一个具有特定任务的机构,其自身就是一个系统,这个系统中有物质的、规范的、情感的、技术的层面,而这些层面不是孤立的,它们之间相互联系、协调的过程,就是幼儿园各项工作运行的过程。缺少了任何一个层面,幼儿园作为一个系统就难以达成其目的。生态学意义上的幼儿园教育环境就是上述诸层面中包含的房舍、空间、时间、材料、人员（幼儿、教师及其他成员）、规则、目标、手段等要素之间的合理组合和搭配，就是幼儿园与周围其他生态因子的协调。

二、幼儿园教育环境的特性

（一）幼儿园教育环境应具有安全性

安全性应是幼儿园教育环境的首要特性。幼儿园教育环境的安全性是从两个意义上说的。

1. 心理上的安全

心理上的安全来自幼儿园中色调鲜艳、明快的环境，在这样的环境里幼儿可感受到愉快和轻松；心理上的安全也来自于幼儿园教师及其他工作人员的关系，如果这种关系是平等的，幼儿拥有活动的自主权，又懂得在集体活动中基本的行为规范，教师和其他工作人员更多地用启发、引导和鼓励的方式指导幼儿的活动，并给予幼儿亲切感、依赖感，则幼儿能感受到安全；心理上的安全还来自于幼儿同伴之间的关系，如果幼儿掌握了同伴之间相处的基本规则，懂得和基本掌握了同伴之间谦让、合作、友爱、助人、交往的社会行为和技能，则能形成一种和睦的非防范性的同伴关系，使幼儿感受到同伴间的安全。此外，父母对幼儿的态度、行为也从一定程度上影响到幼儿的心理安全，虽然父母并非一直参与幼儿的在园生活，但父母对幼儿的态度，尤其是与教师和其他工作人员相异的态度或行为时常会影响幼儿现实的情绪，有的幼儿因在家庭中表现某一行为时经常得到父母否定性的反应，而在幼儿园中出现同样行为时也担心教师或同伴会给予否定性反应，从而感到不安全。当然，这不是说给幼儿的反应必须全是肯定的，只是强调应注重引导，力求消除由此产生的不良情绪和不安全感。

2. 身体上的安全

明快、宽敞、丰富的物质环境对幼儿的心理安全是有益的，但同时，我们应注重其对幼儿身体上的安全。对幼儿身体安全构成威胁的环境因素是多方面的，从房舍到场地，从器材到玩具，从桌椅到室内电路，许多因素如不加以注意，

均有可能造成对幼儿身体的伤害。如房舍的朝向不理想或窗户过小,则影响室内采光,进而影响幼儿的视力甚至影响幼儿的情绪,这些应是可以避免的。正是从这个意义上说,幼儿园的环境创设是与房舍设计同步的。有些现象值得注意,随着经济条件的发展,铝合金窗被广泛采用,教师消除了以往幼儿撞上窗子的顾虑,但在一些地方用的是看似高档的有色玻璃,或棕色,或黄色,或蓝色,这类有色玻璃严重影响了室内采光,危及幼儿的身体、眼睛。此外,幼儿园的墙角、台阶不应太锋利,在大面积的活动场地中间不应有过多的硬态隔离物(如水泥花坛等),幼儿经常经过的路边不宜种植长刺植物,等等。幼儿的一日生活是与活动联系在一起的,所以活动材料、器材的安全性也十分重要。由于幼儿对材料安全性缺乏认知和识别能力,因此教师在为幼儿准备活动材料和器材时,必须做安全检查,检查是否有毒,是否锋利,等等。教师应对幼儿进行必要的安全教育,与幼儿身体安全有关的因素还包括幼儿园周围的环境因素。例如,马路上的安全,河边的安全,空气的安全,等等。其中,空气的安全不应忽视,假如附近有释放有毒气体的工厂(如喷漆厂、造漆厂等),幼儿园应根据《幼儿园管理条例》及《未成年人保护法》等法律文件来保护幼儿身体健康发展的合法权益。

(二)幼儿园教育环境应具有可操作性

幼儿园教育环境的功能应是促进幼儿的发展,这一功能的实现有赖于幼儿在这一环境中的活动,有赖于环境中蕴含的各种积极、有效的刺激,也有赖于环境的可操作性。这里,可操作性是指可引发并实际具有幼儿与之相互作用的特性。因此,幼儿园的各种环境,尤其是各种幼儿客观可及的环境都应是可让幼儿与其相互作用的环境。幼儿园的环境,一方面应具有观赏性,生动有趣、富有美感的环境可引起幼儿的视觉作用,引发幼儿的喜爱、兴趣;另一方面,幼儿园的环境不能只局限于幼儿的视觉感受,还应让幼儿充分地与之相互作用。

就户外环境而言,各类场地(水泥地、草地、沙地、砖地等)应是向所有的幼儿开放的,幼儿可以随意地在这些场地进行游戏;幼儿园的各种户外设施应是可实际利用的,幼儿可根据有序、轮流等一般规范自由地游玩,这些设施不应只是摆设;幼儿园的树林、种植园地、饲养角应是幼儿自己的,幼儿可以深入其中,接近它们,去观察、去保护、去喂养。

就各种活动器材、游戏玩具、材料而言,幼儿可以自由地选择,可以顺利地获得,所以在设计环境时,应注意材料、器材的数量及放置的位置,注意幼儿的需要,使各种器材、玩具、材料真正起到促进幼儿发展的作用。

就幼儿园各类墙面环境而言,也应注重可操作性。这一点往往被忽略。墙面环境的可操作可以从两个方面理解:一方面,墙面环境应适合幼儿的发展水平,从幼儿的知识经验及理解水平出发设计相关环境,使环境可引发幼儿以往的知识经验与当前环境的联系,引发幼儿其他领域的相关知识经验与当前环境所涉及有关领域的知识经验之间的联系,即引发幼儿内在的相互作用;另一方面,墙面环境应是开放的,不应是固定不变的,幼儿可以随着学习活动的变化、知识经验的增长对墙面环境进行充实、组合。以大班的某一墙面环境为例。上方为一条蓝蓝的小河,鱼在水里畅游,从小河上伸出一个箭头,指向一个正在喝水的小朋友,另一个箭头指向正在喝水的小牛,第三个箭头指向洒满雨露的小树,这个环境既生动,又有知识性,展示了水的作用。几天后,小朋友们发现有的机器也需要水,水可以起冷却作用,于是老师和小朋友又找来了一张工人叔叔给机器加水的照片。此后,墙面上又增加了好多箭头,指向节约用水的标志,不往水里乱扔东西的标志,等等。当然,我们不可能使所有的墙面环境都具有开放性,但我们可以尽力去这样做。在这方面,现代学习心理学中的"概念地图"理论对我们是很有启发意义的。对幼儿来说,掌握的不是概念,而是一些事实。概念地图把许多相关概念之间的关系展现在一个平面上,反映其相互之间的关系。对幼儿来说,可以把"事实地图"或"现象地图"作为一种学习手段,展现在墙面,这便成为一种生动的、开放的、可操作的环境。

(三)幼儿园教育环境应具有童趣性

童趣性是指要具有儿童的趣味。这里有两层意思:第一层意思是指幼儿园的教育环境应具有趣味性,应从幼儿的身心发展特点出发,采用多种形式、多种材料布置环境,使环境生动、有趣,能激发幼儿投入其中的兴趣和积极性。因此,幼儿园环境的色彩应鲜艳、明快,环境中的形象应生动、活泼、可爱。趣味性也意味着丰富性,如果内容、材料单一,形象、色彩单一,也就谈不上趣味性。第二层意思是幼儿园的环境应是幼儿的环境,环境要反映幼儿的趣味性,而非成人的趣味性,从这个意义上说,趣味性也意味着环境的年龄适宜性。因此,不同年龄班幼儿的室内环境应该具有一定的差别性。要使幼儿园教育环境体现趣味性,让幼儿参与环境的创设非常重要。从这个意义上说,趣味性离不开幼儿的参与性。幼儿园环境首先是幼儿的环境,只有幼儿自己参与创设的环境,幼儿才会真正去关心、去注意,所以让幼儿充分发挥想象,参与环境的创设是必要的。

以上方面是幼儿园教育环境的三个主要特性,除此之外,还有其他一些特性,有待进一步分析和研究。尤其应注重对幼儿园所在的特定区域的自然生态和社会生态环境的分析和研究,并在教育过程中,充分利用这些环境中的有利因素,从生态的角度研究幼儿园教育环境,这是一个新课题,也是一个具有重大意义的课题。

参考文献

[1] 白丽辉,齐桂林.学前教育学[M].南京:东南大学出版社,2015.

[2] 蔡慧琴,李欢,邹显林,等.学前教育学[M].北京:北京师范大学出版社,2015.

[3] 柳阳辉.学前教育学[M].郑州:郑州大学出版社,2012.

[4] 孟戡,夏雯娟.学前教育学[M].南昌:江西人民出版社,2015.

[5] 牟映雪.学前教育学[M].北京:教育科学出版社,2012.

[6] 虞永平.学前教育学[M].苏州:苏州大学出版社,2001.

[7] 郑三元,张建国.学前教育学[M].长沙:湖南大学出版社,2015.